CBA联赛治理研究

张 宁◎著

电子科技大学出版社
University of Electronic Science and Technology of China Press

·成都·

图书在版编目(CIP)数据

CBA联赛治理研究 / 张宁著. -- 成都：成都电子科大出版社，2024.10. -- ISBN 978-7-5770-1220-9

Ⅰ.G841.735

中国国家版本馆CIP数据核字第202404XG92号

CBA联赛治理研究
CBA LIANSAI ZHILI YANJIU

张 宁 著

策划编辑	龚 煜
责任编辑	龚 煜
责任校对	仲 谋
责任印制	段晓静

出版发行	电子科技大学出版社
	成都市一环路东一段159号电子信息产业大厦九楼　邮编　610051
主　　页	www.uestcp.com.cn
服务电话	028-83203399
邮购电话	028-83201495
印　　刷	成都市火炬印务有限公司
成品尺寸	185 mm×260 mm
印　　张	12
字　　数	280千字
版　　次	2024年10月第1版
印　　次	2024年10月第1次印刷
书　　号	ISBN 978-7-5770-1220-9
定　　价	32.00元

版权所有，侵权必究

前言
FOREWORD

中国男子篮球职业联赛(简称"CBA联赛")作为我国体育竞赛表演产业的头部项目,联赛的治理问题一直是球迷和体育科研人员重点关注的问题。习近平总书记强调,"坚持发展以人民为中心的体育",这一思想赋予我国职业体育新的价值使命。《体育强国建设纲要》也提出了培育具有世界影响力的职业联赛的战略目标与任务。回顾中国男子篮球职业联赛的治理历程,在经历了初步市场化的探索阶段、控制权和收益权博弈加剧的深化改革阶段以及CBA公司制阶段后,中国男子篮球职业联赛在治理结构、竞赛制度、准入制度、选秀制度、商业运营乃至社会公益活动开展等多个方面与美国职业篮球联赛(NBA)基本保持一致。虽然中国男子篮球职业联赛的规模和品牌价值有提升,但联赛竞赛质量不高、青训体系建设不力、球迷观赛体验不好、社会嵌入不足等诸多桎梏犹存,国家队成绩也不断下滑。中国男子篮球职业联赛的现状既与体育强国建设战略目标和任务有较大差距,也难以让广大球迷认同和满意。

基于所学专业与兴趣使然,笔者在20多年职业体育治理理论与实践研究中,一直关注和思考中国男子篮球职业联赛的改革与发展问题。鉴于联赛底部样态和外部环境的匹配度不同,中国男子篮球职业联赛顶层制度设计定然不能完全移植美国职业篮球联赛。那么,中国男子篮球职业联赛治理应基于什么逻辑主线;如何发展才能实现中国男子篮球职业联赛经济目标与社会目标的双重聚合;面对纷繁复杂的局面,中国男子篮球职业联赛为什么治、治什么、谁来治、如何治;如何构建一套科学、客观、有效、系统的中国男子篮球职业联赛治理体系;等等。这些都是笔者长期努力探究的问题。

为了便于读者阅读,本书分为十章,层层深入地诠释了中国男子篮球职业联赛治理与中国男子篮球职业联赛社会责任新的理论内涵;分析了中国男子篮球职业联赛治理的历程与域外经验;探寻了中国男子篮球职业联赛治理的起点逻辑与价值逻辑；构建了中国男子篮球职业联赛球迷观赛体验影响因素模型；重构了中国男子篮球职业联赛治理的内容框架体系；基于中国男子篮球职业联赛治理主体结构的嬗变与反思，探析了中国男子篮球职业联赛治理共同体的建构逻辑；探究了中国男子篮球职业联赛的治理路径。

在此，笔者要感谢在访谈和调研中为本书撰写提供帮助和支持的国家体育总局政策法规司、中国篮球协会社会发展部与技术部、四川省篮球运动管理中心、四川金强蓝鲸俱乐部、广州龙狮篮球俱乐部和福建姆浔兴俱乐部，感谢成都体育学院诸多专家的宝贵意见，也特别感谢余端、李佳钰、刘千、易冉、刘瑞杰等几位研究生在调研以及资料收集与整理中提供的帮助。

最后，笔者真诚地邀请读者在阅读本书的过程中提出宝贵的建议和意见，以便笔者不断地改进和提高。

目 录
CONTENTS

第一章　导论 ··· 1

　　1.1　研究背景 ··· 1

　　1.2　研究依据 ··· 2

　　1.3　研究对象与研究方法 ·· 3

　　1.4　研究思路与章节安排 ·· 7

　　1.5　研究意义与创新点 ··· 13

第二章　中国男子篮球职业联赛治理研究概述 ························ 15

　　2.1　公司治理与企业社会责任关系的相关研究现状 ················· 15

　　2.2　国内外职业体育组织社会责任相关研究现状 ···················· 20

　　2.3　中国男子篮球职业联赛治理相关研究现状 ······················· 24

　　2.4　现有研究不足与亟待改进之处 ····································· 27

第三章　理论基础与相关概念的界定 ···································· 30

　　3.1　理论基础 ·· 30

　　3.2　相关概念的界定 ··· 37

第四章　中国男子篮球职业联赛治理历程与域外经验 ··············· 41

　　4.1　中国男子篮球职业联赛治理历程 ·································· 41

　　4.2　美国职业篮球联赛治理域外经验 ·································· 48

第五章　中国男子篮球职业联赛治理逻辑探寻 ························ 52

　　5.1　四种矛盾：中国男子篮球职业联赛治理的起点逻辑 ··········· 52

　　5.2　三层旨归：中国男子篮球职业联赛治理的价值逻辑 ··········· 62

第六章　基于社会责任的中国男子篮球职业联赛治理内容体系 ············67

  6.1　中国男子篮球职业联赛治理内容体系构建的原则 ············67

  6.2　中国男子篮球职业联赛治理内容体系的确立 ············68

第七章　中国男子篮球职业联赛球迷观赛体验影响因素模型构建 ············84

  7.1　中国男子篮球职业联赛球迷观赛体验影响因素的提取 ············84

  7.2　中国男子篮球职业联赛球迷现场观赛体验影响因素测量表的编制 ············96

  7.3　中国男子篮球职业联赛球迷观赛体验影响因素模型的构建 ············115

第八章　中国男子篮球职业联赛治理共同体构建 ············123

  8.1　中国男子篮球职业联赛治理主体结构的嬗变与反思 ············123

  8.2　中国男子篮球职业联赛治理共同体构建的适切性 ············131

  8.3　中国男子篮球职业联赛治理共同体构建逻辑 ············133

第九章　基于社会责任的中国男子篮球职业联赛治理路径 ············137

  9.1　权威主导：坚持中国篮协主导下的联赛治理共同体合作治理 ············138

  9.2　责任内化：构建以社会责任为"核心关切"的治理行动与评价体系 ············139

  9.3　难点先行：以体教融合重塑"双轨并行"的职业篮球青训体系 ············141

  9.4　利益共生：构造联赛核心利益相关方互惠共生的生态关系 ············144

  9.5　文化为魂：发展根植于社会的职业篮球惠民文化 ············146

  9.6　体验为真：重塑中国男子篮球职业联赛球迷优质观赛体验 ············147

第十章　主要结论与展望 ············150

  10.1　结论 ············150

  10.2　展望 ············153

附录A　基于社会责任的中国男子篮球职业联赛治理研究访谈提纲 ············155

附录B　基于社会责任的中国男子篮球职业联赛治理内容框架专家调查表（第一轮） ············157

附录C　基于社会责任的中国男子篮球职业联赛治理内容框架专家调查表（第二轮） ············160

附录D 中国男子篮球职业联赛球迷观赛体验影响因素模型构建半结构式
专家访谈提纲 ·· 163

附录E 中国男子篮球职业联赛球迷观赛体验影响因素专家问卷调查
（第一轮）··· 164

附录F 中国男子篮球职业联赛球迷观赛体验影响因素专家问卷调查
（第二轮）··· 166

附录G 中国男子篮球职业联赛球迷观赛体验影响因素专家问卷调查
（第三轮）··· 168

附录H 中国男子篮球职业联赛球迷观赛体验影响因素预试问卷调查量表 ··· 170

附录I 中国男子篮球职业联赛球迷观赛体验影响因素正式
问卷调查量表 ·· 172

参考文献 ··· 174

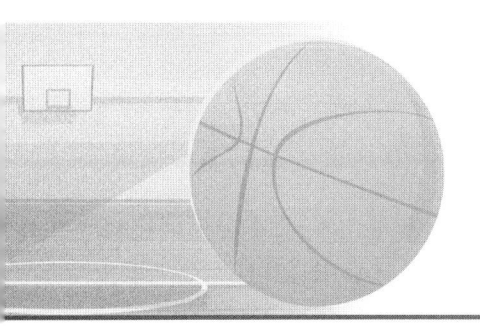

第一章 导　　论

1.1　研究背景

2019年9月，国务院办公厅正式印发《体育强国建设纲要》，充分体现了党和国家对体育事业的高度重视，对充分发挥体育在全面建设社会主义现代化国家新征程中的重要作用，为努力将体育建设成为中华民族伟大复兴的标志性事业，提供了政策保障。《体育强国建设纲要》在战略目标中提出了"职业体育与专业体育、'三大球'与基础大项等实现均衡发展，综合实力和国际影响力大幅提升"；在战略任务中提出了"推进职业体育发展，完善职业体育联赛体制机制，充分发挥俱乐部的市场主体作用，培育形成具有世界影响力的职业联赛"和"全面推动足球、篮球、排球运动的普及和提高，积极探索中国特色'三大球'发展道路，构建政府主导、部门协同、社会力量积极参与的'三大球'训练、竞赛和后备人才培养体系，提高大众的认知度和参与度"[1]。

在党的二十届三中全会"推进社会治理现代化，是完善和发展中国特色社会主义制度，推进国家治理体系和治理能力现代化的重要内容"的指引下，职业体育的治理如火如荼地开展，足球、篮球等具有代表性的职业联赛主体也自上而下地对内部责、权、利等方面进行了一系列改革。但是，对标《体育强国建设纲要》的战略目标和战略任务，中国男子篮球职业联赛现阶段在赛事规模和竞技水平上尚不能形成建设体育强国的有力支撑；在经济收益层面亦不能成为体育产业的支柱本体；职业篮球治理在理论研究上单向度地聚焦于产权、控制权、赛制、监管等内部要素，偏重狭义市场逻辑；实践中对欧美发达国家职业体育制度进行超前移植，漠视中国男子篮球职业联赛发展的社会基础，职业体育社会责任则成为被政策话语、市场话语和社会话语遗忘的角落。那么，在建设体育强国的新征程中，在习近平总书记坚持发展"以人民为中心"的体育思想指导下，中国男子篮球职业联赛治理应遵循什么样的逻辑？如何处理好市场与社会的关系？如何解决长期以来桎梏联赛发展的难点？中国男子篮球职业联赛为什么治、治什么、谁来治、如何治，才能实现加快体育强国建设的战略需求？研究这些理论与实践问题，将为提升中国男子篮球职业联赛治理水平，开拓新的研究思路，为促进中国职业体育治理现代化提供新的研究视角，对中国男子篮球职业联赛的可持续发展有着重要的理论意义与实践价值。

1.2 研究依据

1.2.1 发展"以人民为中心"的体育，实现职业体育终极价值的使命需要

加快体育事业发展和建设体育强国是振兴中华的重要组成部分。习近平总书记强调，加快建设体育强国，就要坚持"以人民为中心"的思想，把人民作为发展体育事业的主体，把满足人民健身需求、促进人的全面发展作为体育工作的出发点和落脚点。中国男子篮球职业联赛经过近三十年的发展，已经具有一定的社会影响力，但社会嵌入度不高。社会责任是职业体育与社会大众衔接的着力点，是职业体育"反哺"群众体育，回归人民的表现形式。中国男子篮球职业联赛的发展需要顺应国家"以人民为中心"的发展思路，将职业篮球与诸多联赛利益相关者紧密衔接，充分体现社会性。通过积极履行社会责任，在追求联赛商业价值和社会价值最大化的同时，力争促进人的全面发展，是中国职业体育实现终极价值使命的需求。

1.2.2 "后管办分离"时代，中国男子篮球职业联赛治理视野的拓展需求

2017年，国家体育总局将中国男子篮球职业联赛办赛权、商务权授予了中篮联（北京）体育有限公司。中国男子篮球职业联赛"管办分离"的倒逼式改革迈出了实质性的步伐。"后管办分离"时代，中国男子篮球职业联赛经营权归属问题尘埃落定，中国男子篮球职业联赛产权问题引起热议，明晰化产权仅仅是中国男子篮球职业联赛发展的目标模式，并非现实的必然选择。因此，中国男子篮球职业联赛战略性可持续发展的需求使中国男子篮球职业联赛治理思维与视野不应仅仅聚焦于中国篮球协会、职业篮球俱乐部，还应聚焦于中篮联（北京）体育有限公司内部责、权与利的调配。中国男子篮球职业联赛治理主体还要以更广阔的社会视角思考联赛在各种社会关系与社会结构中的责、权、利安排，向社会横向延展，更多地承担对于球迷、球员、社区赞助商等利益相关方的责任，并设计科学的制度保证社会责任得以有效履行。

1.2.3 解决中国男子篮球职业联赛所面临诸多问题的迫切需求

与欧美知名职业体育赛事相比，中国男子篮球职业联赛开展时间总体不长，在联赛制度建设上多为欧美成功职业体育赛事的简单移植，部分制度的缺失或水土不服使中国男子篮球职业联赛规范化程度不高，产业链条不够完善，尚不具备向世界知名职业体育赛事冲击的条件与基础。中国男子篮球职业联赛运行中暴露出的实践问题也是纷繁复杂的，如联赛黑哨与球场内外暴力、俱乐部梯队建设乏力、俱乐部与球迷情感维系不够、社会责任寻租、单维度慈善、劳资矛盾突出、与社区相对孤立等。这些问题从不同层面显示了中国男子篮球职业联赛治理主体的社会责任存在严重缺失。而基于社会责任的中国男子篮球职业联赛治理策略的探寻，正是解决联赛治理所面临复杂性问题的迫切需求。

1.2.4 职业篮球治理研究全面性与系统性的时代需求

2019年10月，中篮联（北京）体育有限公司宣布"CBA联赛2.0时代"拉开序幕，以期开拓受众群体，打造规模更大、影响更为深远的职业篮球品牌赛事。而同年，中国男篮在世界杯上的持续迷失，遭到球迷在社交媒体上的口诛笔伐，中国篮球一直在焦虑与期许中蹒跚前行。中国男子篮球职业联赛既承载了众多关注的目光，又肩负着重振中国篮球的艰巨使命。中国男子篮球职业联赛发展中矛盾的多重性与治理的复杂性不是单一向度研究能够覆盖和解释的。联赛战略性发展与治理能力现代化水平的提升需要对联赛治理进行更为系统和深入的研究，需要对为何治、治什么、谁来治、如何治等问题进行全面的梳理与考量，才能寻求重振中国篮球的最优解。

1.3 研究对象与研究方法

1.3.1 研究对象

本书的研究对象是中国男子篮球职业联赛的治理，中国男子篮球职业联赛简称"CBA联赛"。本书将中国男子篮球职业联赛治理当作一个系统的整体加以研究，在中国男子篮球职业联赛各子系统诸如中国篮协、俱乐部、中篮联（北京）体育有限公司、球员、球迷以及内外环境的相互关联与作用中，探究中国男子篮球职业联赛治理的逻辑与有效路径。

1.3.2 研究方法

1.3.2.1 文献资料法

通过中国知网、SPORT Discus、寻知外文学术文献数据库、Web of Science外文数据库对企业社会责任、职业体育治理、职业体育组织社会责任、中国男子篮球职业联赛方面的819篇中外电子文献进行阅读和梳理。在四川大学图书馆、成都体育学院图书馆借阅社会责任理论、治理理论、社会嵌入理论、利益相关者理论等方面的图书共计21本，了解企业社会责任理论以及治理的理论溯源、不同观点及国内外研究进展，了解企业社会责任在职业体育领域的运用现状。掌握企业社会责任与公司治理结合性研究的相关动态发展、国内外职业体育治理的模式与逻辑、中国男子篮球职业联赛的治理状况；对职业体育赛事及俱乐部治理的研究进展及有待进一步研究的问题进行归纳，从而奠定研究的理论基础。此外，本书还通过中国篮协官方网站、美国职业篮球联赛中国官方网站等网站搜集中国男子篮球职业联赛治理和社会责任的相关文件资料、数据以及案例，为本书的论证作补充。

1.3.2.2 访谈法

本书主要对国家体育总局政策法规司官员、中国篮协社会发展部官员、中篮联（北京）体育有限公司部门经理及工作人员、CBA俱乐部管理人员、国内体育组织治理和社

会责任相关领域专家学者、部分中国男子篮球职业联赛赞助商及战略合作伙伴、有一定知名度的职业球员以及资深球迷等,分别采用面对面访谈和电话访谈的方式进行半结构化访谈。根据研究内容制定访谈提纲,笔者分别就中国男子篮球职业联赛的治理目标、治理的具体内容、治理主体的结构组成,对职业体育社会责任价值与内容的认知、中国男子篮球职业联赛的治理能否基于社会责任治理模式进行、中国男子篮球职业联赛治理具体路径等多种问题进行访谈,并对访谈内容进行详细的记录与整理。访谈对象及获取主要信息表,见表1.1所列。

表1.1 访谈对象及获取主要信息表

访谈对象	访谈获取的主要信息	人数
国家体育总局政策法规司官员	中国男子篮球职业联赛治理主体是否应履行社会责任,主要履行什么社会责任	2人
中国篮球协会官员	中国男子篮球职业联赛应对篮球项目推广与发展作出什么贡献,中国篮协社会发展部是否应呼吁、引导、指导中篮联(北京)体育有限公司以及各俱乐部学习并履行社会责任,中国篮协和中篮联(北京)体育有限公司对于协同起草中国男子篮球职业联赛社会责任纲要的态度	2人
中篮联(北京)体育有限公司部门经理及管理人员	中国男子篮球职业联赛的目标是什么,中篮联(北京)体育有限公司下一阶段对于中国男子篮球职业联赛治理的方向及规划,对中国男子篮球职业联赛社会价值的认知,以及联赛主体承担社会责任的期望、内容、重要程度等信息,中国男子篮球职业联赛主体履行社会责任的情况	2人
CBA俱乐部管理人员	CBA俱乐部对中国男子篮球职业联赛治理内容、治理主体结构、治理路径的观点,对CBA俱乐部社会责任价值和内容的认知,CBA俱乐部履行社会责任的情况	6人
体育治理与社会责任研究领域相关专家	中国职业篮球治理的目标是什么,应遵循什么样的治理逻辑,制约中国男子篮球职业联赛发展的根本原因是什么,中国男子篮球职业联赛治理承担社会责任的主要内容以及如何分阶段实施,中国男子篮球职业联赛多元协同治理的主体结构,中国男子篮球职业联赛社会责任内化的途径	北京体育大学2人 上海体育学院1人 成都体育学院6人 郑州大学2人 河南师范大学1人
中国男子篮球职业联赛赞助商及战略合作伙伴	赞助商及战略合作伙伴对中国男子篮球职业联赛社会责任的期望以及社会责任规划	1人
职业球员及资深球迷	参与中国男子篮球职业联赛治理的意愿,中国男子篮球职业联赛需要哪些改进,中国男子篮球职业联赛应该履行什么样的社会责任	10人

1.3.2.3 德尔菲法

本书使用德尔菲法建立基于社会责任的中国男子篮球职业联赛治理内容框架。德尔菲法又称"专家调查预测法",该方法是以匿名的方式,对某一特定问题需要通过多轮专家问卷调查和反馈以力争达成共识[2]。德尔菲法经常用于没有精确研究资料和标准化结论的问题进行探索性研究,是一种科学有效的研究方法[3]。德尔菲法的优点是简便易行,具有一定的科学性和实用性,专家彼此不见面或者讨论会谈,因此可以避免随声附和、固执己见或者意见冲突等弊端[4]。

通过文献分析和访谈获取相关调查内容,编制成中国男子篮球职业联赛治理内容调查问卷,向16名职业篮球管理领域和理论研究领域经验较为丰富的专家发放。对德尔菲法研究中所获得的数据进行录入,并根据专家权威系数、专家积极系数、变异系数以及肯德尔协调系数等数据的计算方法进行数理统计,并结合专家意见和治理实践,不断修正指标,从而确立基于社会责任的中国男子篮球职业联赛治理内容框架。

一、具体研究步骤

(一)专家组的确定

选择强代表性的专家组是德尔菲法在综合评价中成功应用的首要前提,这涉及专家组的选择、专家意见的公正性判断等问题[5]。本书最终确定的专家咨询组由同一研究领域不同工作性质的专家组成,具有非常丰富的理论与实践经验。专家咨询组主要由以下三类专家构成:一是多年从事中国男子篮球职业联赛、企业社会责任及管理学领域相关研究的专家教授,他们具有丰富的理论与实践经验;二是中国篮协、中篮联(北京)体育有限公司以及各俱乐部的管理层,他们熟知中国男子篮球职业联赛的发展和运营情况;三是有一定知名度的中国男子篮球职业联赛球员、裁判员。个别专家具有其中两个层面的代表性。

(二)拟定第一轮专家咨询表

依据上文中国男子篮球职业联赛治理起点逻辑与价值逻辑的分析,基于社会责任理论框架,将中国男子篮球职业联赛治理内容体系初步拟定为用综合责任和利益相关者责任及其下属51个指标制作成的第一轮专家咨询表。表中介绍本书的相关背景及操作定义以供专家参考。

(三)进行第二轮专家咨询

对回收的第一轮专家咨询表进行整理、统计与分析。将专家修改与调整的意见进行汇总、分析,将分析结果编入第二轮专家咨询表,发放第二轮专家咨询表并请专家对各项治理内容重新给予打分评价。

(四)确定是否再进行第三轮专家咨询

回收调查问卷后,对第二轮专家咨询结果进行统计和分析。依据统计分析的结果显示专家的意见是否趋于一致,决定是否进行下一轮专家咨询。如果意见不一致,则需要进行下一轮专家咨询,并重复步骤三的调查。如果意见趋向一致,则无须进行下一轮咨询,调查结束。

二、统计处理方法

依据专家咨询表中的数据,需要进行统计计算的指标有:专家积极程度、专家权威程度、专家意见协调程度。

（一）专家积极程度

专家积极程度代表专家对本书研究的关心、合作程度，用函询问卷的回收率表示。发放问卷回收越多，代表专家积极程度越高，应答率在70%以上，则表示专家积极系数较好。由表1.2所知，第一轮专家积极系数为100%，第二轮专家积极系数为94%。有一位专家因长期公务出差未按时提交问卷，专家积极系数总体较好。

表1.2 专家积极系数结果

发出调查表数		收回调查表数		回收率	
第一轮	第二轮	第一轮	第二轮	第一轮	第二轮
16	16	16	15	100%	94%

（二）专家权威程度

专家权威程度是指专家对所研究问题或者方向的权威力度，数值的大小对评价结果的可靠性影响显著。专家权威程度由专家权威系数（Cr）表示，来源于专家的自我评价。专家权威系数由专家对问题的判断依据（Ca）和专家对问题的熟悉程度（Cs）两个因素决定。专家权威系数计算公式可以表示为式1-1。

$$Cr = \frac{Cs + Ca}{2} \tag{1-1}$$

一般认为专家权威系数Cr大于或等于0.70，即认为研究结果可靠。指标的判断依据（Ca）主要从理论分析、实践经验、同行了解和专家直觉四个方面并分大、中、小三个等级进行评分，专家指标判断依据量化表见表1.3所列。

表1.3 专家指标判断依据量化表

判断依据	判断依据对专家判断的影响程度		
	大	中	小
理论分析	0.3	0.2	0.1
实践经验	0.5	0.4	0.3
同行了解	0.1	0.1	0.1
专家直觉	0.1	0.1	0.1

专家对指标的熟悉程度（Cs）分五个等级，为很熟悉、熟悉、一般、不太熟悉和不熟悉，专家对咨询内容熟悉程度自评量化表见表1.4所列。

表1.4 专家对咨询内容熟悉程度自评量化表

熟悉程度	很熟悉	熟悉	一般	不熟悉	很不熟悉
量化值	1	0.8	0.6	0.4	0.2

依据专家咨询表中专家对问题的判断依据和专家对问题的熟悉程度两项指标计算得出专家权威系数。由表1.5可以看出，专家咨询组对中国男子篮球职业联赛治理内容8大主题的权威系数均大于0.8，说明咨询专家权威程度较高。

表 1.5 专家权威系数结果

主题	判断系数	熟悉程度	权威系数
经济	0.81	0.87	0.84
文化传播	0.79	0.92	0.86
后备人才	0.85	0.92	0.89
球员	0.88	0.86	0.87
球迷	0.90	0.92	0.91
社区	0.84	0.82	0.83
赞助商	0.82	0.79	0.81
裁判员	0.83	0.86	0.85

（三）专家意见协调程度

专家意见协调程度是指参与咨询的专家对指标是否存在分析，通常用变异系数 CV 和肯德尔协调系数 W 表示。具体计算方法和计算结果以及详细分析将在第六章基于社会责任的中国男子篮球职业联赛治理内容体系中详细介绍。

1.3.2.4 扎根理论法

扎根理论是以观察、记录、访谈、资料为研究基础，进行概括总结，从而得出系统理论的一种方法。为了探索中国男子篮球职业联赛球迷观赛体验的影响因素，本书进行影响因素的提取，通过收集和整理相关文献资料和专家访谈资料，使用 Nvivo 质性分析软件进行三级编码，并对其进行分析，最终提取了中国男子篮球职业联赛球迷观赛体验影响因素。

1.3.2.5 案例分析法

通过互联网、书籍等渠道收集并选择中国男子篮球职业联赛治理主体相关利益博弈案例、国外社会责任履行典型案例、青训体系与体教融合培养后备人才案例，并通过详尽的逻辑分析，剖析事物的本质与利弊，为本书的论点、论证以及治理路径的提出提供有力支撑。

1.4 研究思路与章节安排

1.4.1 研究思路

对中国男子篮球职业联赛的治理逻辑进行反思，说明"为什么治"的问题；利用德尔菲法构建一套客观、科学、有效的中国男子篮球职业联赛治理内容体系，诠释"治什么"的问题；对中国男子篮球职业联赛治理主体结构的嬗变进行反思，提倡治理主体下沉与多元主体共治，构筑中国男子篮球职业联赛治理共同体，探究"谁来治"的问题；以履行社会责任为主线，探寻中国男子篮球职业联赛治理路径，解决"如何治"的问题。本书的技术路线图示，如图 1.1 所示。

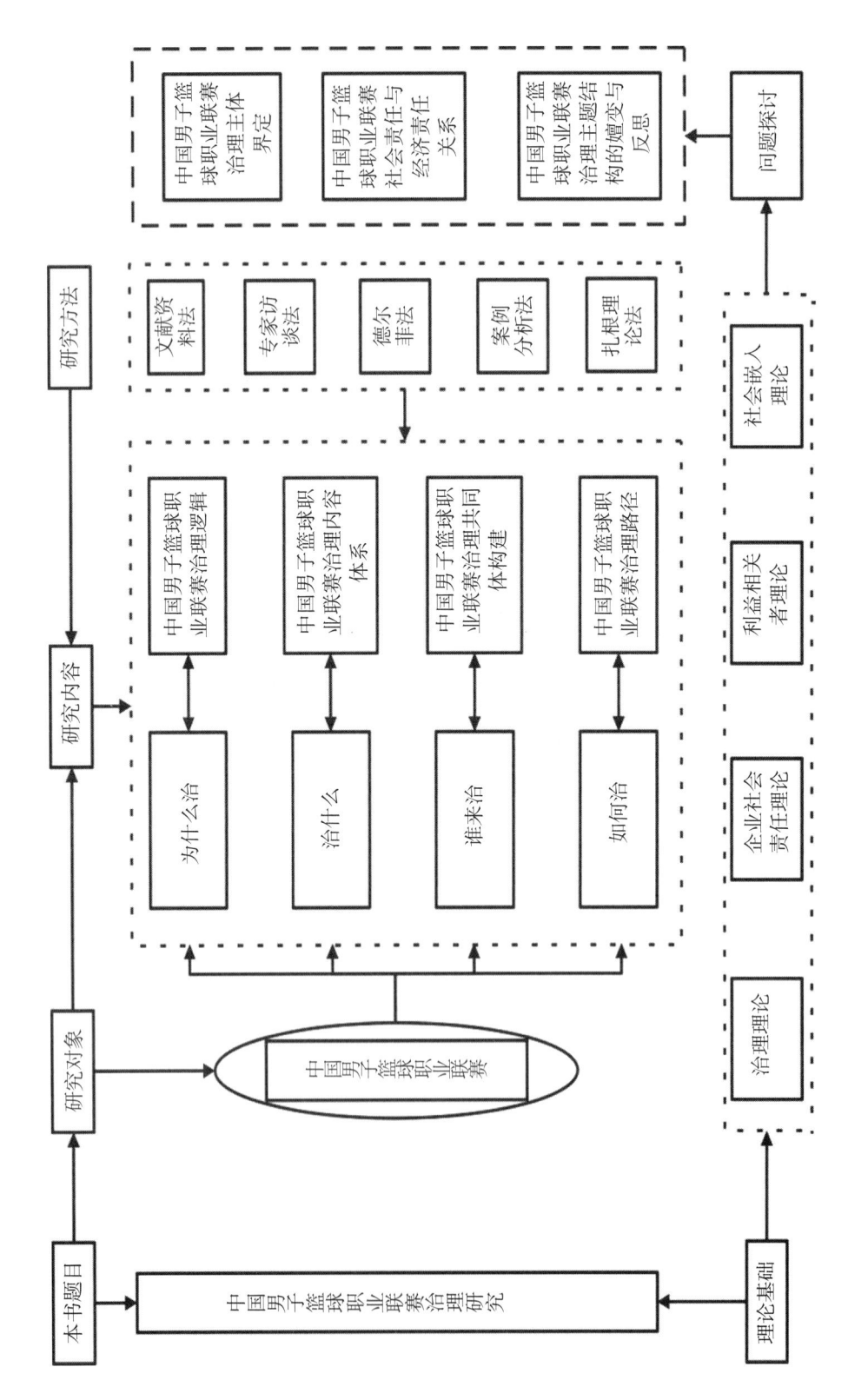

图 1.1 研究技术路线图示

1.4.2 章节安排及逻辑关系

全书的研究内容包括九个部分，每个部分研究内容及其逻辑关系简要叙述如下。

第一章 导论

首先，本章说明研究的背景，《体育强国建设纲要》对职业体育及"三大球"的发展提出了战略目标与任务，国家层面治理体系与治理现代化发展也为中国男子篮球职业联赛治理提供理论与实践依据。中国男子篮球职业联赛在赛事规模、竞技水平、影响力和经济收益等诸多方面需要有较大的提升；桎梏中国男子篮球职业联赛发展的深层次原因需要进一步明晰；理论研究的视野需要进一步拓展；提升中国男子篮球职业联赛治理效能的思路与手段需要进一步探明。其次，本章对全书的研究对象、研究方法、研究思路、研究意义与创新点等方面也进行了简明扼要的介绍。

第二章 中国男子篮球职业联赛治理研究概述

首先，中国男子篮球职业联赛治理研究概述部分，笔者通过大量文献分析，得出公司治理与企业社会责任研究相融合的趋势显著。公司治理是企业社会责任落实的基础，而企业社会责任则是推动公司治理的改善和发展的有效动力，这已得到普遍共识，并为下文研究提供理论支撑。其次，本章梳理了国内外职业体育社会责任的相关研究文献。笔者认为职业体育社会责任理论与实践研究仍孤立、零散、外生于职业体育治理体系，社会责任仅作为外生变量处于与赶超式职业市场发展的利弊权衡中被动跟进的盲从状态。最后，回到职业篮球研究领域，中国男子篮球职业联赛诸多研究的思维与视野多集中在产权、赛制、监管等关乎联赛运行的内环境上，较少考量中国男子篮球职业联赛发展的社会基础以及外环境，未将联赛治理问题嵌入于社会关系和社会结构中分析，这也是造成中国男子篮球职业联赛治理举措频出，但治理成效受限的主要原因。

第三章 理论基础及相关概念的界定

本章简要说明本书研究的理论基础：治理理论、社会责任理论、利益相关者理论以及社会嵌入理论，分别介绍各项理论的延展及理论研究中的关键性问题，指明了各项理论与后文研究中中国男子篮球职业联赛治理逻辑、治理内容、治理主体、治理路径之间的逻辑关系。在相关概念的界定中，首先，依据能否称之为"治理"的基本理念与规范，确定了中国男子篮球职业联赛治理这一专有名词的成立，并依据中国男子篮球职业联赛的本质特征与目标界定中国男子篮球职业联赛治理的概念。其次，依据中国男子篮球职业联赛的本质属性及社会责任与利益相关者理论，界定了中国男子篮球职业联赛社会责任的概念。最后，为避免中国男子篮球职业联赛社会责任、权利与义务的指向模糊，对中国男子篮球职业联赛社会责任主体与客体进行了界定。

第四章 中国男子篮球职业联赛治理历程及域外经验

本章首先将中国男子篮球职业联赛的发展历程划分为三个不同的时间阶段进行梳理，分别为：联赛职业化改革的探索阶段（1995年—2004年）、中国男子篮球职业联赛的深化改革阶段（2005年—2017年）、CBA公司制时代（2018年至今）。本章简要指出了三个不同时期的中国男子篮球职业联赛在管理体制、赛制变革、社会责任特征等方面改革的重大举措，并总结改革获得的成功与存在的桎梏。其次，本章以美国职业篮球联赛为例，简要分析了美国职业篮球联赛治理结构、治理主体、治理目标以及社会责任特征，以期为中国男子篮球职业联赛治理提供有效启示。

第五章 中国男子篮球职业联赛治理逻辑探寻

本章主要探究中国男子篮球职业联赛治理逻辑的问题，既是对"为什么治"问题的回答，亦是对联赛治理实践的反思，从中国男子篮球职业联赛治理起点逻辑与中国男子篮球职业联赛价值逻辑两个方面探讨。首先，本章将中国男子篮球职业联赛治理的逻辑起点回归于联赛治理过程中亟待解决的四种矛盾：产业市场拓展之需与社会嵌入性低的矛盾；社会价值彰显之需与社会责任缺失的矛盾；表演质量提升之需与竞技人才培养不力的矛盾；治理效能提升之需与治理主体行动逻辑差异的矛盾。其次，本章探究了蕴含导向价值、核心价值、时代价值的中国男子篮球职业联赛治理价值逻辑，在体现中国男子篮球职业联赛治理目标的同时，表达出对人民、社会和国家三个层面的价值诉求与价值承诺。

第六章 基于社会责任的中国男子篮球职业联赛治理内容体系

本章基于社会责任的中国男子篮球职业联赛治理内容体系，主要探究中国男子篮球职业联赛"治什么"的关键性问题。首先，本章确立了中国男子篮球职业联赛治理内容体系构建的科学性、针对性、可操控性原则；其次，本章结合中国男子篮球职业联赛治理的起点逻辑与价值逻辑，探讨了中国男子篮球职业联赛治理内容与社会责任内容的关系；再次，本章采用文献资料法、逻辑分析法以及经验选择法，对中国男子篮球职业联赛社会责任内容类型进行了初步划分，筛选出契合联赛治理内容的八个主题以及每一主题的二级指标；最后，本章采用德尔菲法，经过两轮专家意见征询，在专家意见的量化指标达到要求的基础上，确定了中国男子篮球职业联赛治理内容体系。

第七章 中国男子篮球职业联赛球迷观赛体验影响因素模型构建

本章对中国男子篮球职业联赛球迷观赛体验影响因素进行研究。首先，笔者利用Nvivo质性研究软件，对前人研究成果进行整理以及归纳，实现对中国男子篮球职业联赛球迷观赛体验影响因素的初选提取；其次，笔者通过德尔菲法对其实现进行进一步优化，并编制与分发问卷，利用SPSS 21.0与AMOS软件对回收数据进行效度分析；再次，笔者提出中国男子篮球职业联赛球迷观赛体验影响因素假设模型，并对模型进行拟合检验，得出中国男子篮球职业联赛球迷观赛体验影响因素模型；然后，根据模型分析的结果，笔者认为中国男子篮球职业联赛球迷观赛体验影响因素包括：感官体验、情感体验、交互体验、思维体验、功能体验5个二级指标，比赛的激烈程度、赛场的视听效果、比赛的感染力、球队归属感、社交媒介、球星号召力、合理的观赛布局、比赛结果的不确定性、对比赛的期盼、满足球迷的个性化需求、赛事周边产品丰富、球员或球队的赛场表现、获取社交关注、赛场技术数据统计的全面呈现、符合自身个性与身份的认同等38个三级指标；最后，笔者通过模型拟合检验得出：感官体验、情感体验、交互体验、思维体验、功能体验五个影响因素对中国男子篮球职业联赛球迷观赛体验均具有正向显著影响。其中，功能体验影响因素对中国男子篮球职业联赛球迷观赛体验的影响程度最大，而思维体验因素对中国男子篮球职业联赛球迷观赛体验影响程度较小。

第八章 中国男子篮球职业联赛治理共同体构建

本章主要探讨中国男子篮球职业联赛治理主体结构——"谁来治"的核心问题。首先，本章分析了中国男子篮球职业联赛治理主体结构在由篮管中心一元主导的"塔式"治理结构向俱乐部与篮协二元并行的"链式"治理结构转变过程中，治理主体在权力与地位、制度设计与实施、利益博弈与行动逻辑方面的历史动因与行为表征；对中国男子篮球职业联赛治理主体结构的嬗变进行反思，认为中国男子篮球职业联赛治理主体结构狭窄、治理主体角色定位模糊不利于联赛治理效能的提升与治理目标的实现。其次，本章探讨了中国男子篮球职业联赛治理共同体构建的适切性，明确了构筑中国男子篮球职业联赛"共建、共治、共享"的治理共同体是职业体育治理方式变迁的必然规律，是中国男子篮球职业联赛高质量发展的必由之路。最后，本章围绕"主体多元—价值认同—规则建构—场域构建"逻辑，指明了中国男子篮球职业联赛治理共同体的建构逻辑。

第九章 基于社会责任的中国男子篮球职业联赛治理路径

本章对于中国男子篮球职业联赛治理路径的探究是解决中国男子篮球职业联赛"如何治"的问题，提出了基于社会责任的中国男子篮球职业联赛治理路径探寻是在坚持"以人民为中心"的价值导向下，分别从治理主体角色定位、社会责任内化、青训体系构建、联赛生态关系、联赛文化传播等方面着手，以履行社会责任为主线，努力做到权威主导、责任内化、难点先行、利益共生、文化为魂。本章力求实现中国男子篮球职业联赛经济价值与社会价值的双重聚合，彰显了中国男子篮球职业联赛在建设体育强国中核心竞争力地位。

第十章 主要结论与展望

本章主要对论文每一章的研究结果进行进一步的概括、总结和升华，包括：中国男子篮球职业联赛作为"嫁接式"职业体育赛事，发展阻滞重重；中国男子篮球职业联赛治理目标应体现对人民、社会、国家三个层面的价值诉求与承诺；社会责任模式是中国男子篮球职业联赛治理模式选择的最优解；"共同体而非联盟"是中国男子篮球职业联赛治理由内卷走向进化的主体结构演变之需；以履行社会责任为主线，引导中国男子篮球职业联赛治理路径。本章对中国男子篮球职业联赛发展及后续研究进行了展望，中国男子篮球职业联赛治理必须重塑社会嵌入，在主体共同的硬核建构与利益共生的生态思维之下，通过社会责任内化来破局，走商业与社会并驱之路，才是中国男子篮球职业联赛实现可持续性战略发展的善治之举。

本书章节安排及逻辑关系图示，如图1.2所示。

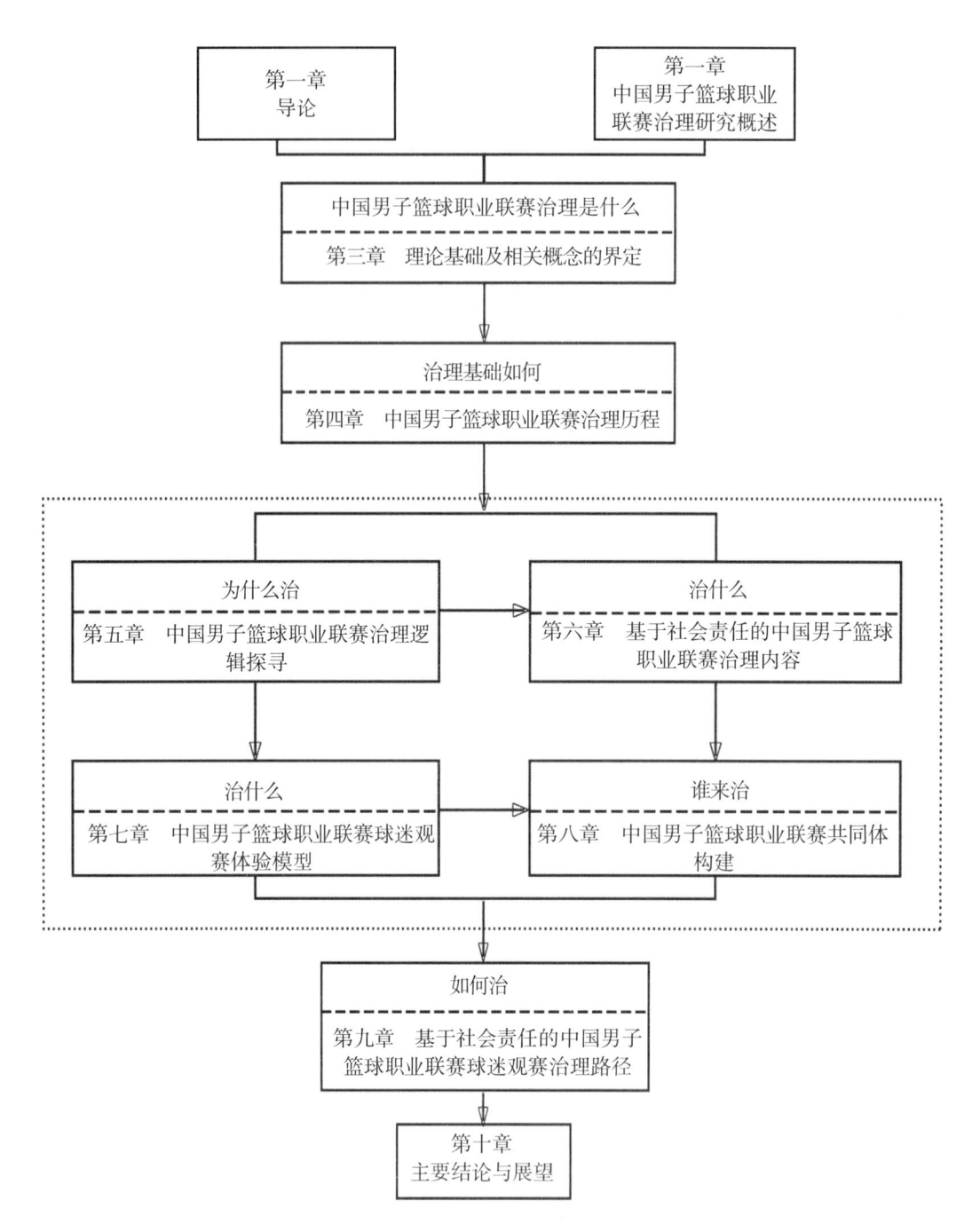

```
┌─────────────┐         ┌─────────────────┐
│   第一章    │         │     第一章      │
│    导论     │         │ 中国男子篮球职业│
│             │         │ 联赛治理研究概述│
└──────┬──────┘         └─────────────────┘
       │
       ▼
┌──────────────────────────────────────┐
│   中国男子篮球职业联赛治理是什么     │
│ ------------------------------------ │
│   第三章  理论基础及相关概念的界定   │
└──────────────────┬───────────────────┘
                   ▼
┌──────────────────────────────────────┐
│           治理基础如何               │
│ ------------------------------------ │
│  第四章  中国男子篮球职业联赛治理历程│
└──────────────────┬───────────────────┘
                   │
   ┌───────────────┴───────────────┐
   ▼                               ▼
┌────────────────────┐   ┌────────────────────────┐
│     为什么治       │   │        治什么          │
│ ------------------ │──▶│ ---------------------- │
│ 第五章 中国男子篮  │   │ 第六章 基于社会责任的  │
│ 球职业联赛治理逻   │   │ 中国男子篮球职业联赛   │
│ 辑探寻             │   │ 治理内容               │
└─────────┬──────────┘   └────────────────────────┘
          ▼
┌────────────────────┐   ┌────────────────────────┐
│      治什么        │   │        谁来治          │
│ ------------------ │──▶│ ---------------------- │
│ 第七章 中国男子篮  │   │ 第八章 中国男子篮球职  │
│ 球职业联赛球迷观   │   │ 业联赛共同体构建       │
│ 赛体验模型         │   │                        │
└─────────┬──────────┘   └────────────────────────┘
          ▼
┌──────────────────────────────────────┐
│              如何治                  │
│ ------------------------------------ │
│ 第九章  基于社会责任的中国男子       │
│ 篮球职业联赛球迷观赛治理路径         │
└──────────────────┬───────────────────┘
                   ▼
          ┌─────────────────┐
          │     第十章      │
          │ 主要结论与展望  │
          └─────────────────┘
```

图1.2 本书章节安排及逻辑关系图示

1.5 研究意义与创新点

1.5.1 研究意义

1.5.1.1 理论意义

中国男子篮球职业联赛的治理问题，是一个纷繁而复杂的问题。中国篮协、中篮联（北京）体育有限公司以及各俱乐部则深处于各自单向度的利益博弈而难达善治。以往研究虽"仁者见仁，智者见智"，但尚缺乏系统全面的研究。本书以公司社会责任理论、治理理论、利益相关者理论、社会嵌入理论为理论支撑，尝试以社会责任与治理相融的视角来研究中国男子篮球职业联赛的治理问题。本书界定了中国男子篮球职业联赛社会责任的概念及其主客体，在分析中国男子篮球职业联赛治理实践以及现存多重矛盾的基础上，对中国男子篮球职业联赛的治理逻辑进行反思，构建一套客观、科学、有效的中国男子篮球职业联赛治理内容体系，重塑联赛治理主体结构。在借鉴欧美职业体育治理经验的基础上，本书探寻基于社会责任的中国男子篮球职业联赛治理路径。为推动中国男子篮球职业联赛治理理论和实践的发展，为加快中国职业体育治理现代化提供新的研究视角，为提升职业篮球联赛治理水平打开新的研究思路，为体育促进社会进步开拓更广泛的研究领域。

1.5.1.2 现实意义

（一）有助于中国男子篮球职业联赛赛事健康可持续发展

基于社会责任的中国男子篮球职业联赛的治理研究，不仅为中国竞技篮球职业化的治理实践提供系统性、整体性、科学化的理论指导，而且对长期困扰联赛发展的诸多实践问题有针对性地提出改善措施。通过中国男子篮球职业联赛主体社会责任意识的提升与行为的规约，使联赛各系统相互促进、相互交流、协同发展，从而使中国篮球职业联赛走出相对封闭的场域，走入社区、亲近民众，展现出更为广阔的社会价值，从而获得可持续发展的根本源泉。

（二）有助于体育强国建设战略目标与任务的达成

职业体育的发展程度是衡量体育强国的重要指标。纵观全球，职业体育发展较好的国家，职业体育、群众体育、学校体育和竞技体育四者都是协调发展的。我国体育强国建设战略目标与任务，对篮球职业联赛在世界影响力的提升、篮球项目的普及与推广、群众体育和竞技篮球的引领、联赛体制机制的完善等方面，均提出了进一步要求。因此，提升中国男子篮球职业联赛治理能力已成时代之需，要进一步扩大中国男子篮球职业联赛的亲和力、影响力和感召力。中国男子篮球职业联赛不仅是单一的运动项目职业赛事，还是达成"推进全民健身、助力健康中国，提升竞技篮球实力、为国争光，促进竞赛表演业发展、培养经济新动能，推动篮球文化建设、弘扬中华体育精神"等体育强国建设多重战略任务的重要平台，也是力争中国男子篮球职业联赛成为体育强国建设的核心竞争力。

1.5.2 创新点

1.5.2.1 视角新

以社会责任与社会治理耦合的视角审视中国男子篮球职业联赛的治理问题。不同于以往从经营管理、产业发展或单一问题表征的角度对中国男子篮球职业联赛治理的理解模式，本书立足于中国男子篮球职业联赛治理的外环境，尝试将中国男子篮球职业联赛治理嵌入于社会关系与社会结构中分析，以探寻适切的治理路径，使联赛发展实现经济目标和社会目标的双重聚合，从新视角得出有利于中国男子篮球职业联赛战略发展的新观点。

1.5.2.2 时代感

对于"治什么""谁来治""如何治"问题的回答，本书认为中国男子篮球职业联赛治理内容体系、治理主体结构和治理路径应富有时代特征。在联赛治理主体结构上，本书契合党的十九届四中全会"治理共同体"概念，构筑中国职业篮球联盟"共建、共治、共享"的治理共同体。治理具体内容与路径应坚持习近平总书记发展"以人民为中心"的体育思想，以及实现《体育强国建设纲要》的战略目标与战略任务要求。

1.5.2.3 观点异

本书探讨中国男子篮球职业联赛治理的起点逻辑和价值逻辑，认为中国男子篮球职业联赛治理主体的视野不应单向度地聚焦于经济与竞技因素，应从更广阔的社会视角下考虑联赛治理主体在社会关系与社会结构中的责、权、利安排，承担对于社区、球员以及群众体育引领等方面的社会责任，实现中国男子篮球职业联赛经济价值与社会价值的双重聚合，彰显中国男子篮球职业联赛在建设体育强国中的核心竞争力地位。本书认为构筑中国男子篮球职业联赛治理共同体是中国男子篮球职业联赛在职业体育产业飞速发展的内外环境中突破自身发展瓶颈的内在需求，是实现体育强国建设战略目标与任务的外在期盼。

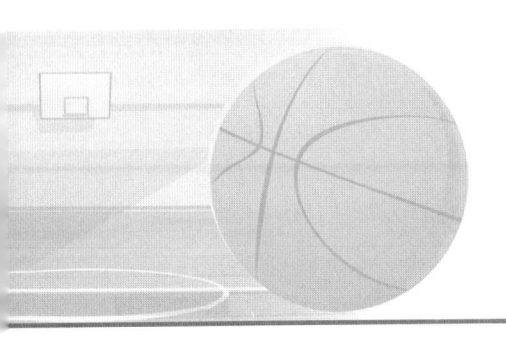

第二章 中国男子篮球职业联赛治理研究概述

2.1 公司治理与企业社会责任关系的相关研究现状

公司治理理论和企业社会责任理论经过百年的历史沉淀，均积累了海量的研究成果，拥有非常成熟的理论体系。公司治理理论与企业社会责任理论本是相对独立发展的理论体系。但公司在发展过程中社会责任的缺失行为引发了学者对公司治理缺陷的反思，治理理论研究视野从内部治理转向外部治理，研究共识从股东至上转向利益相关者共同参与；而社会责任则从企业外部向内部渗透，二者呈现更多的交集，融合的趋势显著。利益相关者理论的丰富与发展也为二者的融合提供了理论基础，多数学者认为企业社会责任与公司治理是正相关的关系。

2.1.1 公司治理与企业社会责任关系的国外相关研究现状

21世纪以后，公司治理的概念得到较大范围的扩展，在理论上涵盖了部分传统上被视为企业社会责任的部分内容，公司治理与企业社会责任理论之间的重叠越来越多，二者研究假设的共同点也要比之前增多。国外许多学者对公司治理与企业社会责任关系进行了研究，研究成果颇丰。下面，具体从公司治理与企业社会责任融合的理论研究，公司内外部治理与企业社会责任关系的相关研究，公司治理、企业社会责任与公司财务绩效以及价值的关系研究三个方面，梳理研究现状与进展。

2.1.1.1 公司治理与企业社会责任融合的相关理论研究

比马尼（Bhimani）、苏纳瓦拉（Soonawalla）[6]认为公司治理与企业社会责任是同一硬币的两面，这两种机制被运用于调整企业经营并整合于企业战略发展中，这种良好的治理机制将积极的社会责任逐步由公司慈善转化为持续获得客户和社会信任的可靠战略。贾马里（Jamali）、萨菲迪内（Safieddine）、拉巴斯（Rabbath）[7]认为公司治理与社会责任逐步发展为一个相互补充的连续统一体。

拉希姆（Rahim）、阿拉姆（Alam）[8]认为企业社会责任与公司治理的融合改变了企业的责任机制。这就形成了一种对社会负责的"公司自律"，一种在经济发达公司中综合治理和责任的方式。萨利姆（Sarim）、沙姆沙德（Shamshad）、阿赫特（Akhter）[9]揭示了公司治理与企业社会责任之间具有显著的双向互动关系并存在着巨大的重叠，并将公司治理和公司社会责任视为相互补充，有利于公司、利益相关者和整个国家的最佳利益。法蒂玛（Fathima）[10]认为公司治理是一个公司被指导和控制的规则、实践和过程的系统，本质上涉及平衡公司中许多利益相关者的利益。企业社会责任通常为了改善公司治理的愿望而与公司治理相融合。企业社会责任不是适得其反的利益相关者约束，而是"负责任"的利益相关者责任。阿鲁齐纳（Aluchna）、罗索斯卡-门克斯（Roszowska-Menkes）[11]阐述了公司治理与企业社会责任的关系，采用企业社会责任活动与核心业务及环境、社会和治理合规性之间的两个战略契合维度，提出了企业社会责任与企业治理关系的四种整合模型。

2.1.1.2 公司内外部治理与企业社会责任关系的相关研究

从公司内部治理与企业社会责任关系的视角看，迪金（Deakin）、休斯（Hughs）[12]认为，公司治理探讨的就是公司为使企业社会责任能够有效执行而建立的行之有效的内部治理体系。琼斯（Jones）、康福特（Comfort）、希利尔（Hillier）[13]认为公司治理对应于社会责任的内部维度，企业应该对其内部利益相关者提出相关问题。乔（Jo）、哈尔乔托（Harjoto）[14]探讨了公司内外部治理与监督机制对企业社会责任参与选择及企业社会责任活动价值的影响。发现企业社会责任的选择与公司内外部的治理和监督机制正相关，包括董事会领导、董事会独立性、机构所有权和反收购条款。朱伊尼（Jouini）、阿吉纳（Ajina）、德尔巴里（Derbali）[15]以SBF 120指数上市的65家法国公司为样本，探讨公司治理与企业社会责任之间的关系，表明董事会规模、机构投资者的存在对公司社会责任绩效有正向影响，大股东持股比例对公司社会责任绩效有负向影响。企业可以通过采用减少不道德行为的公司治理最佳做法来提高社会绩效。从公司外部治理与企业社会责任关系来看，费尔南德斯-克兰兹（Fernández-Kranz）、桑塔罗（Santaló）[16]认为公司外部治理中的市场因素和企业社会责任呈正相关。林凯杰、谭进、赵立等[17]认为公司倾向于通过履行社会责任与地方政府建立良好的政治关系网络；公司积极履行社会责任，使其在短期、长期更容易受到政府的补贴。阿德南（Adnan）、海伊（Hay）、范·斯塔登（Van Staden）[18]研究了公司治理对企业社会责任报告的文化影响的调节作用。

2.1.1.3 公司治理、企业社会责任与公司财务绩效以及价值的关系相关研究

乔（Jo）、哈尔乔托（Harjoto）[19]通过调查公司治理和企业社会责任参与之间的因果关系来检验两者之间的实证关联。通过大量的美国样本发现，虽然企业社会责任的滞后并不影响公司治理变量，但公司治理变量的滞后在控制了企业的各种特质后，对企业的社会责任参与产生了积极的影响，企业社会责任在提高企业财务绩效方面发挥了显著的积极作用。罗德里格斯-费尔南德斯（Rodriguez-Fernandez）[20]发现企业社会责任与企业财务绩效之间的关系会因公司治理举措的不同而发生改变，企业社会责任有助于财务绩效的增长，财务绩效增长后企业社会责任活动随之增加。斯图布斯（Stuebs）、孙莉[21]运用利益相关者理论来考察公司治理与企业社会责任之间的关联性，结果表明公司良好的治理行为能够促进企业责任的履行，并且引起个人投资者和机构投资者的投资兴趣，增加投资者对治理较为完善公司的投资信心。

朗格维赛特（Ruangviset）、吉拉珀恩（Jiraporn）、金俊成[22]认为，虽然提高股东价值仍是所有公司的主要目标，但公司治理和企业社会责任的概念进入了这一图景。公司治理一直被认为是严格内部控制机制的策划者，公司不仅被鼓励在其所有交易中促进道德、公平、透明和问责，而且在保持内部最高治理标准的同时继续创造利润。表现出色的公司必须在其业务范围内联合公司治理和企业社会责任。沃罗基纳西（Worokinasih）、宰尼（Zaini）[23]采用定量方法进行解释性研究，认为良好的公司治理和企业社会责任信息披露是一种注重内部利益和外部利益平衡、提高公司价值的方法。阿卜德尔法塔赫（Abdelfattah）、阿布德（Aboud）[24]等认为企业社会责任有义务提升公司经济价值，企业社会责任披露程度与公司股票回报率呈正相关。

从以上国外理论与实证研究文献中，国外研究者普遍认为企业社会责任对公司长期发展战略有着极为重要的影响。企业社会责任与公司内外部治理均有较大的关联，公司履行企业社会责任有助于公司绩效的增长与价值的提升。两者的关系不断增进，从"同一硬币的两面"到"互补的统一体"，再到"双向互动中的重叠"，最后到"二者的整合模型"。公司治理与企业社会责任的融合已有丰富的理论积淀与显著的演进趋势，为本书中国男子篮球职业联赛的治理与履行社会责任，在内容层的趋同与在路径层的耦合，提供了坚实的理论依据。

2.1.2 公司治理与企业社会责任关系的国内相关研究现状

2.1.2.1 国内关于公司治理与企业社会责任关系的理论研究

国内关于公司治理与企业社会责任关系的理论研究是从2000年后开始的，并在2010年后逐步成为研究的热点，出现了许多影响较为广泛的佳作。学者们探讨了对公司治理与企业社会责任的理论基础，并对二者融合的趋势进行了研判，认为二者融合有着理论的共生性与内在必然性。王长义[25]认为公司治理和社会责任具有历史的渊源性和发展的共生性，它们拥有共同的理论和实践基础。高汉祥、郑济孝[26]认为公司治理与企业社会责任有着融合的必然性，二者有着共有的理论源头，"责任"是公司治理与企业社会责任共有的理论内核。张芈卡、于玲[27]分析了公司社会责任与公司治理的理论演进及内涵，两者交融的理论基础是利益相关者理论，两者互动的纽带是利益相关者。

高汉祥[28]从价值创造视角重新审视了企业社会责任与公司治理，认为将企业社会责任融合进公司治理理论与实践框架有着必然的趋势。李曼妮[29]从理论基础的同源性、最终目标的相同性及融合的互利性三方面对两者关系进行了分析，论证了两者的融合具有可行性和必要性，分别以委托代理理论和利益相关者理论为依据，提出由企业核心利益相关者共同治理和股东日常治理加其他利益相关者治理的两种融合思路。章竟[30]认为企业社会责任的发展是要求公司建立一套行之有效的治理体系，从而在制度上确保企业社会责任的可行性，在经济与社会效益方面实现双丰收。其次，部分学者诸如李伟[31]，高汉祥[32]，郑晓青[33]，邓学衷、刘超洁[34]等，对公司治理与企业社会责任的逻辑关系、相互影响的机理以及相互嵌入的方式进行了深入研究，认为公司治理与企业社会责任应以价值创造为最终目标，因价值创造产生逻辑关系。二者应以制度嵌入、精神嵌入和理念嵌入进行互动促进共同发展。在公司治理与企业社会责任关系方面进行研究的国内知名学者的观点见表2.1所列。

表2.1　在公司治理与企业社会责任关系方面进行研究的国内知名学者的观点

学者	公司治理与企业社会责任的关系
王长义	历史渊源性与发展共生性
高汉祥	"责任"是公司治理与企业社会责任的共有"内核"
李伟	企业社会责任能够推动公司治理良性发展
张芷卡、于玲	利益相关者是公司治理与企业社会责任"交融"的媒介
李曼妮	基础同源性、目标趋同性、融合互利性
高汉祥	内在逻辑性而"内生嵌入"
郑晓晴	公司治理机制中嵌入社会责任，能够实现企业价值创造的目标
邓学衷、刘超洁	公司治理是企业积极实施社会责任的制度基础
吴德军	公司治理与企业社会责任水平高度相关

公司治理与企业社会责任拥有内在逻辑的一致性、功效的相似性，在得到学界的认同后，学者们对建立一种新的公司治理模式——"社会责任治理模式"——进行了初步构想与论证，也对公司治理结构的缺陷进行了反思，以期将企业社会责任内化于公司战略化发展中。郭秀英[35]认为鉴于公司治理与企业社会责任的互动关系，企业社会责任活动在科学的公司治理结构和良好的外部治理环境保障下能够更为有效地展开。企业社会责任履行的反馈又能促进公司治理结构的优化，以社会责任模式为基础尝试建立一种新的公司治理模式。买生、杨英英、李俊亭[36]在公司治理的理论缺陷分析的基础上，提出了公司社会责任治理结构和治理要素分析框架，能够弥补代理理论的治理缺陷。买生、单胜男、杨英英[37]认为"三会一层"的治理结构对企业的发展起到了阻碍作用，公司社会责任与治理融合的趋势已势不可挡，将公司内外部治理要素与企业社会责任各个层次上的要素进行融合并获取公司治理新的要素，弥补公司治理的缺陷。卢文超[38]认为企业社会责任没有在公司发展战略层面进行内化，尚未内生于公司的产品生产、服务及经营活动中。

2.1.2.2　国内关于公司治理与企业社会责任关系的实证研究

除了上述理论研究外，诸多学者利用实证研究的方法，采集上市公司数据，并对公司治理与企业社会责任的关系进行研究，主要集中在公司内外部治理与企业社会责任的关系和公司治理及企业社会责任与公司绩效、价值之间的关系两个方面，普遍认为企业社会责任与公司治理的良性互动能够提升企业的社会责任实践水平，能使公司形成健全有效的内外部治理行为。

（一）公司内外部治理与社会责任相关关系的实证研究

吴磊[39]用中国制造业A股上市公司面板数据，实证检验了公司治理与企业社会责任的正向调节作用。两者都是企业的核心资源与竞争力，彼此之间的关系是相互促进、相互转化的。在企业经营和发展的过程中，应实现公司治理和社会责任的"融合"，以促进企业可持续发展。而孙艳梅、陶利斌[40]通过理论推演和实证检验，深入分析内部人持股对企业社会责任的影响、行为动机和约束机制，认为企业的社会责任源于经理层更多的声誉追求和掩饰内部人的失德行为。他们认为，应在制度建设与规范过程中，强调企业社会责任建设的实质效果和企业社会责任行为效率的提升。王雪梅、卜华[41]，肖海林、薛琼[42]，通过实证着重分析了董事会的规模与组成、高管持股比例等因素与企业社会责任以及公司治理的正相关关系，认为公司可以通过高管激励以及董事长与总经理兼任两项举措有利于公司绩效的增长，又有助于企业社会责任水平的提升。

许英杰、石颖、阳镇[43]利用实证探究了企业性质与社会责任能力成熟度的关系，发现国有控股企业社会责任能力的成熟度好于非国有控股企业的社会责任能力的成熟度，市场化水平越高与企业社会责任能力的成熟度呈正相关。

（二）公司治理、企业社会责任与公司绩效以及价值的关系研究

在公司治理与企业社会责任的正向关系得到普遍肯定之后，近五年，许多学者逐步将研究聚焦于公司治理、社会责任与公司绩效和价值三者之间的关系，从而进一步探求公司治理与社会责任的融合对公司整体的影响。

肖海林、薛琼[44]认为，企业社会责任在有效公司治理的模式下，能够对公司绩效产生积极影响，并为解构三者关系提供了新证据。王能[45]认为，企业社会责任履行是公司治理和公司绩效的中介变量，公司治理可以利用社会责任履行来有效提高公司绩效。王化中、李超[46]认为，将社会责任建设作为一项长期经营的事业，更有利于改善财务状况；公司治理正向调节社会责任对企业财务绩效具有促进作用。孙敏、张彦[47]实证分析了公司治理和企业社会责任对公司价值的影响情况，认为企业履行社会责任的程度与企业价值正相关。张彦明[48]提出了公司治理与履行社会责任对企业价值具有耦合影响的观点，实证检验了国有股比例、法人股比例、股权制衡度、董事会规模、独立董事比例、监事会规模、高管持股比例与企业价值呈显著正相关，社会公众股、股权集中度、监事会会议次数、经理层薪酬与企业价值的关系并不显著，履行社会责任与企业价值呈正相关，且存在滞后性。

综上所述，公司治理与企业责任从各自独立领域走向融合已得到国内外学者的认同。公司治理与企业社会责任的理论同源与发展共生为二者融合提供了理论基础，利益相关者理论与实践的利益诉求及考量为二者融合搭建了桥梁，公司治理与企业社会责任发展中内容的重叠与目标的趋同为二者融合提供了广阔的空间。公司治理与企业社会责任的正向关系在得到学界的普遍认同后，其研究趋势已向二者的互动和耦合对企业财务绩效及价值的影响方面发展。但大部分研究在分析两者的关系时仅将企业社会责任及履行作为一个相对模糊的整体概念来讨论，对于社会责任的具体内容分别是如何影响公司治理的，或者说有效的公司治理能够对企业社会责任的哪一部分具体内容有着良好的促进作用，研究者们还普遍无法说明。本书则尝试将中国男子篮球职业联赛治理的内容与联赛社会责任的内容相结合，从局部到整体分析基于社会责任的中国男子篮球职业联赛治理的原因之一。此外，对于企业社会责任如何影响公司治理以及社会责任如何内化于公司治理体系的理论与实践的研究仍较为匮乏，这也是本书结合中国男子篮球职业联赛治理尝试探求的内容。

2.2 国内外职业体育组织社会责任相关研究现状

学术界对企业社会责任的研究日趋丰富，也获得了国内外体育学者的关注。自2010年以来，对职业体育社会责任理论及实践的研究与探讨也逐渐受到重视。国内外学者从职业体育社会责任的概念与特征、价值、内容体系、评价体系、职业体育组织社会责任与消费者的关系、职业体育组织社会责任的实施路径等方面展开了深入的研究。

2.2.1 职业体育组织社会责任概念与特征的相关研究

由于职业体育俱乐部与其他企业在本质属性上存在差异，部分学者对职业体育组织社会责任的概念和特征进行了初步的界定与总结，但是诸如此类相关概念与特征的基础性理论研究整体偏少。周爱光、闫成栋[49]从法律角度将职业体育组织社会责任的含义界定为：职业体育组织对其投资者、球员、社区、球迷和其他参赛俱乐部等利益相关者的合法权益以及公平竞争的比赛秩序所负有的保护和促进的法律义务。他们总结了职业体育组织社会责任规范性、多元性、冲突性的特征。赵燕、黄海峰[50]将职业体育赛事社会责任界定为：职业体育赛事主体对参赛组织、运动员、观众、赞助商、社区等利益相关者及社会公众所应承担的相应责任。韩炜、荣思军[51]认为职业体育组织的社会责任是职业体育组织在实现自身利益的经营及决策过程中，所主动承载的维护和增进其他利益相关者利益的一种综合责任，具有营利性与社会性相统一、差异性与发展性相统一和广泛性与有限性相统一的基本特征。在职业体育组织社会责任的国外相关研究中，巴比亚克（Babiak）、沃尔费（Wolfe）[52]认为职业体育组织社会责任具有强烈的情感体验、独特的市场垄断优势、高透明度的竞争模式和多样化的利益相关者等四个特征。

史密斯（Smith）、维斯特比克（Westerbeek）[53]认为广泛的信息传播范围和高关注度、突出健康理念的传递、多元的社会文化互动也是职业体育组织履行社会责任的特征。

从上述几位学者的研究中，虽然几位学者在概念界定的对象（即"职业体育俱乐部""职业体育赛事"与"职业体育组织"等称谓）上有所不同，但概念界定的重要依据都是利益相关者理论，均说明了职业体育赛事或者组织的责任对象是球迷、球员等多个利益相关者，不足之处是在概念的界定中对于"为了什么"（即职业体育组织的责任目的或者目标）尚无简洁、精确的体现。这也是后文对于中国男子篮球职业联赛社会责任概念界定中所要注意的问题。学者对于社会责任特征的总结各有不同，但也都强调了职业体育社会责任的多元化与差异性。

2.2.2 职业体育组织社会责任价值相关研究

随着对职业体育组织社会责任研究的深化，学者们普遍认为职业体育组织履行社会责任对于提升职业体育组织声誉、商业价值、社区教育、球迷忠诚度以及消费购买行为等多个方面具有广泛的价值与促进作用。奥谢（O'shea）、阿隆索（Alonso）[54]认为，职业体育组织在社区教育、卫生、福利等方面的帮扶有积极作用，解释了职业体育组织是如何和为什么与当地和周边社区建立联系和作出贡献的。职业体育组织不仅是追求经济回报的商业实体，而且有能力成为促进人类致富、社会融合和社区福利的重要载体。布卢姆罗特（Blumrodt）、德斯博尔德斯（Desbordes）、博丹（Bodin）[55]探讨了欧洲职业足球联赛中企业社会责任行为及其对俱乐部品牌形象的积极影响，强调企业社会责任必须成为俱乐部管理战略的一部分。朱章、苏鲁拉尔（Surujlal）[56]认为企业社会责任在全球范围内已从慈善活动演变为一种战略工具，供体育组织保护声誉、发展品牌忠诚度和培育竞争优势。井上雄平（Inoue Yuhei）、房克（Funk）、麦克唐纳德（McDonald）[57]对澳大利亚职业足球队的634名球迷进行了实地调查。研究结果显示，职业体育组织履行企业社会责任能较好地影响球迷的行为忠诚度。张森[58]认为，调查对象将社会责任实践活动作为提升我国职业体育俱乐部市场销售业绩的重要战略手段并加以运用，职业体育俱乐部的社会责任实践主要聚集在提升当地社区的教育和健康状况、改善公共基础设施、向慈善组织进行捐助等领域。梁斌[59]认为，职业足球俱乐部通过开展社区活动参与、慈善捐赠、青少年与大众健康教育等社会责任活动，可以使球迷获得更好的生活和心理效益，提高对球队的认同感和归属感，俱乐部则拥有较高的社会名誉，获得长期发展的动力。张程锋[60]认为，球迷的消费行为意愿会受到职业足球俱乐部社会责任行为的正向影响，俱乐部社会责任行为能使俱乐部及母公司财务绩效增长并创造价值。

2.2.3 职业体育组织社会责任内容体系相关研究

在企业社会责任理论的发展过程中，关于企业社会责任内容体系的研究观点众说纷纭，国内外学者依据不同的理论基础、企业属性和发展阶段，归纳出不同社会责任的内容体系。对职业体育社会责任内容体系的相关研究也成为学界研究的热点与重点。但因职业体育自身的特性与环境，国内外学者对于职业体育组织社会责任内容的认知同样存在许多差异。由表2.2可以看出，许多结论的得出是依据卡罗尔著名的"企业社会表现的三维概念模型"中企业社会责任四部分的经济责任、法律责任、伦理责任和自愿责任演绎而来的。在理论依据上，多基于利益相关者理论，在内容体系的分类方法上多采用层次分析法得出层次责任内容。在研究结论上，"法律责任""教育责任""社区责任""慈善责任"出现的频次较高，得到了较为广泛的认同。

表2.2 国内外学者职业体育组织社会责任研究相关内容的观点

学者	时间	职业体育组织社会责任内容体系
陈锡尧	2009	经济与法律、道德与慈善、公平与教育等责任
韦梅	2011	教育、公平竞争、战略、社区、关系等责任
周爱光	2012	维护比赛秩序与竞技实力平衡、保护和限制投资者经济权益、保障运动员和球迷合法权利、服务社区等法律义务
张森	2013	道德与法律、慈善与社区责任、战略与领导以及利益关系人等责任、法律与伦理责任、文化与公益责任

续表

学者	时间	职业体育组织社会责任内容体系
赵燕	2015	第一层:竞技、经济及法律,第二层:伦理、教育与文化,第三层:慈善与环境保护
韩炜	2018	劳工关系、环境管理及可持续发展、社区关系、慈善、种族融合和种族平等、公司治理
Babiak（巴比亚克）	2013	执行因素:场地设施、所在位置、员工、健康、教育。目标因素:社会嵌入、大众参与、环境保护、和谐交流、社会全面发展
Anagnostopoulos（阿纳格诺斯托普洛斯）	2013	提高职业体育组织的绩效,提升职业体育组织的竞争力,协助员工的职业发展,保护消费者权益,促进体育、教育和健康计划,协助慈善组织,提高社区生活质量
Lacey(莱西)	2016	基础教育、儿童和家庭问题、青少年娱乐和运动、青少年辅导

笔者在研读了众多学者对职业体育组织社会责任内容体系的研究后，发现其中存在如下三个方面的问题：第一，职业体育组织社会责任内容体系中既有综合责任又有球迷、社区等具体对象责任，那么职业体育组织社会责任究竟是综合责任还是对象责任，还是二者兼而有之，学者们并没有完全说清楚；第二，一些学者仅参照卡罗尔的金字塔模型对职业体育组织社会责任进行层次划分，但每一层具体内容又是什么并未详细地加以分析和说明，且没有明确说明如何指导职业体育组织社会责任实践；第三，不同的职业体育赛事或者同一职业赛事发展的不同阶段在社会责任内容层面从本质上讲也应该是不同的，那么具体是什么，职业体育组织社会责任应具有异质性、针对性与主次之分，学界对这些问题还缺乏深入系统的研究与准确的回答。

2.2.4 职业体育社会责任评价相关研究

随着社会责任意识的逐步强化，各类公司将社会责任融入到企业战略规划与发展格局中，推动了企业社会责任的实践工作。各行业也越发关注企业履行社会责任的绩效评估，以及指标体系在引导企业可持续发展中发挥更大的作用。一些学者对职业体育社会评价及指标体系进行了初步的研究。庞徐薇、陈锡尧[61]运用德尔菲法，在对我国职业体育社会责任内容进行梳理的基础上，确定中国职业体育社会责任评价指标体系包含公平竞争责任、经济责任、法律责任、道德责任和教育责任5个一级指标及18个二级指标。刘光同、宋冰[62]对我国职业体育俱乐部企业社会责任评价的理论基础、现实起点以及评价的边界进行了详细论述，认为我国职业体育俱乐部的性质、职业市场培育程度、俱乐部产权问题、俱乐部盈利模式是评价我国职业体育俱乐部企业社会责任的现实起点。中国职业体育组织企业社会责任的边界是国家利益、俱乐部利益和社会各方利益动态博弈的均衡点。布莱特巴斯（Breitbarth）、胡弗曼（Hovemann）、瓦尔泽尔（Walzel）[63]将职业体育组织社会责任分为经济、法律、道德、情感和社区融合5个维度，并对每个维度的指标进行赋值，以便更好地评价职业体育组织社会责任的履行情况。

2.2.5 职业体育组织社会责任与消费者关系的相关研究

球迷作为职业体育消费者，是职业体育组织社会责任的直接受众群体。近五年，职业体育组织社会责任与消费者的关系成为研究的热点。部分学者采用实证的方法测量了职业体育组织社会责任与消费者感知的关系，间接探究职业体育组织履行社会责任与俱乐部绩效乃至价值创造的关系。李浚源（이준원）[64]以韩国职业棒球队为研究对象，认为职业体育组织的企业社会责任活动对球迷感知的团队情绪、团队自豪感、团队依恋有显著影响；团队自豪感对球迷感知的团队依恋有显著影响。张森、王家宏[65]分析了消费者满意度与职业体育组织社会责任感知之间的关系，认为职业体育组织的消费者满意度与社会责任感知呈正相关。张程锋[60]通过调查职业足球俱乐部社会责任对球迷消费行为的影响来检验职业足球俱乐部承担社会责任能否创造价值，认为职业足球俱乐部承担社会责任能够积极影响球迷的消费行为意愿，有助于为职业足球俱乐部创造价值和提高财务绩效。

2.2.6 职业体育组织社会责任实施路径相关研究

国外学者多采用案例实证的方法分析职业体育组织社会责任的行为。巴比亚克、沃尔费[52]研究确定了职业运动队社会责任活动的内部和外部驱动因素的相对重要性。职业体育组织社会责任的外部驱动因素，特别是行业领域的相互关联性以及来自联盟的压力，是职业体育组织社会责任倡议的更重要决定因素。海因策（Heinze）、索德尔斯特罗姆（Soderstrom）、泽德罗伊克（Zdroik）[66]分析了美国国家橄榄球联盟（NFL）、美国职业篮球联赛（NBA）、国家冰球联盟（NHL）等的职业体育俱乐部是如何将其企业社会责任发展成更具战略性、真实性和以伙伴关系为中心的模式。他们认为企业社会责任在体育管理领域日益增多的工作中兴起并且逐步制度化。职业体育团队战略性地将内部资源与外部需求相匹配。曹秀英（Joo Soyoung）、拉金（Larkin）、沃克（Walker）[67]以韩国三大职业体育联盟为研究对象，探讨了影响职业体育组织社会责任参与制度同构的一般信念、价值观和规范，研究表明韩国职业体育组织社会责任已经制度化，遵守制度规范不仅可以强化联盟对社会负责的行为，而且还可以为联盟提供竞争优势。罗威（Rowe）、卡尔格（Karg）、谢莉（Sherry）[68]采用探索性案例的研究方法，对三个地区（澳大利亚、英国和美国）商业主导联盟的70支职业运动队的社会责任活动进行研究。这些活动具有三个核心类别：给予、激活和能力建设。他们比较了不同地区的差异：美国的团队更多地参与捐赠活动，而英国的团队则更多地参与能力建设活动。

国内学者对于职业体育组织社会责任实施路径的研究是从近几年才开始的，研究成果较少，主要以欧美成熟职业体育联赛社会责任治理为镜鉴，反思我国职业体育组织社会责任的实施路径。因我国足球、篮球等职业体育联赛内外部环境的复杂性及制度供给的缺乏，职业体育组织社会责任的实施也成为研究的难点。宋冰、耿瑞楠、张廷安等[69]分析了英超联盟、欧足联等世界知名足球联赛社会责任治理的背景，认为职业体育组织履行社会责任的制度建设与外部环境优化需要政府的立法推动。在完善职业体育组织社会责任的路

径中，单项行业协会因约束力不足而作用不明显，社会与文化发展的外部环境与理念需要改变。宋冰[70]研究了中超联赛主体社会责任发展问题，提出了重整治理目标、完善治理结构、增进认知水平、组建利益相关者团体、提升履责效率等中超联赛主体社会责任的发展策略。

2.3 中国男子篮球职业联赛治理相关研究现状

中国男子篮球职业联赛经历了近三十年的改革与发展，已初见成效，但其经济效益与社会效益及影响力的提升仍面临诸多瓶颈。中国男子篮球职业联赛治理实践虽及时参照中国足球协会超级联赛治理的"前车之鉴"，但仍因缺少与社会其他系统的有效衔接以及制度层面的缺失，在多元化利益格局的共存与博弈中，暴露并衍生出诸多问题。一些学者从不同的层面对中国男子篮球职业联赛的治理进行了研究。

2.3.1 中国男子篮球职业联赛治理主体权力结构演进的相关研究

南音[71]基于合作与博弈的视角对中国篮协在改革中遇到的问题进行了概括和总结，其观点涵盖了中国男子篮球职业联赛治理主体权力结构演进与变革的前提和基础。他认为篮管中心和中国篮协存在定位不准、职责不明、边界不清、功能弱化和活力不足、管理自主权和规范章程缺失等问题，但中国篮协"政社一体"的特性使其能够利用行政力量处理中国男子篮球职业联赛的各项改革事务，居于中国男子篮球职业联赛治理主体的中心地位。相反，对于职业篮球俱乐部以及球员来说，作为中国男子篮球职业联赛主体的俱乐部和球员由于资源禀赋的不足，而缺失联赛话语权与重大事务的决策权，在中国男子篮球职业联赛权力结构中居于劣势地位。这种权力的非对称在相当长一段时期内是篮球职业俱乐部和中国篮协的主要矛盾。刘转青、练碧贞[72]也认为，中国篮协实体化进程缓慢，惯用行政逻辑与手段方法来处理中国男子篮球职业联赛治理事务，严重阻碍了中国男子篮球职业联赛的商业布局、品牌推广与治理效率。

在管办分离改革的推进过程中，郑娟、郑志强[73]认为，CBA俱乐部作为投资方在争夺联赛治理权限中有局限性和两面性。中国男子篮球职业联赛职业篮球俱乐部因长期高投入而难以盈利，所以有对中国男子篮球职业联赛控制权与收益权进行重新配置的利益诉求。但在竞技篮球后备人才培养与梯队建设层面的乏力，使其不得不依赖中国篮协的行政资源和社会资源。两者存在矛盾，所以俱乐部与中国篮协的协同治理是中国男子篮球职业联赛的发展之需。胡佳澍、郑芳[74]也认为中国男子篮球职业联赛治理主体之间的资源与权力存在着相互依赖性和制衡性，多元主体治理结构是中国男子篮球职业联赛治理的最终理想结构。他们认为自上而下的强制推动是中国男子篮球职业联赛权力结构演进的关键力量，职业联赛的市场主体和社会主体经过较长时间的生成和发育后，逐渐形成相互制衡、有效制约的权力结构，有效市场、有为政府和有力社会是中国男子篮球职业联赛多元治理主体发展的目标。

在中国男子篮球职业联赛治理主体权力结构演进的研究中，有学者对于中国男子篮球职业联赛治理主体权力的动态变化进行了深入的剖析，并分别从利益博弈、资源禀赋、制度选择等方面给予了诠释。联赛治理主体对于中国男子篮球职业联赛控制权、经营权的争夺贯穿联赛发展始末，在"管办分离"前后达到了高潮，为本书梳理中国男子篮球职业联赛治理主体之间的关系，解决"谁来治"的问题提供了理论与现实依据。

2.3.2 中国男子篮球职业联赛制度建设相关研究

2.3.2.1 中国男子篮球职业联赛产权制度相关研究

在中国职业体育治理整体以欧美职业体育联赛为镜鉴的过程中，许多学者对中国男子篮球职业联赛的产权问题进行了研究。黄少好[75]从产权结构的视角分析了中国男子篮球职业联赛治理结构，认为中国男子篮球职业联赛产权呈现模糊化和残缺化，违背了风险补偿原则，中国篮协的激励机制与约束机制失效。中国男子篮球职业联赛产权主体关系复杂、利益目标不一致，产权结构有暂时的稳定性和过渡性特征，产权由于模糊易激发矛盾，需要通过完善的治理机制包括法治途径予以解决。王茜、王家宏[76]研究发现，在中国以公有产权为核心的产权制度和以行政权力为主导的体育管理体制下，中国男子篮球职业联赛各产权主体面临中国篮球协会权力平衡难、职业俱乐部权力获得难、中篮联（北京）体育有限公司权力开发难的困境，应通过制定"竞合融通"的中国男子篮球职业产权制度，创建协同发展的中国男子篮球职业利益共同体，完善中篮联（北京）体育有限公司内部激励约束机制的策略，来平衡各主体之间的权力关系。许多学者普遍认为，中国男子篮球职业联赛产权模糊，制约了联赛市场的运行，中国男子篮球职业联赛产权明晰是联赛治理的关键性问题。然而，张兵[77]有较为不同的观点，并认为产权不能作为推进我国职业体育发展的有效工具，明晰化产权与我国职业体育发展环境与现实样态明显不符，仅能作为中国职业体育发展的目标模式，而非现实的必然选择，也不能盲目向西方职业体育学习和跟随。

2.3.2.2 中国男子篮球职业联赛监管制度相关研究

朱雷亚、王恒同[78]等认为，中国男子篮球职业联赛的阴阳合同、赛场暴力等乱象，证明监管效果不能令人满意和信服。在行政监管力量逐渐弱化、市场监管力量逐步强化的过程中，要从制度、技术和机构等方面的创新来推进中国男子篮球职业联赛法治化监管的进程。石继章、邵凯[79]以冲突理论对中国男子篮球职业联赛的赛场冲突进行了分析并提出治理举措，认为篮球联赛发展平台及各俱乐部作为供给侧提供的核心产品——赛事表演——并未满足观赛群体需求侧的需要，提出要建立公民理性与职业理性，逐步培育健康的职业赛事体系。邱红武[80]认为，中国男子篮球职业联赛球场暴力事件上升态势明显，对中国男子篮球职业品牌形象和社会群体的关注度造成巨大负面影响，提出了构建强有力的法律治理体系及成立赛区应急处置监督体系的治理举措。肖留根[81]认为，目前中国男子篮球职业失范现象主要体现在赛场各类暴力频发、裁判自由裁量失范、惩戒规约标准不一、转会市场契约不足等方面。他提出要从社会责任意识培育、社会责任履行常态化、加强球迷与公众情感维系等方面，通过强化中国男子篮球职业联赛社会黏性来达到治理效果。孙晓宁[82]认为，中国男子篮球职业联赛管理体制与中篮联（北京）体育有限公司运行机制不够灵活，急需改进联赛监管制度不完善与联赛部分领域秩序不良的矛盾。中国男子篮球职业联盟应对中国男子篮球职业联赛赛事参与各方的角色与定位、权利与权限作出详细明确的规定，严格监管和制止各类不良事件的发生。

2.3.2.3 中国男子篮球职业联赛市场运营相关研究

全球职业体育市场竞争日趋激烈，中国男子篮球职业联赛作为我国职业体育的"头部"赛事，在体育产业投资浪潮中也初步展现了商业价值，中国男子篮球职业联赛市场运营也是学者们关注的焦点。何强[83]以属地经营为理论切入点，审视了中国男子篮球职业联赛治理实践，认为中国男子篮球职业联赛投资主体的变动制约着城市与球队的嵌入，联盟运营机制的缺陷导致治理的被动应付，社会根基尚不牢固限制了品牌认同的持续度。中国男子篮球职业联赛治理要重点抓好赛季俱乐部科学的准入制度建设，探索球员工会的建设与裁判职业化路径，推进中国男子篮球职业联赛社会责任行为与制度建设，以深度体教融合拓展青训体系建设，等等。宋昱、郭政[84]认为，虽然中国男子篮球职业联赛是中国职业体育市场为数不多的品牌赛事之一，但在赛事表演供给质量不足的前提下，可以发掘中国男子篮球职业赛事场景与人物的文化内涵，增添赛事的吸睛点与话题性以提高联赛的吸引力和关注度，并通过多渠道版权市场的推介与开发、完善价值链的增值建设来促进中国男子篮球职业联赛的市场开发。赵轶龙、郑和明[85]在对中国男子篮球职业联赛管理体制及运行机制分析的基础上，认为中国男子篮球职业联赛的产品供给能力与服务水平应该以市场需求为导向，符合市场规律；迎合时代发展，以短视频等多元化媒体传播手段提升联赛及战略合作伙伴的IP（intellectual property，知识产权）价值；以联赛文化建设为重点、以履行社会责任为抓手，优化中国男子篮球职业联赛的市场环境、夯实中国男子篮球职业联赛的市场根基。

2.3.2.4 中国男子篮球职业联赛竞赛制度相关研究

随着中国男子篮球职业联赛职业化进程的推进，中国男子篮球职业联赛竞赛制度也在不断地完善，尤其是外援政策和竞赛规程等的反复变化，体现出了联赛竞争平衡性的需要以及治理主体多方利益博弈的结果。张铭鑫、练碧贞、刘永峰等[86]认为，中国男子篮球职业联赛竞争性快速提高，外援政策与季后赛竞赛制度的变化有助于中国男子篮球职业联赛各球队缩小实力差距、使比赛更具观赏性、对中国男子篮球职业联赛竞争平衡有积极作用，赛制流变中部分政策的反复更迭是中国男子篮球职业联赛自身不断完善发展的必由之路。刘排[87]认为，中国男子篮球职业联赛通过改变赛制来延长比赛轮数，增加季后赛球队数量，可以调动球队球员积极性，提高其竞技水平和促进恢复，增加球票收入和广告赞助费用以缓解职业篮球俱乐部的经济压力，调适球迷观场体验以调动球迷观赛热情，对中国男子篮球职业联赛健康可持续发展有积极意义。姚健[88]根据联赛存在的问题提出，尝试多元灵活的外援引入与使用制度、探索新型开放的裁判培养与管理制度、构建公平均衡的常规赛分组动态调整制度、打造促进国家队球员历练的季后赛出线制度、优化服务主教练需求的录像回放申请制度、强制实现通畅的大学生球员选秀制度、调整完善有实效的体能测试制度、精细打造多功能的赛前理论测试制度等优化方略，最终提高中国男子篮球职业联赛赛事的创新程度，走差异化、本土化的中国职业篮球联赛建设之路。

2.3.3 中国男子篮球职业联赛治理路向相关研究

面对中国男子篮球职业联赛在职业化进程中暴露出的治理主体在控制权与经营权层面的博弈、联赛制度的缺失抑或水土不服、联赛供给质与量的不足以及监管不力等系统性复杂问题，许多学者对中国男子篮球职业联赛的治理路向进行了研究。崔鲁祥[89]以利益相关者理论为基础，认为中国男子篮球职业联赛治理自上而下的渐进式改革必然存在相应的缺陷，中国男子篮球职业联赛冲突不断出现的原因是联赛制度设计存在缺失，从而使部分利益相关者的诉求难以得到满足，而利益相关者协同治理是中国男子篮球职业联赛治理的科学路向。欧阳井凤、邢金明、张廷晓[90]认为，中国男子篮球职业联赛主要利益相关者如篮协、俱乐部、运营公司之间在收益来源、支出与分配以及保障方面明显失衡，突出表现为相关主体收益来源失衡、收支分配格局失衡、利益保障失衡，要完善中国男子篮球职业联赛利益相关者之间的收益分配制度，明晰联赛利益相关者之间的角色定位与责任边界。董红刚[91]认为，中国男子篮球职业联赛治理目标的差异使联赛长期以来形成篮管中心以及篮协主导的模式。沙临博、余莉萍、高国贤[92]认为，联赛公平治理的优先性应高于联赛的产权改革（管办分离）。如何制约行业内关系网的寻租行为、增强比赛的公平性是提高篮球联赛生产力的关键因素，也是追求公平正义的社会主义核心价值观在体育领域的现实选择。张琴、易剑东[93]认为，中篮联（北京）体育有限公司面临的迫切性问题是完善内部治理结构以及优化外部治理环境。体育行政部门需从遵循权力控制的逻辑转变为遵循市场规律和社会组织自治的逻辑，联盟治理机制需要引入社会化评价，构建多中心网络化治理结构、多元化主体以及多样化的治理手段。

2.4 现有研究不足与亟待改进之处

2.4.1 职业体育组织社会责任理论与实践研究仍外生于职业体育组织治理体系

如前文献所述，随着治理理论、企业社会责任理论的发展及学界认识的深化，企业社会责任与治理相融合的研究趋势显著。在公司治理研究领域，公司治理是企业社会责任落实的基础，而企业社会责任则是推动公司治理的改善和发展的有效动力已得到共识。然而在职业体育治理研究领域，许多研究仅将社会责任作为外生变量加入现有的职业体育治理结构中去，其结果仅把社会责任作为职业体育治理应当承担的一项新任务加以考虑。其理论基础往往是利益相关者理论，根据利益相关者的扩展而逐渐为职业体育治理增加新的内容。职业体育组织社会责任理论与实践研究仍是孤立、零散的并外生于职业体育治理体系，社会责任仅作为外生变量处于与赶超式职业市场发展的利弊权衡中被动跟进的盲从状态。

这种外生现象体现在两个方面：一方面，理论研究中的职业体育治理与职业体育社会责任是"两张皮"，彼此孤立而分割，社会责任或是作为职业体育治理微不足道的一小部分，或是完全独立的职业体育组织社会责任治理，体育学者并没有探求出二者之间内在的、相互依附的必然联系，职业体育组织社会责任并没有融入职业体育治理，更谈不上职业体育的社会责任治理模式；另一方面，虽然职业体育需要履行社会责任在理论上已经得到学者的普遍认可，但在实践操作层面上仍是颇具争议的议题，不多的实践研究也是以国外职业体育组织社会责任实践为镜鉴。以制度移植、路径沿袭的模式，从外部推进职业体育组织社会责任治理，缺乏内部驱动相关研究。职业体育组织社会责任履行很少考虑我国职业体育发展的阶段性、文化背景、内外部环境、路径的适切性等因素。针对这些不足，本书将重点关注为什么要基于社会责任对中国男子篮球职业联赛进行治理，即中国男子篮球职业联赛治理与社会责任耦合的理论基础，也将积极探求中国男子篮球职业联赛社会责任内化的适切路径。

2.4.2 职业体育组织社会责任内容界定理论与实践依据的不足

在诸多国内外文献中，职业体育联赛主体履行社会责任具有提高俱乐部声誉、增加竞争优势、降低运营风险的价值与功效，已经得到国内外学者的一致认同。对于职业体育俱乐部社会责任活动行为方式及其内容体系的认知却众说纷纭。从理论层面来讲，职业体育组织社会责任内容体系的确立尚缺乏系统的理论依据，社会责任内容的界定究竟应遵循什么原则？是否遵循习近平总书记提出的发展"以人民为中心"、实现人的全面发展的价值逻辑？是否应具有时代性，符合建设体育强国对职业体育发展的战略目标与要求？是否能够满足解决当前职业体育发展主要问题的现实需求？从实践层面来讲，学者们多采用层次分析法得出职业体育组织社会责任内容体系，这些社会责任内容动辄具有七八个层面，有的三级指标更是多达近百种。这些繁杂的、过于求全反而缺乏重点的社会责任内容指标是否便于当前诸多尚未盈利且对职业体育组织社会责任认识不足的职业体育俱乐部操作和实施？是否符合当前职业体育组织发展的阶段性特征？中国男子篮球职业联赛社会责任内容是否能循序渐进地划分阶段以使治理主体更容易接受和便于操作？这些问题也将是本书重点关注的问题。

2.4.3 职业篮球治理思维与视野亟待拓展，研究的系统性不足

在研究视角上，目前中国男子篮球职业联赛诸多研究的思维与视野多集中在产权、赛制、监管等关乎联赛运行的内环境上，较少考虑中国男子篮球职业联赛发展的社会基础以及联赛发展的外环境，尚未"跳出联赛看联赛"，将中国男子篮球职业联赛治理问题嵌入于社会关系和社会结构中分析，中国男子篮球职业联赛治理举措频出，但治理成效受限，联赛治理与发展的逻辑未能与社会大众的需求逻辑相合。在"管办分离"改革取得初步成效之后，中国男子篮球职业联赛治理视野不应仅仅局限于联盟内部责、权、利的配置，还要向社会横向延展，并应从更广阔的社会视角下考虑联赛治理主体在社会关系与社会结构

中的责、权、利安排，通过社会责任内化来"破局"。从研究具体内容上来看，中国男子篮球职业联赛治理研究也呈碎片化特征，反映出学者在不同的点与线上对职业篮球治理的认知差异。但研究的碎片与整体应并存，目前对中国男子篮球职业联赛"为何治、治什么、谁来治、如何治"等问题还缺乏全面、整体、系统的思考和回答。从研究方法上看，以往研究多依据中国男子篮球职业联赛发展中遇到的问题，按照文献资料法、访谈法和逻辑分析方法，得出职业体育治理的方略，尚缺乏实证研究。本书将采用数理实证与案例实证相结合的方法，探究中国男子篮球职业联赛治理的内容与策略。

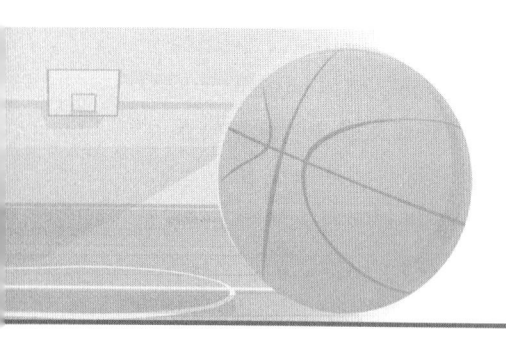

第三章　理论基础与相关概念的界定

3.1 理论基础

3.1.1 治理理论

治理理论是20世纪末兴起于西方社会的公共管理学科下非常具有影响力的理论之一。随着公共管理形势的变化与发展，管理者面临的新问题是为了实现公共利益，如何对公共事务作出科学合理的决策。而治理理论强调多元治理主体参与治理，以及在治理过程中多元治理主体相互间的合作与协商，为解决现代社会中复杂的公共事务与社会问题提供了非常好的思路。于是，治理理论成为认识及解决现实问题的重要分析框架和理论工具，被学者们广泛采用。学者们试图从社会的角度来解决管理的难题，治理理论因而得以蓬勃发展，也得到国内众多学者的认同，成为国际学术界最为前沿的一门"显学"。

3.1.1.1 治理的概念与特征

概念能够反映事物的本质特征。现代意义上治理概念出现较晚，一直要到20世纪90年代，联合国全球治理委员会给"治理"做了一个比较经典的定义，即治理是公共或私人机构管理公共事务的诸多方式的总和，它是使相互冲突或彼此不同的利益得以调和并联合行动的持续过程[94]。而我国著名的政治学家俞可平认为，治理是指在一个既定的范围内运用权威维持秩序，满足公众的需要。其目的是在各种不同的制度关系中运用权力去引导、控制和规范公民的各种活动，以最大程度地增进公共利益。国外众多学者也从不同的角度对治理的含义进行了诠释。

由表3.1可见，关于治理的概念，中外学者众说纷纭，学界呈现出一种"碎片化"的诠释表征，始终未形成具有共识的整体性解释。但仔细分析治理概念的界定，笔者发现有"以社会为中心"和"以国家权力为中心"两种论调，但这两种论调都逐步表达出了国家公私部门的治理边界进一步模糊，治理机制的运行将不再仅仅依赖于政府权力与资源，而是社会不同参与者互动的结果。

表3.1 国外知名学者治理概念经典诠释及要素表

学者	治理的概念
Rosenau（罗西瑙）	事物的具体相关者为实现共同目标、达成共识而采取的协商行动
Klijn（克里金）	治理是政府通过分权方式来运行一个多元行动者参与的网络
Rhodes（罗得斯）	基于共同培养的价值观,将多元利益整合为具体的组织行为而采取的一整套解决实际问题的方案,体现出了互动、服从与集体行动
Fukuyama（福山）	政府在提供公共服务方面进行制度安排的综合能力,是以国家权力为中心
Kooiman,Vliet（科伊曼、弗利特）	治理是通过非外部强加的、多元主体自主协商的秩序的产生
Salamon,Elliott（萨拉蒙、埃利奥特）	治理是通过协商而不是控制来实现目标、满足需求的工具
Kooiman（库伊曼）	治理是依靠多种进行统治的以及相互发生影响的行为者的互动
Kaufman（考夫曼）	政府执行、安排政策与制度的行为能力

关于治理的特征，联合国全球治理委员会给出了治理四项特征，治理是非规则的过程、非控制的协调、非正式制度的互动、内含公私的部门。治理理论创始人之一的罗西瑙指出，治理活动的主体未必是政府，也无须依靠国家的强制力量来实现[95]。因此，公共性，即治理的多主体性是治理的首要特征[96]。

洛贝尔（Lobel）[97]认为，治理与传统的价值体系产生差异，具有参与性和竞争性、透明化和分权化等特征。曾凡军、王宝成[98]认为治理是不同组织与行动体之间共享权力、共治事务与共分收益信任的合作机制。治理具有格局分权化、执政分割化、结构扁平化等特征。

3.1.1.2 治理的本质

斯托克、华夏风[99]著名的治理理论五论点能够较好地反映治理的本质与意蕴。（1）治理的主体应该涵盖社会机构以及团体组织的行为者而不应仅局限于政府机构。（2）治理在社会乃至经济领域需求解决方案过程中的责任存在界限而又相对模糊。（3）治理在不同组织及社会机构的集体行为中容易产生权力依赖。（4）在治理事务的具体参与者之间形成自主网络。（5）治理主体在处理治理事务时不仅仅局限于政府的发号施令与权威，治理主体是多元而广泛的，不单单是政府。乔丹（Jordan）[100]认为，治理建立在对管理质疑的基础上，治理的本质演绎出了较为宽泛的意蕴，两者是连续的谱系。王刚、宋错业[101]对于治理本质的界定是基于叙事对治理与管理的差异对比和分析而得来的。他们认为治理理论建立在权力与资源的互动之上，改变了传统的完全以政府为主导和中心的等级森严的管理理念，强调政府与社会机构的有效互动与合作，以网络治理、协同治理为主要治理模式。传统管理与治理理论的范式对比见表3.2所列。

表 3.2 传统管理与治理理论的范式对比

比较内容	传统管理	治理理论
参与主体	以政府为中心和主导,以协会等部门为辅	多元主体共同参与
对应客体	政府重点项目优先,社会事务相对较弱	针对性对应客体互动
决策方式	以命令、强制为主,以商议为辅	多元主体协作、商议
关注焦点	注重目标的达成与效果	过程与结果相对平衡
价值取向	强调效率为先	效率与形式并举
权力轨迹	自上而下的渐进性管理	路径多元化
关键驱力	权威指导与规则订制	多元主体的认同与互信
角色定位	政府把控、群众参与不足	权限下沉、群众主体参与

3.1.1.3 治理的主要模式与理论反思

在解决当前社会相对复杂和动态性的公共难题时,需要运用更多的激励、沟通、契约等治理手段,而不是管制和约束。因此,多中心协同治理和网络化治理成为理想的治理模式。杨志军[102]认为,多中心协同治理是一种解决公共问题的理想治理模式,为达成持久的利益共享,治理主体的多元性以及权威的多样性使治理主体之间必须采用互动与合作的方式构建网络化、弹性化的治理模式协同治理。田凯、黄金[96]认为,治理主要存在网络化治理和整体性治理两种模式。二者在协同对象上有所不同,网络化治理是政府与非政府组织间的协作,整体性治理是政府部门内部相同或者不同层级间的合作,但两者都强调协作、互动与共进。郭道久[103]认为协作模式是通过所有利益相关者代表在一定规则下的博弈与决策,是解决中国当前许多公共问题的理想模式与现实选择。

在治理理论及其中国化日益流行的过程中,国内外学者也对治理理论及实践进行了反思,包含治理网络的内在问题以及治理理论的滥用与异化问题等。治理网络中的内在问题主要指治理缺乏权威主体而易使伙伴关系脆弱,以及治理结构中责任模糊而易使治理失灵。哈耶尔(Hajer)[104]认为,以社会为中心的网络化治理往往会因政府机构的缺位而导致缺乏权威主体,最终使网络化治理中权威规则的缺失而导致信任困境,最终造成治理失灵。治理中权威主体的缺乏,会导致治理网络中各行动者之间缺乏一个普遍接受的规则与规范,进而产生制度上的失效。波泽尔(Bözel)[105]认为,政府治理权力被其余治理主体分享后,一旦其余主体治理行为损害公共利益,政府通常会因信息获取障碍而产生治理行为滞后,最终导致公共利益受损。申建林、姚晓强[106]认为多中心网络化治理会因为信息沟通障碍、治理动力缺乏、利益分享不均、权威主体缺乏而最终导致治理失败。申建林、徐芳[107]认为治理理论在中国发生了变异,出现了大量误用和滥用现象,反映出对治理理论的内涵、治理结构等问题存在着误读。他们提出了判断是否为治理的三个基本理念与规范:理念与规范的公共性;治理主体间的权力依赖性与权责边界的模糊性;自组织网络结构的形成。符合上述三点的基本理念与规范能被称为治理。

通过对治理概念、特征、本质、模式、治理理论误用及反思等几个方面的梳理,为下文对于中国男子篮球职业联赛能否称得上治理一词的探究提供理论依据，为中国男子篮球职业联赛治理概念的界定提供参考，为中国男子篮球职业联赛的多中心治理、联赛治理共同体的构建以及具体治理路径的探索提供科学的理论依据。

3.1.2 企业社会责任理论

自1916年美国学者卡拉克首先提出企业社会责任观点后，企业社会责任经历了百年的积淀与发展演进，已经拥有非常成熟的理论体系。企业社会责任理论发展经历了从企业社会责任概念、特征的基本认知阶段，到"如何做、如何执行"的企业社会积极响应阶段，再到企业社会责任的绩效思想阶段，成长到现在的战略管理阶段。在引入了日渐发展的利益相关者理论后，既拓展了企业社会责任研究的内涵，又推动了企业社会责任的应用，将企业社会责任理论推进到战略管理的高度。企业社会责任经济价值与社会价值合一的思想得以融入具体的企业管理理念之中，成为企业战略的重要组成部分。在企业社会责任战略管理中，社会责任理念渗透到企业所有经营活动中，社会责任提高了企业的声誉并获取竞争优势，为企业提供了创新机会与新市场的开拓机遇，企业的社会功能和经济功逐步整合。

随着企业社会责任理论研究的不断深化，企业社会责任理论已经融入了经济学、管理学、法学、伦理学等众多学科，并取得了十分丰富的研究成果。企业社会责任理论研究的导向已经由单纯的道德导向迈向企业的战略管理；管理方式由以道德为单一驱动的管理方式转变为企业绩效以及综合价值创造的社会责任管理；企业社会责任管理目标上由单向度的道德追求转变为对多元价值目标的追求；企业社会责任的实施也由单一的慈善责任转变为经济、社会、环境综合效益的最大化。

在企业社责任理论研究的具体内容层面，"企业为什么要履行社会责任以及应该履行什么样的社会责任"是学者们长期关注的话题，研究者们基于不同的理论视角给予了回答。基于企业权力约束理论的企业社会责任思想认为，不同层次规模的企业拥有不同等的社会资源禀赋，进而拥有了相应的权力，既然拥有权利就必须履行一定的义务；基于委托代理理论的企业社会责任思想认为，企业经理不仅受托于股东，而且受托于其他利害关系受托者，企业本身固有的属性要求企业对所有利害关系人承担社会责任；基于生态理论视角的企业社会责任思想认为，企业的战略性可持续发展必须与企业周边环境互动并逐步适应，选择与其他企业差异性的经营策略，承担好社会责任是维系好与周边生态关系并拓展企业的发展空间的重要举措；基于利益相关者理论视角的企业社会责任思想认为，利益相关者向企业注入了各不相同的专用性资产，参与企业的活动并承担相应的风险，企业经理不仅受托于股东而且受托于全部利益相关者，因此，企业的所有利益相关者都应在一定范围程度上承担某种社会责任，具体责任内容的性质与数量的多少应依据其投入专用性投资的作用和承担风险的大小来确定；基于成本效益理论的社会责任思想认为，虽然企业履行社会责任具有一定成本，但企业的竞争力会通过顾客忠诚的增强、消费者的满意度提升、企业良好形象的确立、企业绩效的增长等方面获得提高。该理论主张通过不同方案收益的高低，来决定企业社会责任的履行与否，履行的内容、程度以及客体的范围[108]。

随着我国社会主义市场经济制度的改变，在转型期由于企业经营方式粗放及管理制度的缺失，我国企业在产品、环境、法制、内外部管理控制等方面的社会责任问题层出不穷，许多学者也在消化、吸收国外社会责任理论的基础上对中国企业社会责任的理论与实践问题进行了反思与探索。中国企业的社会责任在经历了错位期、探索期和快速成长期之后，企业社会责任的实践逻辑已由单纯经济责任的利润追逐转变为全面的综合价值创造、由单向度的道德逻辑转变为价值共创共享逻辑，在社会责任的内容维度、推进主体、制度供给、实践范式等方面都发生了较大改变[109]。

梳理企业社会责任的发展逻辑及推进过程，也为基于社会责任的中国男子篮球职业联赛治理逻辑的提出、治理内容的确立以及治理路径的探究提供坚实的理论依据以及支撑。

3.1.3 利益相关者理论

利益相关者理论诞生是在对欧美国家"股东至上、股东利益最大化"的公司治理理念的质疑与反思的基础上发展起来的。欧美经典"股东至上"的经营模式和理念会使企业员工、公司其他利益相关者以及公司长期战略性发展的利益受阻，也不利于企业生态环境的发展。因此，随着学界企业社会责任实践的重视以及理论研究的深入，利益相关者理论也取得了协同发展。利益相关者理论关注的不是股东等物质投入者单一类主体的利益，而是企业所有利益相关者整体的利益诉求，因为这些利益相关者在投入不尽相同的专用资产的同时，或许也承接了企业不同程度的经营风险[110]。

3.1.3.1 利益相关者概念的界定

利益相关者概念可以分为广义与狭义两种。比较著名的是弗里曼（Freeman）基于企业目标和影响的视角界定了利益相关者广义的定义，"利益相关者是能够被企业目标实现所影响或者能够影响企业目标实现的广泛个人和群体"。弗里曼关于利益相关者的定义确立了对于企业目标的影响既可能是单向的，又可能是双向的，涵盖了互动、交易与契约等多种形式。该定义使利益相关者的范围得到扩大，可能包括政府部门、行业协会、企业所在社区、生态环境保护者等多种群体。克拉克森（Clarkson）[111]是狭义的利益相关者定义的代表，他认为：利益相关者是在企业发展中投入了专属资产并承担了企业某种形式或者程度的经营风险的群体，这些专属资产可能包括在金融财产、实物资本、人力资本等一些颇具价值的东西。克拉克森关于利益相关者的狭义定义将政府部门、社会团体与组织、大部分社会成员排除在外。贾生华、陈宏辉[112]关于利益相关者的概念有一定代表性，兼顾了上述广义概念与狭义概念的要点：利益相关者是指在企业中投入专用性资产并承担某种风险的群体，这类群体的活动与企业目标的影响可能是相互的；此概念的界定既强调专用性投资，又兼顾了利益相关者与企业的关联性。

3.1.3.2 利益相关者种类的区分

自利益相关者广义定义出现后，关于利益相关者的识别与种类的细分就成为学界研究的热潮。如果无法清晰界定企业的利益相关者，那么基于利益相关者的公司治理就成为空谈。见下表3.3所列，国内外比较有代表性的学者为查克汉姆（Charkham）、克拉克森（Clarkson）、维勒尔（Wheeler）、米切尔（Mitchell）、李心合、陈宏辉和贾生华等，分别依据相关群体在企业经营中承担风险的方式、与企业合同关系的性质、利益相关者必需的属性、企业的合作与维系等方面,利用多维细分法和米切尔评分法对利益相关者进行了分类。其中,美国学者米切尔(Mitchell)的评分法量化了对利益相关者详细的划分结果,提高了利益相关者界定的可操作性,逐步成为利益相关者界定和分类最常用的方法,对利益相关者理论的推广起到较大的促进作用。他依据企业利益相关者合法性、权利性、紧急性的特性将企业利益相关者分为三类:潜在型利益相关者(拥有合法性、权利性、紧急性三特性之一的群体)、预期型利益相关者(拥有三特性之二)、确定型利益相关者(同时拥有三种特性)。

表3.3 利益相关者区分观点表

学者	区分标准	分类
Charkham(查克汉姆)	相关者群体与企业合同关系	契约型利益相关者和公众型利益相关者
Clarkson(克拉克森)	相关者群体承担风险	主动的利益相关者和被动的利益相关者;首要的利益相关者和次要的利益相关者
Wheeler(维勒尔)	相关者群体与企业紧密性程度	一级社会性利益相关者、二级社会性利益相关者;一级非社会性利益相关者、二级非社会性利益相关者
Mitchell(米切尔)	利益相关者所需属性	潜在型利益相关者、预期型利益相关者、确定型利益相关者
万建华	与企业是否有官方契约	一级利益相关者、二级利益相关者
李心合	对企业的威胁与合作	支持型、边缘型、不支持型和混合型
贾生华	米切尔评分法的利益相关者三种属性	核心利益相关者、蛰伏利益相关者和边缘利益相关者

3.1.3.3 利益相关者理论的延展

利益相关者理论沿着"利益相关者影响—利益相关者参与—利益相关者共同治理"的逻辑主线深入发展。部分学者对利益相关者理论开展了延展性研究,在利益相关者理论与企业社会责任的关系、利益相关者共同治理方面进行了深入的研究。郝云宏、钱晨[113]研究了利益相关者的协调机制,认为利益相关者能够为企业投入的资源的稀缺程度不一,对企业的贡献的强弱不尽相同。企业在优先满足这些投入资源相对稀缺、贡献程度相对较高的相关者利益诉求的同时,也尽可能做到对其他利益相关者公平对待。张兆国、梁志钢、尹开国[114]深入分析了利益相关者理论与企业社会责任问题的关系,认为二者存在理论与数据的相互支撑。周进萍[115]认为利益相关者理论的概念、内涵、目标模式与社会公共治理存在高度的契合性,治理目标、治理结构、治理动力与社会治理具有高度耦合性,利益相关者的合作互动和参与共享正是满足"共建共治共享"的治理理念,分工合作机制、利益分配机制和责任平衡机制分别为"共建共治共享"实施提供动力、基础与保障。

利益相关者理论是治理理论与企业社会责任沟通的中介与桥梁,为本书研究中基于社会责任的中国男子篮球职业联赛治理内容的构建提供理论依据,为中国男子篮球职业联赛治理路径提供颇具价值的参考。

3.1.4 社会嵌入理论

社会嵌入理论在新经济社会学中的研究始于著名政治经济学家卡尔·波兰尼（Karl Polanyi）。卡尔·波兰尼认为，19世纪以前经济行为不单单是牟利，追溯经济行为的本源在于各种非经济因素，是嵌入于整个社会关系之中的。但19世纪以后，经济逐步脱离社会关系并按照自身的逻辑专注于牟利，社会反而成了经济的附庸，造成"经济逻辑对社会逻辑的殖民"。

此后，美国著名社会学家马克·格兰诺维特（Mark Granovetter）批判继承了卡尔·波兰尼的嵌入思想，持续推动了嵌入理论的发展，认为主流经济学中社会化不足存在明显问题。格兰诺维特、斯维德贝里（Swedberg）[116]认为，经济行为与社会结构之间的关系是密不可分的、相互兼容与支持的。社会中主体的经济行为既不是完全受社会规范的限制，又不可能完全脱离社会环境而孤立存在，经济行为的多重价值目标是在具体的社会关系制度中谋求动态发展。格兰诺维特随后进一步将嵌入分为关系嵌入与结构嵌入。以格兰诺维特为代表的新经济社会学者的观点是：企业的经济行为受到基于信任、声誉以及文化等社会关系的持续性影响[117]。

随着"社会嵌入"逐步成为新经济社会学研究的核心问题。诸多学者在后续理论研究上从不同的学科理论和视角出发，对嵌入的内容，嵌入的方法，嵌入的内涵，嵌入的层次体系、经济行为与社会关系的解构，嵌入对经济行为的作用机理与效果等方面，进行了深入的研究；在实践研究中，许多学者将嵌入理论应用于党政问责机制、服务型政府模式建构、跨国公司治理、新型产业发展、职业教育建立、社会养老服务模式开发等方面的具体问题以探求适切路径。而对于中国男子篮球职业联赛的治理而言，中篮联（北京）体育有限公司以及各俱乐部的经济行为以及赛事行为均不能脱嵌于社会结构与关系，社会嵌入性也成中国男子篮球职业联赛推广乃至治理成效的重要影响因素。因此，社会嵌入理论是本研究观点、论据以及治理路径重要的理论依据。本书的研究理论基础与研究主要内容的逻辑关系如图3.1所示。

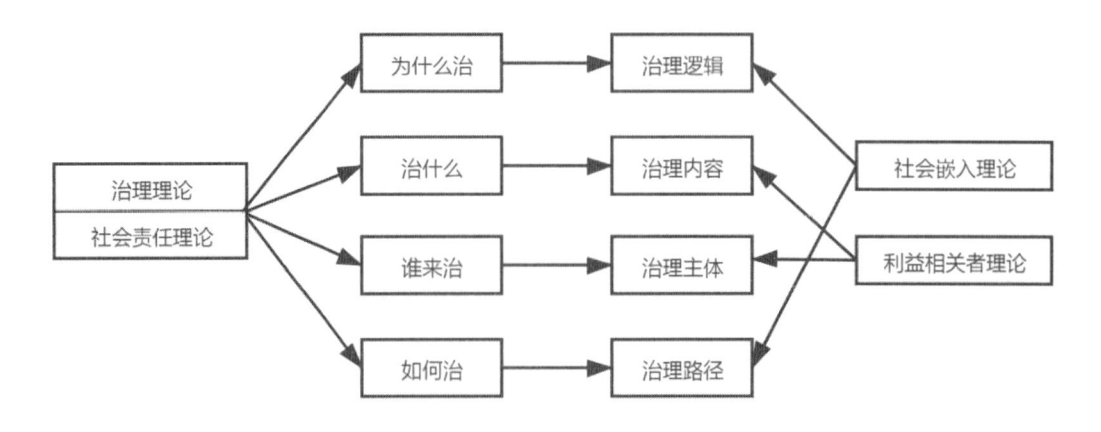

图3.1 研究理论基础与研究主要内容的逻辑关系图示

3.2 相关概念的界定

3.2.1 中国男子篮球职业联赛治理

在界定中国男子篮球职业联赛治理的概念之前，有一个关键的问题需要探讨：中国男子篮球职业联赛作为单一运动项目的赛事，能冠以"治理"这一时髦的术语吗？依据申建林教授提出的评判能否称之为"治理"的三个基本理念与规范：公共性，即治理的多主体性；各参与主体间的权力依赖性与权责边界的模糊性；自组织的网络结构和体系。首先，中国男子篮球职业联赛提供的职业篮球赛事是面向社会大众的准公共产品，具有公共属性；中国男子篮球职业联赛此前的治理主体虽然略显单一，仅涵盖篮管中心、中国篮协以及各俱乐部，但中国男子篮球职业联赛治理面临问题的多重性与复杂性使中国男子篮球职业联赛治理的多主体参与成为自身突破发展瓶颈的内在需求；欧美职业联赛以及俱乐部多主体参与治理也为中国男子篮球职业联赛多主体提供丰富的域外经验，如美国职业篮球联赛球员通过球员工会参与治理、德国球迷团体在俱乐部事务中拥有较大的话语权。其次，在中国男子篮球职业联赛发展过程中，篮管中心、中国篮协与职业篮球俱乐部在对联赛的控制权与经营权方面，以及俱乐部与地方体育主管部门在俱乐部产权方面，既相互争夺而又彼此依赖，治理权责边界的模糊性造成治理主体的缺位与越位并存。最后，在由中国男子篮球职业联赛及其各利益相关者组成的职业篮球场域，中国男子篮球职业联赛在管理、运营、推广、俱乐部的准入等方面逐步从简单走向复杂，具备了自我治理与负责的行为能力，能够成为自主的自我管理网络结构。因此，"中国男子篮球职业联赛治理"这一专有名词是成立的。

治理的概念众说纷纭，呈现出"碎片化"的诠释，但从治理的本质、特征、方式的研究中可以看出，治理指的是一种由共同的目标支持的活动，更多地强调不同治理主体间的协调与互动。本书将中国男子篮球职业联赛治理界定为：中国男子篮球职业联赛各治理主体为使联赛经济价值与社会价值最大化而采取的管理中国男子篮球职业联赛事务诸多方式的总和。中国男子篮球职业联赛社会责任与中国男子篮球职业联赛治理具有互动与共进的密切关系，基于社会责任的中国男子篮球职业联赛治理应探讨的是中国男子篮球职业联赛各治理主体如何建立富有效能的治理体系并使联赛社会责任得到有效的执行。

3.2.2 中国男子篮球职业联赛社会责任

界定中国男子篮球职业联赛社会责任的概念之前需要对其上位概念——社会责任以及企业社会责任——作进一步了解。社会责任是指一个组织对社会应负的责任，一个组织经营、管理以及其他活动方式应按照有利于社会发展的逻辑进行，不止于法律与经济对组织的义务要求。被称为"企业社会责任之父"的鲍文（Bowen）[118]首次给企业社会责任下定义，认为企业社会责任是商人按照社会的目标和价值观去确定政策、作出决策和采取行动的义务。我国研究企业社会责任较早的学者卢代富[119]认为：企业社会责任是企业在谋求股东利润最大化之外的社会公益职责，是企业存在和发展的基础。

随着中西方学者对企业社会责任概念研究的不断深入与拓展，对于企业社会责任的认知经历了一个由争议到响应再到制度保障的过程。本书认为企业社会责任概念的界定更应该考虑企业所提供产品的属性以及利益相关者的社会偏好。对于中国男子篮球职业联赛而言，中国男子篮球职业篮球赛事是面向社会大众的准公共产品，且经诸多学者研究证明，职业体育俱乐部履行社会责任有助于提高消费者的消费意愿，以及对俱乐部的归属感与认同感；有助于提升俱乐部的声誉、财务绩效，为俱乐部创造价值而获得可持续发展的源泉与动力，同时也说明球迷、赞助商、社区等利益相关者具有明显的社会偏好。所以，中国男子篮球职业联赛经济价值的提升与其社会价值的展现具有高度相关性，为更好地追求经济效益与社会效益，更应该考量球迷、球员、赞助商、社区等利益相关者的利益诉求。

因此，在综合前人研究的基础上，结合利益相关者理论，本书将中国男子篮球职业联赛社会责任的概念界定为：中国男子篮球职业联赛社会责任是中国男子篮球职业联赛为实现经济价值与社会价值的双重聚合而肩负的对中国男子篮球职业联赛利益相关者应做的利己与利他行为，中国男子篮球职业联赛社会责任是中国男子篮球职业联赛治理重要的影响因素和推动力。

3.2.3 中国男子篮球职业联赛社会责任主客体的界定

3.2.3.1 中国男子篮球职业联赛社会责任主体的界定

许多学者认为，由于企业社会责任概念的广泛性与抽象性，使其难以有效地指导社会责任的具体实践。中国男子篮球职业联赛作为一项职业体育赛事，笔者首先需要明确中国男子篮球职业联赛社会责任的主体与客体，进一步确定社会责任的具体内容，才能为中国男子篮球职业联赛社会责任实践寻找适宜的着力点。徐嘉里[120]认为：在考虑公司作为企业社会责任义务主体的同时，应该认识到公司的实际控制权被董事会以及公司高管掌控，因此，公司履行企业社会责任的主体应该是董事会和公司高管，而非全体股东。宋冰[70]在此基础上认为：职业足球联赛的所有权、控制权、经营权的权利归属是判定中超联赛社会责任主体的决定性因素与重要依据，也决定着联赛社会责任的方向。

我们可以认为权利与责任是相匹配的，中国男子篮球职业联赛所有权、控制权、经营权的归属是判定中国男子篮球职业联赛社会责任主体的重要依据。虽然中国男子篮球职业联赛在"管办分离"之后也逐步向现代公司所有权与经营权相分离的趋势发展，但目前联赛权利结构依然是混乱的。最新的《2020—2021赛季中国男子篮球职业联赛俱乐部准入实施方案》明确规定了中国篮协对中国男子篮球职业联赛的所有权，且根据《CBA公司章程》规定，CBA公司董事长应由中国男子篮球职业联赛授权方的中国篮协主要领导担任，因此中国篮协仍掌握着中国男子篮球职业联赛的控制权；CBA公司在篮管中心及中国篮协的授权下拥有经营权和商务权；20家职业篮球俱乐部通过与中国篮协长期的博弈，作为中国男子篮球职业公司的股东，各占5%的股份，拥有联赛部分控制权与经营权。因此，中国篮协、CBA公司、职业篮球俱乐部必然是中国男子篮球职业联赛社会责任天然的主体。

3.2.3.2 球员客体主体化

中国篮协、中篮联（北京）体育有限公司、职业篮球俱乐部是以"组织"或者"团体"的形式作为中国男子篮球职业联赛社会责任的主体。那么，除此之外，中国男子篮球职业联赛还有其他社会责任主体吗？庞徐薇、陈锡尧[121]认为：我国职业体育社会责任的主体是享有职业体育组织相关权利和承担义务的人或团体，包括自然人和法人。此概念的界定固然是从法学的角度进行诠释的，但也说明中国男子篮球职业联赛的社会责任主体既可以是团体，又可以是自然人。那么，中国男子篮球职业联赛球员是联赛的社会责任主体吗？在欧美职业体育俱乐部开展的青少年发展、健康教育、社区发展、公益慈善、环境保护等丰富多彩的社会责任实践活动中，明星球员通常作为俱乐部乃至联盟的代表冲在最前面。例如，美国职业篮球联赛球星詹姆斯成立基金会，旨在帮助家乡的贫苦学生上学；邓肯带头捐款并筹集资金和食物，帮助家乡受灾群众。虽然中国男子篮球职业球员没有掌握联赛的所有权、控制权与经营权，作为职业篮球俱乐部员工的身份本应是社会责任天然的客体，但球员作为交往实践活动中拥有主体性的人，尤其明星球员是联赛与俱乐部重点打造的"产品"，代表着俱乐部与联盟的形象。职业体育场域内，自身商业价值的提升、作为公众人物的被需要、社会价值的延展的价值旨趣，满足了球员的内生需要，激发了球员的社会责任动机，从而内生出客体主体性。所以，中国男子篮球职业联赛球员客体主体化，球员理应成为中国男子篮球职业联赛社会责任的主体。

3.2.3.3 中国男子篮球职业联赛社会责任客体的界定

中国男子篮球职业联赛社会责任的客体是中国男子篮球职业联赛社会责任、权利与义务的指向对象，但这个所谓的指向对象具有模糊性和不确定性。学界对于社会责任客体也有"社会成员"与"利益相关者"两种不同的认知。若将社会成员作为职业体育社会责任的客体会过于模糊，将难以确定责任的具体对象。在中国男子篮球职业联赛社会责任主体确定后，如果客体过于模糊和宽泛，将不利于联赛社会责任的履行，也不利于与联赛具体问题治理的良好耦合。因此，中国男子篮球职业联赛社会责任客体应该有清晰的指向性、针对性和操控性，结合利益相关者理论，中国男子篮球职业联赛社会责任主体应向倾入情感与物质、决定联赛发展中的球迷团体负责，向投入大量财力的赞助商负责，向投入社会资本的社区负责，向为俱乐部价值创造与竞争优势起到关键作用的核心人力资源——球员——负责。中国男子篮球职业联赛社会责任主客体界定如图3.2所示。

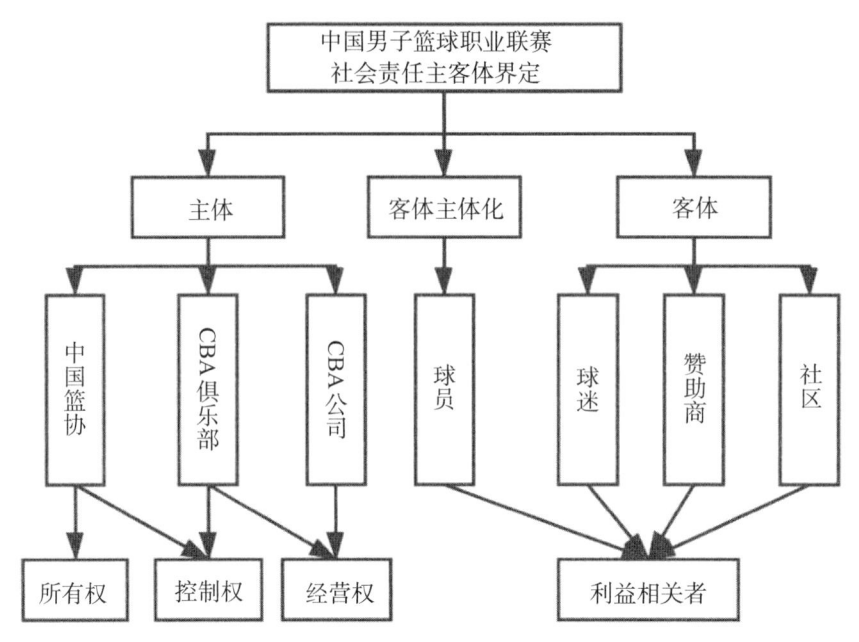

图3.2 中国男子篮球职业联赛社会责任主客体界定图示

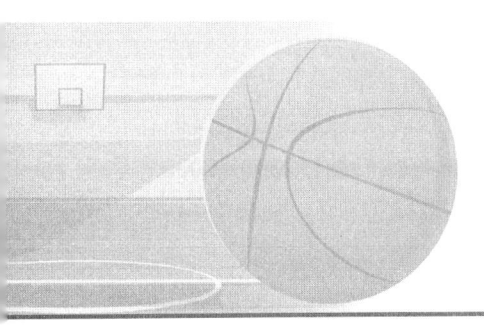

第四章 中国男子篮球职业联赛治理历程与域外经验

4.1 中国男子篮球职业联赛治理历程

4.1.1 中国男子篮球职业联赛职业化改革的探索阶段（1995年—2004年）

4.1.1.1 管理体制

20世纪90年代，随着经济体制的转型，市场经济的不断发展与完善，体育体制也必须进行相应的改革以适应市场经济快速发展变化的需要。因此，国家对部分竞技体育项目实行了职业化改革的初步尝试，篮球成了足球之后的第二个职业体育项目。中国男子篮球职业联赛的前身为"全国甲级男子篮球八强赛"。1994年12月20日，时任中国篮协常务副主席兼秘书长的杨伯镛在全国篮球竞赛训练工作位上郑重宣布："1995年全国男篮甲级联赛将实行主客场、跨年度的新赛制。"1995年12月10日，中国男子篮球职业第一场比赛开赛，当时叫作"甲A联赛"，初始仅有12支球队参加，中国篮球运动开启了向半职业化、职业化方向转变的新时代。

从中国男子篮球职业联赛的创始来看，与美国职业篮球联赛"自下而上"的由私人企业发起不同，中国男子篮球职业联赛由中国篮协"自上而下"的推出，决定了中国篮协对中国男子篮球职业联赛的所有权与管理权。1997年11月24日，国家体育总局实行体育管理体制改革和运行机制转变，成立了国家体育总局篮球运动管理中心（以下简称"篮管中心"）。篮管中心是具有篮球项目行政管理职能的事业单位，又是中国篮球协会的办事机构，也就是后期"两块牌子，一套人马"管理体制的伊始。从中国男子篮球职业联赛的运行来看，在中国男子篮球职业联赛初期，大部分球队为地方专业队改组而成，因优秀球员以及竞技篮球后备人才均由地方体育局培养，初步建立的职业篮球俱乐部因缺乏"生产资料"和运行保障，只能在牺牲部分产权、经济收益以及球队管理权限的基础上与体育行政部门共建，以获取人才、市场与行政资源来维系发展。篮管中心、中国篮协乃至地方体育局对中国男子篮球职业联赛以及俱乐部的发展方向、制度设计、资源禀赋等方面有着绝对的掌控权。由此可见，作为中国男子篮球职业联赛雏形的甲A联赛的职业化改革的基础并不完备，运行机制并不健全，也是摸着石头过河，职业化未来的发展道路阻滞重重。

4.1.1.2 赛制变革

在竞赛制度方面，中国男子篮球职业联赛初始阶段赛制采用升降级机制，甲B联赛前两名升入甲A联赛，甲A联赛后两名降入甲B联赛。中国男子篮球职业联赛初期仅拥有12支球队，规模较小。随后，甲A联赛开始吸纳我国港澳台地区球队参加，2001—2002赛季台湾新浪狮队加盟，2002—2003赛季香港飞龙队加盟，参赛球队达到14支，但此赛季结束后，香港飞龙队与台湾新浪狮队均因战绩不佳退出了中国男子篮球职业联赛，球队继续保持12支队伍的规模。此外，为了满足观众对竞争激烈场次的观赏需求，季后赛、半决赛、决赛的比赛场次陆续增加，1997—1998赛季总决赛由原来3战2胜制调整为5战3胜制，常规赛最后4名球队采用主客场双循环制来决定最后降级的两支球队，2001—2002赛季季后赛、半决赛均改为5战3胜制。1998—1999赛季，篮管中心为增强中国男子篮球职业的竞争性和观赏性，将原上下半场制调整为4节制，每节12分钟。

外援的使用是提高中国男子篮球职业联赛对抗水平、精彩程度以及调节联赛竞争平衡性的有效手段。联赛初期由于球队较少，外援总体数量有限，外援使用政策的变更并不频繁，1995—1996赛季，浙江中欣队引进了中国男子篮球职业联赛首位外援——来自乌兹别克斯坦的米哈依尔·萨芬科夫。此后除了八一队外，其余球队均引进1—2名外援。在上下半场的赛制下，每支球队可以拥有2名外籍球员，但不能同时上场。1999—2000赛季为拉近各球队与冠军霸主八一队的距离，外援政策改为常规赛4节4人制，季后赛4节5人制。姚明于2001—2002赛季率领上海东方大鲨鱼队终结八一队6连冠后，2002—2003赛季外援政策调整为常规赛单场5人次，季后赛4节4人次。

4.1.1.3 社会责任特征

在相关概念的界定部分，本书将中国男子篮球职业联赛社会责任的概念界定为：中国男子篮球职业联赛社会责任是中国男子篮球职业联赛为实现经济价值与社会价值的双重聚合而肩负的对中国男子篮球职业联赛利益相关者应做的利己与利他行为。因此，在本部分对中国男子篮球职业联赛社会责任的初步分析中，将从中国男子篮球职业联赛在此阶段所体现的经济价值和社会价值以及两方面的变革出发。对于中国男子篮球职业联赛初期所体现的经济价值方面，中国男子篮球职业联赛最初由国际管理集团IMG以买断联赛经营权的形式进行全面的市场运作，其给予中国篮协授权费用从200万美元逐步增长到340万美元。1995年至2004年，希尔顿、摩托罗拉、联通新时空分别成为中国男子篮球职业联赛的赞助商。俱乐部也逐步找到了商业赞助，个别俱乐部如江苏南钢、吉林东北虎、广东宏远等由于球市良好，外援薪资相对较低，国内球员薪资控制在较低水平上，球队整体运营成本低，前几个赛季还是盈利的。中国男子篮球职业联赛初期，整个联赛和俱乐部的投入还是处于一个较低水平，联赛收入在低水平徘徊，俱乐部的联赛拨款十年基本没有增加，收入分配和经营没有听取和征求俱乐部的意见和建议[122]。

对于中国男子篮球职业联赛所体现的社会价值，在国家队国际大赛成绩方面，中国男子篮球职业联赛初期10年，我国原有传统的三级训练体制网络尚未完全破裂，竞技篮球后备人才传统培养模式下的"96黄金一代"以及以姚明为首的"三大中锋"在联赛中均体现较高的竞技水平。中国男篮分别于1996年亚特兰大奥运会和2004年雅典奥运会冲进前八名，在中国男篮仅有的三次奥运会前八经历中，此阶段位居两席，为国家争得了荣誉。在球员责任方面，中国男子篮球职业联赛初期，球员责任呈现出错位与缺位，错位是地方体育局大包大揽，利用各种形式解决球员的编制乃至就业问题，联赛许多职业球员以及主要梯队成员退队后均在地方事业单位、体育局及篮球协会任职，未与市场接轨，增添了国家及地方政府负担。因职业球员人才稀缺，通过编制也限制着球员的流动，使球员转会市场形同虚设。缺位是此阶段多数职业篮球俱乐部梯队忽略了球员的教育问题，体教结合乃至体教融入尚未提出，许多职业球员由于缺乏文化知识的浸润，在篮球文化与技战术知识的理解乃至从事教练员岗位后的执教能力方面都存在或多或少的缺失。在联赛与球迷以及社区的交流与互动上，虽然联赛初期许多俱乐部球市火爆，极大地满足了群众观赏需求、丰富了群众文化生活，但多数俱乐部都没组织球队与球迷的多样化联谊活动，彼此之间缺乏深度交流和有效互动，中国男子篮球职业球星尚未树立社会楷模形象，也没有形成良好的公众影响。

小结：在中国男子篮球职业联赛职业化改革探索阶段，我国经济日趋繁荣、社会稳定，人民群众对于高水平竞技体育比赛的观赏需求较为强烈，为中国男子篮球职业联赛职业化发展初步奠定了经济与群众基础。中国男子篮球职业联赛初步建立了相应的管理架构与竞赛制度，但联赛整体规模偏小，投入较小，尚未彰显经济价值与社会价值。传统的体校培养体制尚存，虽然存在育人缺陷，但依然能够为小规模的中国男子篮球职业联赛提供"生产资料"，使中国男子篮球职业联赛能够在一定范围内持续发展。中国男子篮球职业联赛管理内部关系错综复杂，职业篮球俱乐部本应为职业体育市场的天然主体，却由于资源禀赋的差距造成产权、管理权与收益权折损，也为后期俱乐部与体育行政部门的产权纷争与利益纠葛埋下重大隐患。中国男子篮球职业联赛的社会责任处于萌芽状态，联赛社会责任履行存在缺位与错位，尚未与市场逻辑相联系，需要通过开展辐射范围广、持续时间长的社会责任活动来提高中国男子篮球职业联赛的知名度与社会影响力。

4.1.2 中国男子篮球职业联赛深化改革阶段（2005年—2017年）

4.1.2.1 管理体制

中国男子篮球甲A联赛经过10个赛季的探索性发展，于2005—2006赛季正式更名为"中国男子篮球职业联赛"，成立了中国篮球协会CBA联赛委员会，通过了中国男子篮球职业联赛准入制。在此后十多年间，中国男子篮球职业联赛进入深化改革阶段，俱乐部与联赛层面的管理体制也发生了重大变革。

从俱乐部层面的管理来看，中国男子篮球职业联赛早期各俱乐部产权关系以地方体育局与俱乐部合股模式为主，私营民企较少，CBA俱乐部的生产经营活动也较多地受到地方体育局的管控。2004年，时任中国篮球协会常务副主席李元伟发表了极具历史意义的"东莞讲话"。讲话以"关于中国篮球界的思想解放问题"为主题，提出了"大开放、大目标、大整合、大协作"的联赛发展理念，确立了"国际化、专业化、规范化"的工作方针，随后针对CBA各俱乐部的产权乱象，为使各职业俱乐部符合中国男子篮球职业联赛准入条件，要求所有俱乐部逐步实现产权明晰、能够自我经营、符合市场经济体制等目标。自此，大部分地方体育局逐步从职业篮球俱乐部退股，不再参与俱乐部日常经营与管理活动，将部分权力向CBA俱乐部进行了让渡，为俱乐部的自主经营释放了一定空间。

中国男子篮球职业联赛在竞赛制度、品牌推广、公共媒体、商务运营和战略合作等诸多方面长期由中国篮协负责实施并接受篮管中心的管控。2014年，国务院出台的《国务院关于加快发展体育产业促进体育消费的若干意见》指出，要充分发挥职业俱乐部的市场主体作用，改进职业联赛决策机制。2015年，中共中央办公厅、国务院办公厅印发的《行业协会商会与行政机关脱钩总体方案》指出，要加快提出形成政社分开、权责明确、依法自治的现代社会组织体制要求，推动行业协会商会与行政机关脱钩试点工作。中国男子篮球职业各俱乐部在政策利好的激励下，不要求中国篮协与篮管中心对中国男子篮球职业联赛控制权、经营权与收益权进行重新配置。中国男子篮球职业俱乐部及其代表与中国篮协经过多轮的博弈与协商，最终于2016年11月成立中篮联（北京）体育有限公司，简称"CBA公司"，20家俱乐部各占股3.5%，中国篮协占股30%并拥有重大事件的一票否决权。2017年2月，在中国篮球协会第九次全国代表大会上，姚明当选为中国篮球协会主席。此后，随着"管办分离"政策的推进，篮球运动管理中心将承担的业务职责移交给中国篮协，实现了中国篮协脱钩的重要一步。2017年4月，中国篮协召开临时董事会并表决通过了CBA公司股权转让规定，中国篮协将所持有的30%股权以象征性价格转让给中国男子篮球职业20支球队，股权全部让渡后，中国篮协将对中国男子篮球职业联赛承担监督职责，CBA公司陆续拥有了联赛商务权及办赛权。自此，篮管中心、中国篮协以及各俱乐部在中国男子篮球职业联赛事务中的角色与定位发生了改变，以中国男子篮球职业俱乐部投资人为代表的民间力量在联赛中拥有了更多的话语权，中国男子篮球职业联赛管理体制的深化改革取得了实质性的进展。

4.1.2.2 赛制变革

中国男子篮球职业联赛深化改革阶段，联赛职业化进程加速推进，中国男子篮球职业联赛赛制也发生了较为频繁的变化。2005—2006赛季中国男子篮球职业联赛取消球队升降级制后首次采用准入制，随后的赛季中，东莞新世纪、浙江广厦、天津队、青岛队、四川队陆续加盟，直到2014—2015赛季江苏同曦队和重庆翱龙队（后被北京北控收购）加盟，中国男子篮球职业球队数量历史性地达到了20支并保持至今。

从赛程的长度上看，中国男子篮球职业联赛最初采用南北分区竞赛，但因国家队备战国际大赛，南北分区经历了"取消—恢复—取消"的过程。2005—2006赛季，在南北分区"同区四循环，不同区两循环"的赛制下，比赛共有343场。2008—2009赛季，同样是南北分区，但由于比赛队伍的增加，全赛季比赛也达到了近10年的峰值——474场比赛。从赛程的密度上看，2005—2006赛季使用一周双赛的赛制，2008—2009赛季由于面临恢复南北分区，比赛队伍增多、比赛轮次增多等客观事实，开始实行一周三赛的赛制。赛季后由于褒贬不一，随后在2009—2010赛季实行了一周三赛与一周双赛相结合的赛制，在考虑联赛的长度与紧凑度的同时，尽量避免运动员、教练员因比赛过于密集而出现伤病增多的情况。但这种混合赛制仅实行一个赛季就回到了之前的一周三赛，从2013—2014赛季后，一直实行两周五赛的赛制。

随着中国男子篮球职业联赛职业化进程的加快，球迷的观赛需求不断提升，联赛外援政策也进行了积极的调整。2005—2006赛季至2008—2009赛季，外援选择统一而规范、自由度放宽，外援统一训练营应运而生，实行按照球队成绩倒摘牌制；赛季中更换外援限制放开（由不得更换外援发展到如今的赛季中可以更换3人次）；亚洲外援的引入（联赛后4名及升班马可以再挑选1名亚洲外援）；针对八一队的保护政策（2人4节5人次，亚洲外援等同于外援）。然而外援上场过于频繁，也限制了本土球员的培养，随后限制外援作用的调整出现，由最初2008—2009赛季2人4节8人次，上场时间不受任何限制，到2009—2010赛季2人4节6人次，再到2014—2015赛季2人4节6人次，末节必须使用单外援。这些外援政策的变化提高了比赛的精彩程度，更平衡了各球队之间差距，增加了比赛的悬念，进一步促进了中国男子篮球职业联赛的快速发展[86]。

4.1.2.3 社会责任特征

在中国男子篮球职业联赛深化改革阶段，联赛展现出了广阔的市场潜力与经济前景。2005年，瑞士盈方成为中国男子篮球职业联赛商业推广伙伴，与中国篮协签订合作方案，中国篮协将每年得到650万美元的运行保证金，瑞士盈方将在未来7年内，得到中国男子篮球职业联赛以及各俱乐部除地方冠名和门票收入外的所有商务开发权益。随着我国体育产业发展的良好势头，中国男子篮球职业联赛的规模不断扩大，联赛品牌建设、服务理念、运营招商、篮球文化建设和联赛管理等众多方面取得了较大进步，社会影响力也获得了提升。中国男子篮球职业联赛品牌市场潜力巨大，新一轮的中国男子篮球职业联赛运营商争夺空前激烈，最终瑞士盈方以5年16.5亿元成功续约。而李宁、安踏、耐克等知名体育品牌为争夺CBA赞助商也展开了激烈的竞争，最终李宁公司以20亿元的天价拿下2012至2017赛季5个赛季的联赛主赞助商。

与中国男子篮球职业联赛收获巨额赞助经费相反，各俱乐部却因外援和国内球员薪资提高以及自身商务开发不足等原因连年亏损，以2015—2016赛季为例，20家俱乐部的总投入已达到14亿元，平均每家俱乐部投入大约7000万元左右，但实际收入却只有3000万，俱乐部的人员成本投入占据70%以上。中国男子篮球职业各俱乐部呼吁增加俱乐部的商务开发权限，限制球员薪资以避免长期严重亏损。中国男子篮球职业俱乐部的经济活力与经济价值需要展现，经济责任需要提升。

在国际大赛的荣誉方面，2008年北京奥运会篮球比赛中，中国男篮、女篮的表现获得各级领导、国际篮坛、全国球迷的充分肯定。在国际篮球运动水平快速发展的情况下，他们圆满完成了赛前的既定任务，表现出良好的精神面貌和竞技水平。中国男篮获得中共中央、国务院表彰的"北京奥运会先进集体"光荣称号。

在中国男子篮球职业联赛深化改革阶段，球员责任依然呈现出失位的特点。随着原有传统三级人才培养体系的彻底破裂,体教结合与体教融合模式培养竞技篮球后备人才之路正处于不断探索之中,CBA俱乐部许多球员以及二、三线梯队球员的教育问题也得到初步解决。优秀的竞技篮球人才始终是稀缺资源,CBA球员的合理转会与流动依然受到多方利益的限制与阻碍。虽然《CBA球员注册及转会规定》也在不断地修改与完善,但中国篮协制度设计的逻辑是为了激发各俱乐部培养后备力量的积极性。转会制度与条例中的优先注册权与签约权等始终有利于原俱乐部,球员为寻求更好的经济合约以及竞技环境不惜与原俱乐部对簿公堂甚至退赛的案例不胜枚举,职业球员的话语权与利益难以得到保障,双方争议的过程在一定程度上也损害了联赛的良好社会形象。

为提升中国男子篮球职业联赛的社会影响力,传播篮球文化,为创造和谐社会贡献力量,树立中国男子篮球职业联赛良好社会形象,中国男子篮球职业联赛也开展了一系列社会公益活动。例如,2005年中国篮球协会和中国青少年发展基金会发起实施"CBA与我共成长公益计划",旨在通过系列专项活动募集资金,设立"CBA与我共成长公益基金",资助中西部地区青少年文化体育事业。从2005年至2012年,中国篮球协会、中国男子篮球职业各俱乐部、联赛赞助商共筹集善款1200万元,在贫困地区和地震灾区捐建了12所CBA希望小学、50个CBA希望图书室和280个CBA希望体育室。姚明于2008年发起"姚基金",通过支持青少年发展项目和搭建公益平台,让更多的人关注贫困地区青少年,通过助学兴教,促进青少年健康发展。易建联也与中国宋庆龄基金会合作成立青少年篮球发展基金,将主要用于青少年篮球培训、中美青少年文化交流和增建公共体育设施等方面。CBA各俱乐部也以捐资助学、扶贫救灾、向经济困难的社会群体赠送球票等方式回馈社会,提升俱乐部声誉。但中国男子篮球职业联赛社会责任表现普遍以慈善责任和社会公益活动为主,未充分结合自身专业优势,立足于社区长期开展社会责任活动。联赛主动履行社会责任的球星较少,中国篮协也未对CBA俱乐部与球员履行社会责任的内容与频次作出相应要求。

小结:中国男子篮球职业联赛深化改革阶段,我国社会主义市场经济飞速发展,篮球运动以职业化、市场化、娱乐化的形式与经济发展、社会进步、文化繁荣互动与融合。中国男子篮球职业联赛发展拥有良好的社会环境与群众基础,在体育产业发展政策的激励下,中国男子篮球职业联赛品牌价值不断提升,商业赞助数量稳步提升,赞助额度向好,但多数俱乐部因投入过大而陷入亏损局面,联赛衍生经济开发有待加强。中国男子篮球职业联赛的管理体制发生了重大变革,中国篮协逐步与国家体育总局篮球运动管理中心脱钩并实体化,中国篮协将中国男子篮球职业联赛的商务权与办赛权移交给中篮联(北京)体育有限公司,CBA俱乐部市场主体的地位得到进一步强化。中国男子篮球职业联赛深化改革阶段,联赛社会责任逻辑已经与市场逻辑逐步混合以提升中国男子篮球职业联赛的品牌影响力。从社会责任履行内容上讲,主要以慈善责任为主,球员责任与社区责任有所缺失;从社会责任履行主体上讲,中国篮协发起的公益活动范围广、持续时间长、效果好,而俱乐部与球员层面履行的社会责任活动较少;从社会责任履行制度设计上讲,中国篮协并未对俱乐部与球员定期从事社会责任活动作出具体要求，中国男子篮球职业联赛社会责任履行制度缺失，俱乐部与球员社会公益与慈善活动基本属于偶发行为。

4.1.3 CBA公司制阶段（2018年至今）

中篮联（北京）体育有限公司获得中国男子篮球职业联赛商务权与办赛权之后，中国男子篮球职业联赛发展进入CBA公司制阶段。中篮联（北京）体育有限公司继续对联赛竞赛制度进行了调整：2018—2019赛季中国男子篮球职业联赛常规赛轮次从38轮增加到46轮，比赛场次的增加有助于俱乐部门票销售额的增长与联赛赞助商曝光时长的增长和范围的扩大；将原来的季后赛球队由8支球队增至10支，前6名球队可以确保季后赛门票，而7～10名的球队将通过附加赛的竞争获得进入季后赛的机会，旨在增加竞争激烈的比赛场次，满足观众观赏需求；鉴于亚洲外援会压缩国内球员的出场时间，不利于与国内球员培养，中篮联（北京）体育有限公司逐步取消了联赛排名末位可以增加第3外援即亚洲外援的政策；为加强国内球员的培养，外援的使用减少到4节4人次，排名后5名的球队可使用外援4节5人次，最后一节均只能使用单外援。

2019年，中篮联（北京）体育有限公司宣布CBA联赛进入"CBA 2.0时代"，"敢梦敢当"成为中国男子篮球职业联赛的主题。"CBA 2.0时代"的中国男子篮球职业重在开拓受众群体，打造更精彩的赛事产品，打造规模更大，影响更深远的品牌。"CBA 2.0时代"对联赛的商业开发体系进行了重新梳理和细化。新周期内的中国男子篮球职业联赛赞助商将根据赞助级别享有知识产权、球员权益、内容权益、客户定制等8大赞助权益，并划归了5大主要激活的赞助商类别——汽车、3C（computer，communication，consumer electronics，计算机、通讯、消费类电子产品）、快消品、高科技、赛事以及场馆服务。中国男子篮球职业联赛为吸引更多的球迷关注、观看比赛，运营方式也作出了相应的调整，如为迎合当地球迷观赛习惯或者转播需求更改了部分比赛的跳球时间；为方便球迷购票、简化购票流程升级改造了包括票务系统、官方售票网站、官方售票小程序等多个购票渠道；为提升球迷的视觉观感，强化了主场氛围和球迷归属感，许多球队采用全新的视觉体系，包括新的队服、地板贴纸、球队标识；更加重视社群营销的作用，在年轻人喜闻乐见的快手、微博、虎扑和B站等平台上进行互动，与真人秀、音乐节等跨界合作实现破圈；等等。

在中篮联（北京）体育有限公司宣布进入"CBA2.0时代"，加快商业布局与健全商业赞助体系之际，中国男篮却跌入历史低谷。虽然中国篮协对国家队组队培养模式进行了创新，为锻炼、储备更多优秀球员，将国家队以红、蓝两队组队比赛，但在2019年国际篮联篮球世界杯上，中国男篮依然惨败。这是中国男篮从1984年的洛杉矶奥运会，连续参加9届奥运会之后，37年来首次无缘奥运会。中国男篮也受到国家体育总局的批评，中国男子篮球职业联赛展现的竞技水平与对国内球员的培养和锻炼也再次受到行业专家与球迷的质疑。

长期限制中国男子篮球职业联赛发展的顽疾依旧难以破除，中国男子篮球职业联赛作为"嫁接的职业体育赛事"，即与NBA（美国职业篮球联赛，简称"美职篮"）等职业体育联赛相比，其顶层形式一样，底层形式截然不同。优质人力资源的匮乏问题使中国男子篮球职业联赛先天原发性发展动力不足，青训体系建设不力，CUBA（中国大学生篮球联赛）选秀人才质量尚存差距，优秀竞技人才越来越少，严重制约了中国男子篮球职业联赛竞赛质量与国家队在国际赛场上的表现。虽然中国男子篮球职业联赛商业赞助不断创新高，但CBA俱乐部长期严重亏损的局面依旧难以改变。中国男子篮球职业联赛将原本属于俱乐部的绝大多数商业赞助权益收归联赛所有并统一售卖，CBA俱乐部能够获得的收入分红距其投入有巨大差距，俱乐部自身的经营与商业价值的体现、联赛的版权价值以及衍生品开发仍需要有较大提升。中国男子篮球职业联赛面临内忧外患的局面，2019年，腾讯以上个5年周期3倍的价格，即5年15亿美元的合约价格获得美国职业篮球联赛新周期（2020—2025）的数字媒体版权。在数字媒体短视频盛行的时代，美国职业篮球联赛等国际职业体育赛事不断以高水平的竞技表现、对球迷的关爱与慈善、球员刻苦训练的积极精神赢得了国内观众的关注，并以拼搏与温情交融的赛事文化浸润球迷的精神世界，充分展现其高度的职业化与商业化。而中国男子篮球职业联赛所展现的竞技水平已经明显赶不上观众欣赏水平的提升，联赛所展现的价值观与赛事文化尚未明确和有效传播，赛事内容的呈现方式亟待变革，CBA公司制时期的发展困境重重。

综上所述，中国男子篮球职业联赛历经二十多年改革后获得的成绩斐然，然而制约联赛可持续发展的桎梏依然存在。在体育强国建设的征程中，要以男子篮球职业联赛改革为先导，实现中国篮球全面振兴。如何建立和完善与社会主义市场经济体制相适应的、符合篮球运动内在规律的新型中国男子篮球职业联赛管理体制和运行机制，采用什么样的治理模式与思路才能破局，采取什么样的治理路径才能实现中国男子篮球职业联赛经济价值与社会价值的融合与并举——这些都是值得深思而又富有意义的课题。

4.2 美国职业篮球联赛治理域外经验

国外成熟职业体育的运营与发展机制能够为我国职业体育制度创新提供启示，有效缩短中国男子篮球职业联赛的试错期限，提升中国男子篮球职业联赛的治理效能。本部分以美国职业篮球联赛为例，从治理结构、治理主体、治理目标、社会责任特征等方面分析，以期为中国男子篮球职业联赛治理提供有效启示。美国职业篮球联赛拥有独特的职业体育商业运行模式和全球化发展战略布局，拥有健全高效的联赛管理机构，拥有世界顶尖竞技篮球水平人才的培养体系与流动机制，拥有严格完善的法律法规制度保障，制度设计涵盖了选秀制度、转会制度、工资帽、奢侈税、卡特尔垄断等一系列制度及区域保护政策，拥有以球迷消费者需求为中心的全方位人性化服务，是全世界公认的水准最高、最具品牌影响力的职业篮球赛事[123]。

4.2.1 美国职业篮球联赛治理结构

美国职业篮球联赛采取了"封闭式的横向一体化"治理结构，即 NBA 联盟内各俱乐部形成利益共同体，拥有空间垄断权，再申请加入联盟的俱乐部则实行高额的准入制度[124]。这样的治理结构下对获胜球队和失败球队均采用激励措施的均衡竞争策略，如获胜球队进入季后赛获得更高的经济收益、社会关注度以及俱乐部声誉，失败者的球队获得下赛季的优先选秀权。在管理架构上，董事会是 NBA 联盟的最高权力机构，由 30 个俱乐部的董事组成。董事会总裁由董事会聘任产生，且每名董事都有平等的投票权。NBA 联盟根据发展需要下设竞赛部、运动员服务部、顾客产品部、市场与赞助部、经济部、国际娱乐部、电视部等职能部门及其下属公司，总人数达到一千多人。在这样相对封闭的治理场域中，为满足球迷比赛结果不确定性的消费偏好，联盟在平衡职业俱乐部实力上大做文章，通过设定俱乐部的准入标准、控制俱乐部的进入数量和质量、设置新球员的选择规则、制定收入的再分配策略、限制运动员的薪水、在联盟层面实现联赛无形资产的整体营销和策划[125]。

4.2.2 美国职业篮球联赛治理主体

NBA 联盟是美国职业篮球联赛的治理主体，联盟拥有整个联赛管理权、决策权、收益分配权、联赛无形资产的经营权、电视转播权等。各俱乐部拥有赛事的所有权和部分经营权，如销售特许产品、衍生品、制定门票价格、购买球星等。而且，俱乐部的商务开发权限也在增加。2019 年 4 月，美国职业篮球联赛董事会通过一份提案，允许联盟各队在美国、加拿大以外的市场自行出售国际营销权益，从而提升球队广告位价值与国际知名度。美国职业篮球联赛球员通过球员工会也有一定参与美国职业篮球联赛治理的权限，球员代表以球员工会为平台并通过集体谈判的机制，就劳资双方各自的权利和义务、利益分配等方面的分歧进行谈判，若存在的分歧最终通过仲裁也无法调节，则可能发生罢工或者比赛停摆。此外，球员可以通过工会进行个人维权与司法救济。

4.2.3 美国职业篮球联赛治理目标

NBA 联盟"封闭式的横向一体化"的治理结构，以及各俱乐部由最大投资者组成的联盟充当治理主体，均为其治理目标——利润最大化——服务。NBA 联盟与俱乐部利益一体化，最大限度地保证了各个俱乐部的利益。为实现 NBA 联盟利润最大化的治理目标，其通过设定球员工资帽有效控制俱乐部成本、保证盈利能力；俱乐部后备人才培养完全交给全国大学体育协会（NCAA）以及发展联盟以节约"生产资料"投入经费；通过准入制度为新球队进入设立较高门槛，限制了过度市场竞争，保证了 NBA 联盟在职业市场上极高的垄断利润；采用集体谈判将 NBA 联盟作为具有垄断能力的整体与版权购买者以及经销商等议价，使联盟利润最大化得到切实的保障；通过"造星运动"提升俱乐部商业价值与美国职业篮球联赛品牌在全世界范围内的影响力；通过引领和改变篮球技战术打法与潮流，迎合不同时期球迷的观赏需求，以保持比赛日收入以及版权价值的提升。

在利润最大化的治理目标与联盟行动逻辑下，美国职业篮球联赛各俱乐部球队的利润与估值获得较大提升。2016—2017赛季美国职业篮球联赛与电视转播商娱乐和体育电视网（ESPN）、特纳电视网（TNT）签下240亿美元天价转播合同，美国职业篮球联赛球队的平均税前利润达到6100万美元。NBA联盟通过劳资协议让美国职业篮球联赛球队在联盟的收入分成比例从43%上涨至49%。2017—2018赛季，美国职业篮球联赛正式开启球衣广告赞助计划，成为北美四大职业体育联盟中首个在正式比赛中开放球衣广告位的联盟，仅球衣广告每年为联盟带来的收入就达到1.5亿美元。根据福布斯2021年NBA球队估值排行榜，NBA球队平均估值高达22亿美元，尽管受疫情影响，但与2020年的21亿美元相比也增长了4%。其中，纽约尼克斯队以50亿美元、金州勇士队以47亿美元、洛杉矶湖人队以46亿美元分别占据前三位。

4.2.4 美国职业篮球联赛社会责任履行特征

在社会责任履行逻辑方面，美国职业篮球联赛社会责任体现了市场逻辑与社会责任逻辑有效结合的特点，二者的紧密结合是由美国职业篮球联赛联盟利润最大化的治理目标所决定的。美国职业篮球联赛联盟及俱乐部履行多种社会责任的目的是实现商业经营战略目标，提高俱乐部的声誉，迎合消费者和球迷的要求和期望，消除新闻社交媒体对俱乐部负面报道的影响。在联赛治理目标的引导下，与球队门票收入、衍生品销售以及俱乐部声誉息息相关的社区责任，成为俱乐部与球员履行社会责任的重点。俱乐部纷纷立足于所在的社区形成一个较强的合作网络，与社区发展成更为紧密的关系，如向社区捐赠球赛门票、组织社区小球迷参观球馆与球星互动、进入社区家庭进行义工活动，等等。

在社会责任推进主体方面，美国职业篮球联赛社会责任履行主体实现了联盟、俱乐部与球员三重力量的充分结合，在联盟内源性动力与外源性压力下，协同推进社会责任的履行。美国职业篮球联赛90%的俱乐部均成立了慈善基金会，近百位美国职业篮球联赛球员成立了个人慈善基金会，利用自身知名度、财力及资源优势开展社会责任活动。如勒布朗·詹姆斯成立的非营利性"勒布朗·詹姆斯家庭基金"为家乡阿克伦大学数以千计的学生提供奖学金并翻新家乡学校球馆；科比·布莱恩特与妻子成立的家庭基金旨在减少洛杉矶的流浪者，为其建造住房，提供教育辅导以及职业资源；诺维茨基建立了德克·诺维茨基基金会，帮助推进全世界儿童的健康和教育发展。但也有球星建立基金会仅仅是将其作为避税的工具，因为将个人财富以慈善的名义捐给私人基金会是免税的，没有合理合法地使用慈善基金。

在社会责任制度供给方面，NBA联盟有强制性的制度规约，要求球员每个赛季至少代表球队或联盟参加12次公益活动，缺席一次罚款20 000美元。联盟也通过诱导性制度驱动球员履行社会责任，设置了涵盖每年度、每月的社区关怀援助奖、肯尼迪公民奖、贾巴尔社会公平冠军奖等一系列社会奖项，表彰球员在对社区的服务与贡献、推动社会公平正义、提倡尊重与包容等方面所作出的努力。

在NBA联盟中，影响力最大、知名度最高、持续时间最长的社会责任活动当数联盟官方的"美国职业篮球联赛关怀"（NBA Cares）。它是NBA联盟全球性的公益活动，其致力于解决重要的社会问题，例如教育、环境保护、青少年与家庭发展、卫生与保健等。NBA联盟、俱乐部球队、球员试图通过支持一系列的项目和合作伙伴计划，积极地影响全世界的孩子和家庭。NBA Cares还包括一些社区拓展项目，如"美国职业篮球联赛健身"（NBA FIT），其通过联盟的卫生和保健倡议，鼓励孩子们和家庭成员进行身体锻炼和健康地生活；"美国职业篮球联赛环保"（NBA Green），旨在相互协作提高环境保护的意识和为环境保护提供资金；"梦想球场"（Dream Courts），旨在贫困地区建设高质量的篮球场，让贫困社区的孩子们在安全的场地打篮球、和社会互动、学习团队协作和运动精神，参加免费的篮球指导课程；"孩子们的教练"（Coaches for Kids），为青少年俱乐部的孩子们提供免费观看美国职业篮球联赛主场比赛，并提供与球队教练、经理见面和学习的机会；"起亚社区援助"（Kia Community Assist），NBA联盟在每个赛季都会颁发社区援助奖，以表彰回馈社区积极性最高的球员。仅5年时间，NBA Cares活动已经为慈善事业捐出1.45亿美元，超出了原美国职业篮球联赛总裁斯特恩设定的1亿美元计划，提供了超过140万小时的社区服务，建立了超过525家娱乐和学习中心。CBA开展"CBA与我共成长公益计划"，在活动的方案、主题与内容方面也学习了NBA Cares活动[126]。

  NBA联盟的NBA Cares活动及其他社会责任活动可以称之为"社会营销"，通过解决相应的社会问题而达到联赛营销目的，而在解决社会问题过程中又增加了球迷及其他消费者对NBA联盟和俱乐部的信心、归属感，最终正向影响球迷以及整个社会对美国职业篮球联赛品牌和形象的良好态度。NBA Cares活动向全球辐射之时，正处于NBA联盟积极向全球推广售卖版权的阶段，再次印证了NBA联盟社会责任逻辑与市场逻辑紧密结合的特征。

  小结：美国职业篮球联赛"封闭式的横向一体化"治理结构被中国男子篮球职业联赛在深化改革阶段移植与借鉴，采用准入制从而保证了中国男子篮球职业联赛竞争格局趋于均衡、商业赞助的稳定性、比赛的相对富有观赏性。但因文化氛围、后备人才培养、球迷基数、市场主体发育等底部样态不同，"封闭式的横向一体化"治理结构与中国男子篮球职业联赛内外部环境匹配程度并不高，中国男子篮球职业联赛也不能完全按照利润最大化的目标治理。美国职业篮球联赛履行社会责任活动的理念和制度设计以及社会责任与市场逻辑的紧密结合值得中国男子篮球职业联赛学习效仿。

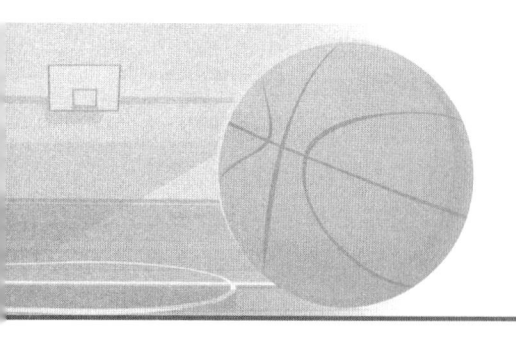

第五章 中国男子篮球职业联赛治理逻辑探寻

探究我国男子篮球职业联赛治理的逻辑问题，是对"为什么治"问题的回答，也是对联赛治理实践的反思；不仅为联赛治理内容的确立提供理论与实践依据，也为联赛治理路径指明方向，是"治什么"和"如何治"的理论基础。本章重点分析了我国男子篮球职业联赛治理的起点逻辑与价值逻辑。

5.1 四种矛盾：中国男子篮球职业联赛治理的起点逻辑

中国男子篮球职业联赛治理起点逻辑四种矛盾图，如图5.1所示。

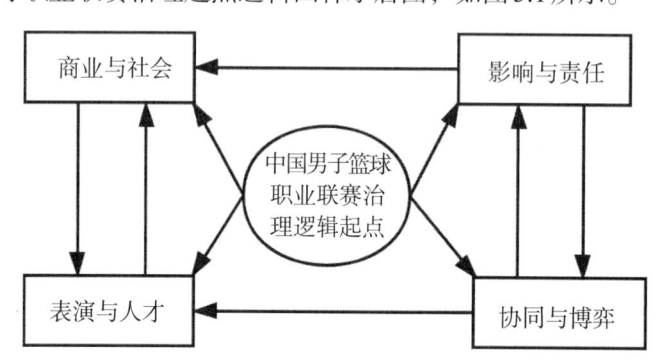

图5.1 中国男子篮球职业联赛治理起点逻辑四种矛盾图示

问题是一切研究的逻辑起点。探寻中国男子篮球职业联赛篮球治理逻辑，首先要回归目前中国男子篮球职业联赛治理过程中亟待解决的重要问题与矛盾上。这些问题与矛盾既不是浮于联赛治理表层的赛制、外援等问题，又不是联赛商业推广的策略性问题，而是长期影响联赛发展、制约联赛治理成效的社会性关键问题。职业精准研判联赛现存的问题与矛盾，不仅是联赛治理的立足点和出发点，而且还决定了联赛治理的逻辑依据与框架，更是治理路径富有效能的前提与基础。

5.1.1 产业市场拓展之需与社会嵌入性低的矛盾

2018年，国务院办公厅出台了《国务院办公厅关于加快发展体育竞赛表演产业的指导意见》（以下简称《意见》）。《意见》指出："体育竞赛表演产业是体育产业的重要组成部分，表现为体育竞赛表演组织者为满足消费者运动竞技观赏需要，向市场提供各类运动竞技表演产品而开展的一系列经济活动。发展体育竞赛表演产业对挖掘和释放消费潜力、保障和改善民生、打造经济增长新动能具有重要意义。近年来，我国体育竞赛表演产业快速发展，已经成为推动体育产业向纵深发展和建设健康中国的重要引擎。但也要看到，我国体育竞赛表演产业存在有效供给不充分、总体规模不大、大众消费不积极等问题。"[127]

虽然中国男子篮球职业联赛是亚洲知名职业篮球赛事，但在ESPN最新一期的排名中，中国男子篮球职业联赛仅排在了世界篮球联赛中第13位，排在欧冠联赛、西班牙联赛、德国篮球甲级联赛、俄罗斯篮球联赛、澳大利亚男子篮球联赛等之后，距离世界第二的职业篮球联赛目标仍有较远的距离。中国男子篮球职业联赛作为我国体育产业中体育竞赛表演业的头部项目，也呈现出联赛总体规模偏小、表演质量低水平供给、球迷观赛体验不好、情感维系不足、消费意愿不高等不良特征。中国男子篮球职业联赛的整体产业市场、品牌影响力以及联赛商业价值亟待拓展与提升。中国男子篮球职业公司成立之后，在联赛赛制方面有所改变，2017—2018赛季在联赛常规赛轮次不变的基础上，季后赛参赛球队从8支增加到10支，未来计划扩充到12支。2018—2019、2019—2020两个赛季的常规赛增加至46轮，2020—2021赛季常规赛增加到56轮，中国男子篮球职业联赛单赛季场次数量逐步增加到460场，但与欧美职业篮球赛事尤其是美国职业篮球联赛单赛季常规赛总数量1230场横向相比，在赛事产品供给规模上仍有较大差距。

见表5.1所列，以中国男子篮球职业2017—2018赛季总收入、比赛日收入以及上座率三个指标与美国职业篮球联赛、英超、德甲等高水平国际著名职业联赛相比，中国男子篮球职业联赛由于正处于成长期，版权价值受限，与老牌职业联赛在总收入方面尚缺乏可比性。比赛日收入占比不足6%，平均上座率不足70%，存在较大差距，而反观美国职业篮球联赛达拉斯独行侠队的主场上座率为103.1%，3.1%的球迷没有座位也要观看比赛，可见球迷对主队比赛的喜爱程度是非常之高的。在国内体育产业投资浪潮涌动之下，虽然中国男子篮球职业联赛商业开发收入首次突破10亿大关，"CBA 2.0时代"已经开启，但中国男子篮球职业联赛在球迷感知体验与消费意愿方面并无实质性的提升，中国男子篮球职业联赛及俱乐部在深嵌于社会、扩大球迷基础、做好球迷转化工作等夯实联赛发展根基方面，还有许多工作要做。

表5.1　2017—2018赛季中国男子篮球职业联赛与国际著名职业体育赛事收入对比

	NBA	英超	德甲	CBA
总收入/美元	77亿	62亿	56亿	2.4亿
比赛日收入占比/%	21.6	20.3	17.9	5.4
平均上座率/%	91	93	96	69

注：数据来源于腾讯体育官方网站

见表5.2所列，以职业俱乐部个案江苏同曦队为例，江苏同曦队是2017年"管办分离"之后，力图实现自主经营而挂牌新三板的两支球队之一。从2019年的财报看，同曦俱乐部营业收入5 790万元，净利润约1 397万元，是中国男子篮球职业联赛中为数不多的盈利俱乐部。财报披露3 315万的中国男子篮球职业联赛分红占比57%，成为营收增长的核心，冠名权的售卖中有1 528万元的收入来自母公司南京同曦集团，两项收入占据球队总收入的85%以上。

表5.2 江苏同曦男篮俱乐部2019年销售收入统计表

客户	销售金额/元	年度销售占比/%	是否存在关联关系
中篮联(北京)体育有限公司	32 198 113.33	55.61	否
同曦集团有限公司	15 283 018.90	26.40	是
南京市体育局	2 830 188.70	4.89	否
北京红马传媒文化发展有限公司	1 691 575.46	2.92	否
北京首钢篮球俱乐部有限公司	1 572 327.04	2.72	否
合计	53 575 223.43	92.54	

注：数据来源于腾讯体育官方网站

新经济社会学的主要创建者——马克·格兰诺维特的嵌入理论指出：经济行为是深嵌于社会网络之中的，并且与许多非经济动机紧密地联系在一起[128]。嵌入理论类属于经济社会学理论分支，表达了经济活动与非经济因素的密切相关性与不确定性，强调了经济活动相融于文化制度、政治阶层乃至整个社会网络架构之中。中国男子篮球职业联赛产业市场的诸多不良特征，从本质上讲，与我国职业篮球社会嵌入性低密切相关。中国男子篮球职业联赛治理与发展偏重单纯市场逻辑，在外部政策驱动与体育产业投资浪潮涌动之下，单一地认为商业化、市场化是职业体育发展的核心，过多地、单向度地强调市场建设，反而欲速则不达。在职业体育发展理念与行为表征上，脱离群众体育、脱离学校体育、脱离社区、淡化忠实球迷群体的培育，与社会的关系呈现"脱嵌"状态[129]。反观西方职业体育，商业化运营乃至全球化扩张的表象掩盖了其早期深耕城市体育和社区体育、积极引导以中产阶级为主体的社会大众参与、与学校体育以及竞技体育良好互动等深嵌于社会的本质。可以说，西方职业体育市场的生成演化过程不仅是一个进行市场形塑的过程，还是诸多因素交织一体共同建构的过程，其中以满足社会需求为导向并贯穿于发展全过程[130]。

职业体育联赛治理主体履行社会责任是提升职业体育联赛社会嵌入性、维系球迷的有效途径。NBA俱乐部在赛季结束后经常通过举办免费篮球培训来丰富青少年娱乐活动，利用NBA Cares活动倡导青少年健康生活方式、运动员精神和团队合作能力。开展"阅读来成就"（Read to Achieve）项目，通过流动汽车图书馆免费向儿童、成人赠送图书，并组织球员参与志愿教育活动，许多球星利用个人影响力开展社区帮扶活动，"嵌入"社会的案例更是不胜枚举。

日本足球的强势崛起与J联赛的"深嵌于城市社区"战略密不可分。据J联赛的官方数据统计，2017年J联赛所有俱乐部在其城市的社会服务活动次数达到21102次，平均每家俱乐部391次。也就是说，每支队伍每天都有一次以上的社会活动贡献。这些社会活动贡献包括：免费培训小学生踢球、进驻养老院帮扶老人、健康筛查与教育、指导家庭主妇做营养餐等。除此之外，一些俱乐部会向周边社区的民众开放其俱乐部设施。比如，鹿岛鹿角俱乐部的医院就会向公众开放，拥有先进设备的俱乐部医院能帮助普通居民治疗运动损伤等病症。这些社区活动，看上去跟足球没有任何关系，但对足球的长期发展有很重要的意义。根据J联赛的问卷调查，有接近80%的日本居民表示感受到了J联赛俱乐部为其生活带来的便利。J联赛主席村井满说："民众会更加愿意观看曾经帮助过自己的俱乐部的比赛。这些表面毫不相关的社会服务对于J联赛收视人数的稳定增长有着长期的意义，在J联赛内容产品的消费上就会增加，进而会使我们的版权价值增值。在版权收入增加后，我们又能将这部分收入回馈给社区和联赛的青训上，从而形成良性循环。"

5.1.2 社会价值彰显之需与社会责任缺失的矛盾

中国社会科学院经济学部企业社会责任研究中心发布的《企业社会责任蓝皮书：中国企业社会责任研究报告（2019）》显示，2019年中国企业300强社会责任的发展整体处于初级阶段，发展指数仅为32.7分；约五成企业发展指数低于20分，仍在"旁观"[131]。职业体育联赛具备市场化的经济组织与培养为国争光竞技篮球人才政治责任的政治组织的双重属性。中国男子篮球职业联赛的社会影响力和经济潜力在国家产业政策的刺激下逐步展现，中国男子篮球职业联赛应该在促进产业链不断完善发展的同时，在弘扬社会主义核心价值观、传播职业篮球赛事文化、引领社区体育与精神文明建设等方面彰显社会价值。然而，由于中国男子篮球职业联赛治理主体对于社会责任范围、内容与功效认知方面存在缺陷、社会责任规约的制度建设不足、行为盲从，致使长期困扰中国男子篮球职业联赛治理成效的场内问题与场外问题层出不穷。

场内问题诸如：裁判的误判或者黑哨、赛场内外暴力、球迷越轨行为、球员言语不当。对于裁判的误判与黑哨问题，有学者统计了2017—2018赛季中国男子篮球职业联赛裁判员最后两分钟的执裁情况，2分钟裁判报告涉及错判和漏判共计14次，判罚失误率为29%，其中漏判6次、错判8次。较高的判罚失误率容易直接诱发球员及教练与裁判产生言语冲突、赛场内球员之间的暴力行为[132]。中国男子篮球职业球员赛场上不理智的暴力行为屡见不鲜，不仅对自身及俱乐部造成经济损失，而且影响了球迷的观赛体验，成为各方媒体关注与争相报道的焦点，严重侵害了联赛的整体声誉。

中国男子篮球职业联赛球迷破坏赛场秩序的行为发生频率较高，且屡禁不止。中国男子篮球职业联赛球迷部分越轨典型事件示例，见表5.3所列。中国篮协曾公布《CBA联赛纪律处罚规定》以及《关于CBA联赛文明观赛、净化观赛环境的通知》，但是收效甚微。据统计，仅在2010—2017的7个赛季中，中国篮协就作出涉及观众破坏赛场内外秩序的处罚107次，其中"投掷杂物"69场，"大规模辱骂"23场，"使用侮辱性文字"7场，"其他不当行为"8场，严重破坏了中国男子篮球职业联赛的赛场秩序，对联赛声誉造成了不良影响，对中国男子篮球职业联赛的管控与治理水平提出了挑战。

表5.3 中国男子篮球职业联赛球迷部分越轨典型事件示例

年份	事件	球队越轨行为起因及越轨行为后果
2007	广厦VS福建	球员与球迷发生争执客队大巴被球迷打砸,媒体争相报道
2012	山西VS北京	球迷对裁判判罚不满球迷围堵客队大巴、辱骂球员
2014	北京VS新疆	球迷不尊重客队球员发生大规模辱骂行为,损害联赛声誉
2014	辽宁VS天津	DJ煽动球迷不良言语,球迷向球场内投掷大量杂物
2014	江苏VS山东	球迷辱骂客队球员,部分球迷情绪激动冲下看台挑衅
2015	八一VS福建	球员之间发生冲突,球迷向场内投掷杂物,造成比赛中断
2015	四川VS辽宁	主队球迷对比赛结果不满,球迷与客队球员大规模群殴,影响恶劣
2014	新疆VS北京	球迷对裁判判罚不满,球迷向场内投掷杂物和饮料杯,主客队球迷对骂
2016	辽宁VS新疆	球迷对客队球员不满,球员被投掷的杂物严重砸伤
2018	上海VS南京	球迷言语攻击球员球迷辱骂球员,双方发生争执

注:资料来源于中国男子篮球职业官方网站、腾讯体育报道整理。

球迷的失范行为有后续效应强、受关注度高、危害性大等特点。球迷出现大规模越轨行为之后,赛场秩序即使被组织与承办单位采取措施恢复后,球迷的情绪也有可能发生蔓延。混乱很可能在比赛中或者比赛后再次爆发,球迷的谩骂和不良标语反映出种种心理与社会诉求,甚至传递了某种文化,容易成为媒体争相报道的事件。球迷的失范行为对俱乐部形象和联赛品牌都极具破坏力。中国男子篮球职业联赛长期缺乏对球迷的教育与引导,需要通过采取有效的治理措施遏制球迷越轨行为,优化观众观赛体验,营造球迷期待的赛场环境,通过影响球迷进而影响社会[133]。

此外,中国男子篮球职业联赛及俱乐部也经常发生因主体自身逐利而造成社会责任缺失的场外问题。第一,劳资矛盾层出不穷,中国男子篮球职业联赛外援讨薪风波屡见不鲜,CBA俱乐部与球员违反联赛限薪令签订"阴阳合同",2009年上海队球员刘炜与俱乐部的续约风波以及2015年江苏队球员衡艺与俱乐部的合同纠纷。此类续约问题与风波都因俱乐部和球员以往契约不够透明,存在"阴阳合同"。第二,俱乐部社会责任寻租行为,部分俱乐部采取超额的投入获得一时优异的竞技成绩或者慈善捐赠获取"政治献金"。第三,与社区的孤立,多数职业篮球俱乐部的认知与行为仍限制于竞技层面,没有深入社区,满足社区群体的多维需求,通过紧密维系社区情感以悉心经营俱乐部。第四,单维度的慈善,联赛以及俱乐部的慈善责任与行为多局限于单维度的慈善,例如赠票、财与物等,并没有将中国男子篮球职业联赛和职业俱乐部的优势与核心能力转化为解决社会问题的关键资源,如做好城市社区青少年与群众体育运动的帮扶与指导工作,利用社会影响力成为传播正能量的平台等[134]。

中国男子篮球职业联赛上述场内与场外的社会责任问题严重破坏了中国男子篮球职业联赛的良好声誉,不利于中国男子篮球职业联赛的健康与可持续性发展,阻碍了中国男子篮球职业联赛商业价值与社会价值的提升。美国社会心理学家阿施（Asch）关于社会影响的理论观点认为，消费者所处的团体将对消费者行为产生非常大的影响。而凯尔曼提出的社会影响理论认为，外在群体的诱导与影响容易使个体行为发生改变，当信息不对称时，个体容易信赖他人信息而忽视自身的已有信息。瓦查特拉库（Watjatrakul）的研究也表明个人的现存认知会受到社会的影响，社会影响能够改变用户对于产品的选择、认知态度与购买行为[135]。通过社会影响理论可知，中国男子篮球职业联赛种种社会责任缺失行为产生的负面信息容易在球迷群体中扩散，对中国男子篮球职业联赛的声誉产生不良影响。

国外一些著名的职业体育联赛及俱乐部也曾出现过负面影响较大的事件，为消除这些负面影响，俱乐部所有者及球星通过有意识地开展社会责任活动来改变自身形象和修复声誉。如奥本山宫殿事件是美国职业篮球联赛历史上规模最大、处罚最重、影响最恶劣的群殴事件。随后当事球星阿泰斯特通过长期不懈地参与社会责任活动，并拍卖自己的总冠军戒指来支持精神病医学研究，为公众心理健康事业作出了贡献，不仅逐步消除了负面影响，而且在2011年获得肯尼迪公民奖。肯尼迪公民奖是美国职业篮球联赛联盟中历史最悠久的一项针对社区贡献和公民精神的慈善奖项，肯尼迪公民奖是一般都是颁布给那些为美国职业篮球联赛联盟作出过杰出贡献并且致力于社区公益事业的球员。

5.1.3 表演质量提升之需与竞技人才培养不力的矛盾

无论在营销层面还是在服务层面，中国男子篮球职业联赛竞技表演质量是决定联赛与俱乐部市场价值的"硬核"。许多学者认为职业体育俱乐部经济实力与竞技实力上的相对均衡能够保证竞赛结果的不确定性，直接影响联赛赛事的市场吸引力与经济效益。但竞争平衡性及其外在表现——竞赛结果的不确定性，也是建立在整体高水平、高对抗的竞技表演基础之上[129]。

中国男子篮球职业联赛竞技的表演质量基本依赖外援（即欧美三流职业球员）的增量提升。外援在比赛中限制了国内球员的上场时间，也给职业俱乐部带来经济压力和管理难度[136]。近15个赛季，中国男子篮球职业联赛外籍球员在场均最高得分与场均得分上均稳步上升，外援场均得分占比一度超过全队的50%。中国男子篮球职业的表演质量在某种程度上可以靠外力来推动，但国家队竞技成绩的提升是没有捷径可以走的。国内球员在中国男子篮球职业联赛的常规时间和决胜时刻的竞技表演都呈低水平供给，普遍未起到决定性作用，作为国家队成员在国际赛场上的表现也颇为拙劣。

2019年，国家队在国际篮联篮球世界杯上最终以第24名的世锦赛历史最差成绩痛失直接进入东京奥运会的资格，中国男篮自1984年以来首次缺席奥运会。而在这个时间节点上，正值"CBA 2.0时代"的开启，国家队的表现在各大社交媒体上遭到球迷的声讨，导致"CBA 2.0时代"的前景蒙上了一层阴影。见表5.4所列，中国男篮在奥运会和男篮世界杯等大型国际赛事成绩逐步下滑，从奥运会历史最好成绩第8名到自2020年后连续两次未进入奥运会，世界杯成绩也滑落至第29名。国家队的成绩牵动着无数中国球迷的心，中国男子篮球职业联赛作为培育国家队球员的平台与蓄水池，整体竞赛表演质量逐步下滑，中国男子篮球职业联赛为国家队培养高水平竞技篮球人才的"育人"功能逐渐萎缩。

表5.4 中国男篮历年世界大赛成绩表

年份	奥运会	年份	世界杯
1996	第八名	1998	未进入
2000	第十名	2002	第十二名
2004	第八名	2006	第九名
2008	第八名	2010	第十六名
2012	第十二名	2014	未进入
2016	第十二名	2019	第二十四名
2020	未进入	2023	第二十九名
2024	未进入		

竞技篮球后备人才培养不力已成为制约中国男子篮球职业联赛可持续发展的难点与痛点之一。从人才数量上讲，2019年《环球时报》专访中国篮协主席姚明时报道，中国篮协注册运动员仅13 000人，而日本有75万人，美国则有2 300万人。运动员基数如此之小，难以支撑我国竞技篮球向高水平迈进。注册运动员量与质的不足，也对我国职业篮球俱乐部的培养成本与支出、薪酬体系的构建以及中国男子篮球职业联赛治理的逻辑与模式，都产生了重大的影响，成为长期限制中国男子篮球职业联赛发展的原因。

随着竞技篮球后备人才培养模式的变迁与发展，传统体校培养模式在社会转型与经济转型中已难以成为主渠道甚至逐步被遗弃；社会培养模式表面繁荣但良莠不齐，缺乏精英梯队建设，仅逐利于小篮球市场；职业俱乐部梯队的培养模式虽为主流但造成职业俱乐部支出增加，成为难以承受之重；体教结合培养模式学训矛盾不断、上升渠道虽然逐步打开，但人才质量不高导致阻隔重重。高校培养与职业梯队双轨并行之路依然举步维艰，各种模式仍处于孤立发展的阶段，尚未形成优势互补、资源共享的局面，从而导致后备梯队建设出现断层，人才质量整体不高。各种培养模式"横向衔接不通、纵向衔接不畅"，在目标、管理、训练、竞赛和输送等方面的衔接均存在较大缺陷[137]。

为打通球员输送渠道，中国篮协于2015年5月20日，仿效美国职业篮球联赛选秀制度公布《港澳台球员、大学生球员等参加CBA联赛实行统一选秀的办法（试行）》，成为中国男子篮球职业联赛规范与丰富后备人才建设的良好开端，但回顾与追踪近5年的选秀历程及选秀球员的发展，CUBA联赛球员冲击中国男子篮球职业联赛，淘汰率高达77%。除北京北控王少杰等个别球员数据相对较好之外，多数球员出场时间较少，各项攻防数据惨淡，表现出竞技水平较低，对抗差，融入度低等特点[138]。

见表5.5所列，2019年中国男子篮球职业选秀被选中的大学生球员多数没有打满整个赛季，出场次数整体偏少，常规技术统计数据偏低。多数中国男子篮球职业球队短期战绩要求较高，长期梯队建设战略模糊，教练员更换频繁，不敢培养、使用新人，无法给予年轻球员充分试错机会。多数大学生球员处于被俱乐部淘汰的边缘，待新秀合同结束后，随时面临被交易或者无球可打的尴尬境地。因此，如何做好深度职教融合，发挥双方积极主动性，建立学生球员与职业球员在技术、战术、心理等方面的交流平台，提升学生球员竞技水平，真正实现训练资源共享，是中国男子篮球职业联赛与CUBA联赛共建培养体系的核心问题。

表5.5 中国男子篮球职业选秀大学生球员2019—2020赛季常规技术统计

球员	所属球队	出场/首发	得分	篮板	助攻	抢断	犯规	上场时间
王少杰	北京控股	47/47	7.5	4.7	0.3	0.9	2.9	23.4
孙思尧	南京同曦	11/2	4.4	3.1	0.4	0.5	1.6	16.8
袁堂文	四川金强	20/0	2.8	1.1	1.2	0.5	1.3	8.7
刘育辰	浙江稠州	2/0	3.5	0.5	0.5	2.0	2.0	10.6
孟博龙	北京控股	20/0	2.8	1.1	1.2	0.5	1.7	8.3
王睿泽	青岛双星	12/1	6.3	3.4	1.1	0.7	0.3	17.6
何思雨	天津先行者	36/8	8.6	3.2	1.3	1.3	3.2	21.3

韦伯命题指出："引进一个外来的有形制度，就要有一套相应的内部文化与之相匹配，才能接纳这样一种治理结构。"这是因为职业体育是一个完整的结构系统，如果是零碎的、断裂的，那么整个系统的功能必将是紊乱的，其表现形式也必将是畸形的。从职业体育与社会关系的角度分析竞技篮球后备人才的培养问题，西方职业体育是自下而上的塑形与发展，早期就根植于社会，并深耕生产资料培育市场，极其重视后备力量培养。它与群众体育、学校体育紧密结合，为提升本土竞赛的水平和吸引力，还积极在全球范围内进行高级竞技人才资源的掠夺，也将本土职业体育联赛转向国际化发展[139]。早期深入社区和学校大力推广、培育职业体育文化的治理行为也取得了可持续性发展的保障。而中国男子篮球职业联赛在长期发展过程中处于相对孤立、封闭的场域，与学校体育缺乏良好的互动与共建。职业篮球俱乐部、学校与社会三者不能协调发展，为后期竞技篮球后备人才的培养与储备增添了重重阻碍[130]。

5.1.4 治理效能提升之需与治理主体行动逻辑差异的矛盾

美国经济学家和社会学家曼瑟尔·奥尔森（Mancur Olson）指出：个体在寻求自我利益时存在天然的理性，不会积极采取行动实现集体的利益与目标，除非有强制性手段及方式干预，集体行动的成功往往存在特殊的逻辑[140]。在中国男子篮球职业联赛中，篮协、俱乐部等治理主体在行动逻辑上存在差异有必然性，也严重影响了中国男子篮球职业联赛治理效能的提升。"管办分离"之前，具有事业单位属性的国家体育总局篮球运动管理中心与全国性社团组织——中国篮协，长期实行"两块牌子，一套人马"的统一管理体制，在中国男子篮球职业联赛改革中主导着联赛的经营权、控制权与收益权配置。在政治资本的主导作用下，中国篮协在中国男子篮球职业事务管理过程中重视行政力量，把政府目标放在首位，管理思维与方式极具行政烙印，行动逻辑中极具"管控"的行政思维。其具体行动表现为：以国家队事务及成绩为要务，因备战国家队比赛随意缩短中国男子篮球职业联赛赛程；损害赞助商及俱乐部利益，掌控除地方冠名及门票收入外的所有商务开发权益，联赛商业价值开发不足，许多职业篮球俱乐部亏损严重；以行政思维与手段处理联赛事务，漠视规章制度的权威性（如2016—2017赛季对球鞋贴标签与脱鞋退赛事件的处理）；等等。

中国职业体育联赛官方治理目标是联赛服务于国内外大型赛事，而俱乐部的治理目标是利润最大化。治理目标的差异或治理主体的错位导致了一种既非横向一体化又非纵向分层的治理结构，进而形成了一种本质上是官方主导的治理模式[91]。CBA各俱乐部与篮管中心及中国篮协在治理目标层的不同，导致它们在行动逻辑上存在巨大差异。职业篮球俱乐部在不断完善其法人治理结构后，其行动逻辑与利益诉求表现在，因自身投入大量专属资产而强烈要求进行中国男子篮球职业联赛控制权和收益权的重新配置，以获得更大经济回报、政治资本与公司声誉。在中国男子篮球职业联赛改革历史进程中，"职业篮球俱乐部联盟筹建委员会"的解散和"北极星计划"的搁浅两个案例，将中国男子篮球职业联赛各治理主体行动逻辑的差异及对中国男子篮球职业联赛经营权、控制权与收益权的长期博弈与争夺体现得淋漓尽致。

（一）"职业篮球俱乐部联盟筹建委员会"案例

1998年11月，中国篮协在北京召开联赛会议，商议联赛发展与改革的思路，当时上海东方、辽宁猎人、山东永安、广东宏远、江苏南钢、青岛双星和吉林东北虎等七家职业篮球俱乐部的老总私下达成共识，渴望建立俱乐部自己主导的"职业篮球俱乐部联盟"，七家俱乐部的老总在12月17日—12月18日齐聚上海建国宾馆竹轩厅，发起了旨在尽快推进中国男子篮球职业化的"职业篮球俱乐部联盟筹建委员会"（以下简称"筹委会"），还提出了"共存共荣、共同发展、共享成果"的口号，向"领导权、经营权、管理权"集于一身的篮管中心索要联赛经营权。

1999年2月12日，筹委会向国内甲A联赛（即中国男子篮球职业联赛）、甲B联赛（即如今的NBL）和乙级队的所有篮球俱乐部负责人发出了邀请函，明确提出此次会议要商讨建立各级俱乐部利益统一体的模式。2月13日，在国家体育总局的支持下，篮管中心向各地体委、总政文体局发送了《关于以"职业篮球俱乐部联盟筹委会"名义召开珠海会议一事的意见》（以下简称《意见》）的传真文件。《意见》指出：筹委会是不具备合法性的组织单位，会议商讨的内容超出了俱乐部的权、责范围，并要求有关体委、解放军及时做好各自所属俱乐部的工作。该《意见》下发后，筹委会压力陡增，在匆匆会谈后，宣布解散"职业篮球俱乐部联盟筹委会"。从1998年12月18日成立到1999年2月18日解散，从积极发起筹委会到因篮管中心的一纸文件而匆匆解散，这个以推进中国男子篮球职业联赛职业化为己任的筹委会仅仅存在了两个月。此前，中国男子篮球职业联赛各俱乐部高管都对中国男子篮球职业联赛职业化充满热情，言必谈中国男子篮球职业联赛职业化该向何处去。而在筹委会被迫解散后，中国男子篮球职业联赛各俱乐部在中国男子篮球职业联赛职业化探讨方面的热情在很长一段时间被深深禁锢。

（二）"北极星计划"搁浅案例

2003年6月，锐意改革的李元伟正式出任篮管中心主任，掀起了中国男子篮球职业联赛历史上又一次大的改革。2003年9月，李元伟组织成立"篮球职业化运作调研组"。他邀请体育科研所体育产业专家鲍明晓、著名篮球评论员徐济成、前辽宁男篮俱乐部总经理严晓明、资深体育营销专家张庆和律师迟玉彬等业内专家，进行多次详细论证，并在2004年5月正式推出了《中国职业篮球改革发展十年规划》，简称"北极星计划"。"北极星计划"对中国男子篮球职业联赛的规划非常全面系统，将中国男子篮球职业联赛从2004—2015年的发展分为能力建设、股份制运作、巩固提高三大阶段，内容涵盖中国男子篮球职业联赛管理体制、球员资源、球队水平、盈利模式、品牌强化和基础建设6大板块。

"北极星计划"认为中国男子篮球职业联赛在联赛和俱乐部两个层面上存在产权混乱。在联赛层面，CBA俱乐部和中国篮协本应均拥有联赛产权，但在具体操作层面，中国篮协绝对主导而中国男子篮球职业俱乐部沦为附属；在俱乐部层面，各队俱乐部的产权不清、形式多样，与体育局合作的模式居多，其次还有军体工队模式和私营民企模式；在具体存在形式上，俱乐部有的在民政部注册，有的在工商局注册。为了明晰产权，李元伟在2005年推出了"中国男子篮球职业联赛准入制"，即要求所有俱乐部都必须实现产权明晰、制度健全、管理规范、能够自我经营、符合市场经济体制等目标。在李元伟的强力推动下，CBA俱乐部产权逐步实现明晰化，连情况特殊的八一男篮也最终通过与富邦集团联姻，成立了八一富邦篮球俱乐部。此后，李元伟力图再次推动联赛产权明晰，计划成立中国篮协和CBA各队参股的中篮联（北京）体育有限公司，在未来由中篮联（北京）体育有限公司来负责联赛的商务开发和日常运营，中国篮协转而负责宏观层面的政策把控。在2004年，"北极星计划"就能够有这种蓝图，可想而知是何等超前。

北京奥运会的来临使男、女篮国家队的备战压力剧增。在2006年8月，篮管中心接到指示，中国男子篮球职业联赛应该为国家队集训让路，随后李元伟宣布中国男子篮球职业联赛的2006—2007赛季和2007—2008赛季南北分区取消，单个赛季缩短28天，总缩减场次多达112场。从2006年的中国男子篮球职业联赛缩水开始，整个篮管中心把工作重心转移到了国家队备战方面，"北极星计划"就此搁浅。

为了进一步发挥行业协会优势，促进经济社会发展，2015年7月，中共中央办公厅、国务院办公厅发布了《行业协会商会与行政机关脱钩总体方案》，要求推进行业协会商会与行政机关脱钩试点工作。因此，为了积极响应与推进职业体育的"放管服"改革，篮管中心逐渐把篮球行业管理与服务权力下放给中国篮球协会，至此拉开了我国篮球事业全面深化改革的新征程。[71] 2017年3月，中国篮协第九届全国代表大会选举姚明为中国篮协主席，篮协的日常工作由姚明主持。2017年7月，依据《CBA公司章程》，姚明通过中国篮协推荐担任CBA公司董事长。姚明身居中国篮协主席与CBA公司董事长双重身份，中国男子篮球职业联赛进入新的治理征程。

中国男子篮球职业联赛治理解决的不是某个"点"的问题，也不是某个单一的商业、人才抑或国家队成绩的目标任务，而是由于联赛现存问题之间联系的广泛性。"点"与"线"结合成"面"，成为一个互相作用耦合的多目标过程。在中国男子篮球职业联赛治理的过程中，无论是之前作为全面管理的篮管中心、中国篮协、CBA公司，还是CBA各俱乐部等治理主体，均受制于社会环境、思维习惯、联赛环境与竞赛资源的约束。这些约束不仅边界不清，还会随时间或社会情境的变迁而发生改变。因此，中国男子篮球职业联赛治理效能的提升从本质上讲是一个复杂的、多目标、动态优化的过程。在新的治理征程中，"管控"的行政思维习惯有可能会延续。中国男子篮球职业联赛各治理主体在商业发展与利益博弈中的行动逻辑必将存在新的差异。因此，如何实现求同存异并通过协同治理提高治理效能、构建什么样的治理结构来避免"治理失灵"，也是新时期中国男子篮球职业联赛治理要面临的重要问题。

5.2 三层旨归：中国男子篮球职业联赛治理的价值逻辑

在我国男子篮球职业联赛治理逻辑的探求中，联赛治理的价值理念具有突出的先导性和决定性，即"为什么治"的价值设定深刻制约着"治什么"（治理内容及边界）、"谁来治"（治理主体归属与协同问题）以及"如何治"（治理路径）三个关键性的理论与实践问题。中国男子篮球职业联赛治理价值逻辑在映射联赛治理目标的同时，也表达了对人民、社会和国家三个层面的价值诉求与价值承诺。

5.2.1 中国男子篮球职业联赛治理的导向价值

"以人民为中心"，实现人的全面发展是中国男子篮球职业联赛治理的导向价值。随着"管办分离"的初步成功以及"CBA 2.0时代"的开启，中国男子篮球职业联赛推出了诸多治理举措，旨在开发新的商业体系和调整相应的竞赛制度。但是，从促进人与社会发展的角度考量中国男子篮球职业联赛治理，其治理价值仅在于商业价值以及竞技场域内规则的频繁更迭吗？答案必然是否定的。2017年8月，习近平总书记在会见全国群众体育先进单位、先进个人代表和全国体育系统先进集体、先进工作者代表以及在天津全运会群众比赛项目中获奖的运动员代表时指出："体育强则中国强，国运兴则体育兴。加快建设体育强国，就要坚持'以人民为中心'的思想，把人民作为发展体育事业的主体，把满足人民健身需求、促进人的全面发展作为体育工作的出发点和落脚点，落实全民健身国家战略，不断提高人民健康水平。"习近平总书记"以人民为中心"的体育工作发展理念，也为我国职业篮球联赛治理提供了价值引领及行为准则[141]。

中国男子篮球职业联赛作为行业标兵以及项目的旗帜与引领，要"以人民为中心"的治理思维体现其价值逻辑。中国男子篮球职业联赛积极履行社会责任，能够使竞技篮球"反哺"群众体育，让联赛回归、融合于社会，是夯实联赛群众基础、扩大联赛影响力的重要战略举措。"以人民为中心"，就是要以球迷、社区居民、球员、赞助商等利益相关者为中心，联赛治理主体在行动逻辑上要扎根服务于社区，关注和帮扶社区群众的体育与生活，促进球迷转化，将中国男子篮球职业联赛打造成继续教育球员、提升球员职业素养与价值、教化育人的综合平台；在文化层面上，要发掘与提炼中国男子篮球职业联赛竞技文化，以敢梦敢当、拼搏向上的竞技文化影响球迷、感染球迷，以满足社区群众以及球迷的文化乃至其他需求为己任，让观看中国男子篮球职业比赛成为球迷美好幸福生活的组成部分，提升社区群众对美好生活的向往与幸福感，更好地服务球迷观赛需求；在治理行为评价层面上，要以社区群众与球迷是否满意为职业篮球联赛治理的评价标准，竭力经营职业篮球赛事健康向上的育人环境，实现"篮球让生活更美好"的愿景[129]。

中国男子篮球职业联赛的治理价值逻辑要以实现联赛社会价值的最大化为己任，通过观赏精彩比赛提升城市居民的精神生活品质，提高人民对美好生活的向往；通过履行社会责任，将中国男子篮球职业联赛与利益相关者乃至社会的关系无缝衔接，满足城市社区群众物质文化的需要，引导群众健康快乐的生活习惯与休闲方式，最终推动并实现人的全面发展，乃是实现中国男子职业篮球联赛治理终极价值使命的需求。

5.2.2 中国男子篮球职业联赛治理的核心价值

以社会嵌入为驱动，实现经济价值与社会价值的双重聚合，是中国男子篮球职业联赛治理的核心价值。基于社会责任的中国男子篮球职业联赛治理核心价值，如图5.2所示。中国男子篮球职业联赛治理的核心价值是评判职业联赛治理主体行为的是非标准，遵循固化准则，在中国男子篮球职业联赛治理价值体系中居于核心地位，是联赛赖以生存和发展的根本。传统的公司治理思维随着企业社会责任理论与实践的不断发展，同样也产生了改变，把社会责任治理模式融入公司治理之中，将使公司获得更为丰富的效益以及可持续发展的动力源泉，将赋予公司的社会行为以经济意义，同样使经济行为富含社会意义，两者兼而有之。体育在社会层面的价值目标与我国社会的价值目标的一致性，放大了体育在社会参与、社会融入、社会治理、社会和谐及价值传播等方面的社会功能，夯实了体育的价值目标根基。著名的政治经济学家卡尔·波兰尼认为，自我调节的市场行为与社会的自我保护运动共融共生，彼此交织，这种双向运动促进了现代文明社会的发展[142]。现代市场经济需要在信任的环境和氛围中才能有效运转，更需要强大的社会力量来维系和进阶。因此，笔者认为中国男子篮球职业联赛治理的核心价值要务是实现经济价值与社会价值的双重聚合[143]。

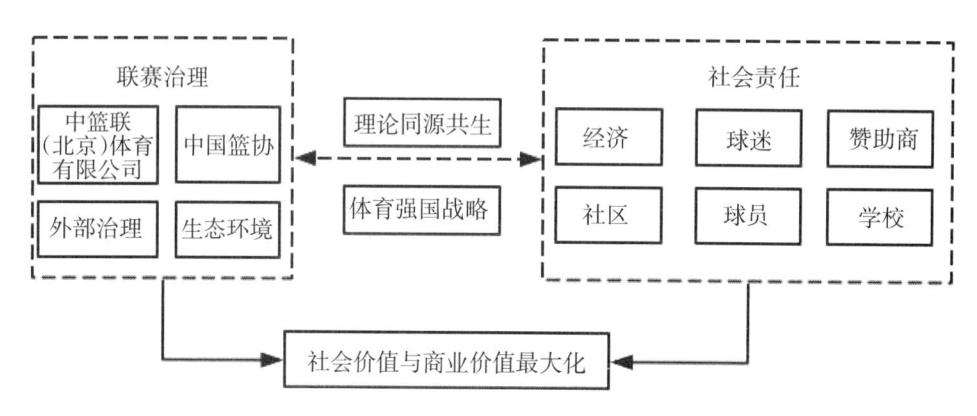

图5.2　基于社会责任的中国男子篮球职业联赛治理核心价值

中国男子篮球职业联赛的经济价值与社会价值是相互依存的，只有真正体现广泛的社会价值，其商业价值才能更为充分地拓展，达到量的积累与质的提升。2018—2019赛季，CBA联盟创收首次超过10亿，同比去年增长21%，这与国家促进体育产业政策的密集出台、强力驱动紧密相关，同时也反映了资本市场对中国男子篮球职业联赛未来的良好预期。然而，在资本市场活跃时，CBA联盟治理行动逻辑却急需回归理性。中国男子篮球职业联赛在竞赛产品与服务两个层面的供给质量是决定球迷观赏与赞助商投资选择行为的核心要素，两个层面的供给体量和质量可以通过制度嵌入与关系嵌入的交互运动来实现。联赛产品质量的提升从根本上受制于竞技篮球后备人才的培养质量与储备，是长期的过程。但服务供给的质量可以通过多渠道逐步提高。中国男子篮球职业联赛社会嵌入度的不足已成为限制中国男子篮球职业联赛制度移植和商业推广的重要现实问题。中国男子篮球职业联赛商业价值与社会价值"双重聚合"的达成，要以提升职业篮球社会嵌入性为驱动，以履行社会责任为突破，打造职业篮球与周边生态环境的共生关系，走向与中国男子篮球职业联赛利益相关者的共生逻辑。在治理逻辑思维上，从"脱嵌"走向"嵌入"；在策略上采取沟通、协作、帮扶等主动调适性策略，以维系职业篮球与学校体育、群众体育的战略性合作关系；在认知嵌入、文化嵌入和关系嵌入的交往互动过程中进行价值传递，从而使中国男子篮球职业联赛内嵌于社会性利益相关方的网络与社会结构之中[129]。

5.2.3 中国男子篮球职业联赛治理的时代价值

以国际影响力为突破，凸显体育强国建设的核心竞争力地位是中国男子篮球职业联赛治理的时代价值。职业体育的发展程度是衡量体育强国的标准之一，是在国际体育环境中掌握话语权的要素之一[70]。《体育强国建设纲要》中关于职业体育发展的战略任务是"培育具有世界影响力的职业联赛"。中国男子篮球职业联赛近30年的发展历程，在欧美市场化程度较高的职业联赛的影响与竞争中成长，在外部市场经济与内部制度建设的完善中逐步成长为我国职业体育的"头部"赛事。美国职业篮球联赛早在20世纪90年代就成功进入中国，经过在中国市场近30年的经营，已经在媒体传播、人才培养与交流、竞技文化、衍生品以及电竞等方面占据了中国大部分篮球市场。欧洲篮球联赛也在2015年成立中国公司，致力于欧洲篮球联赛在中国的交流与推广，可见高水平职业体育联赛全球化是必由之路。

虽然中国男子篮球职业联赛在联赛职业化程度、规模、制度建设、商业价值及影响力等方面与欧美成熟职业联赛有较大差距，但目前我国体育产业发展政策条件优越。"CBA 2.0时代"的开启使联赛商业前景被赞助商与版权投资方看好，中国男子篮球职业联赛初步具备向国际化发展的潜力，中国男子篮球职业联赛的国际影响力有上升的基础与空间。在中国男子篮球职业联赛的治理逻辑中，中国男子篮球职业联赛要通过坚持中国道路和国际模式的二元治理思维与路径来提升联赛的国际影响力。虽然职业体育商业运营具有"国际化"模式，但欧美职业体育因地域、资本和文化的不同在治理结构与治理模式上也有很大的差异。中国男子篮球职业联赛要以欧美职业体育成熟的商业运作模式和推广方式为镜鉴，同时注重以人为本的价值追求和彰显社会责任的伦理关怀，积极探求中国特色的中国男子篮球职业联赛的国际化道路。在治理内涵方面，要以提高中国男子篮球职业联赛竞赛产品供给的量与质为关键点，提升球迷的观赛体验与联赛的日常服务质量，注重商业包装以满足国外消费者的不同需求。在治理战略布局上，通过逐步完善、强化竞赛产业链，优化商业模式，尝试开发亚洲市场，走区域性、差异化的国际发展战略。

推动大国体育向强国体育的转型，就必须补上发展职业体育这一课，就必须把职业体育作为新一轮体育全球化的战略高地、作为体育强国的核心竞争力来培育和打造。没有职业体育的崛起，就不可能有真正意义上的强国体育[144]。在职业篮球、足球联赛发展较好的欧美国家，其学校体育与职业体育、群众体育与竞技体育都是协调而又均衡发展的。在中国男子篮球职业联赛治理过程中，要提升联赛治理现代化水平，真正实现中国男子篮球职业联赛治理目标多样化、治理主体多元化、治理方式专业化、治理手段制度化。不仅要提升竞技篮球实力，实现为国争光目标，而且要助力健康中国，推进全民健身；不仅要引领体育竞赛表演业发展，实现体育产业经济支柱，而且要推进篮球精神文化建设使其惠之于民。中国男子篮球职业联赛治理的时代价值需要提升联赛的感召力与亲和力，发挥对学校

体育和群众体育的促进与引领作用，使中国男子篮球职业联赛真正成为实现建设体育强国的核心竞争力与多重战略任务的平台。中国男子篮球职业联赛治理的价值逻辑，如图5.3所示。

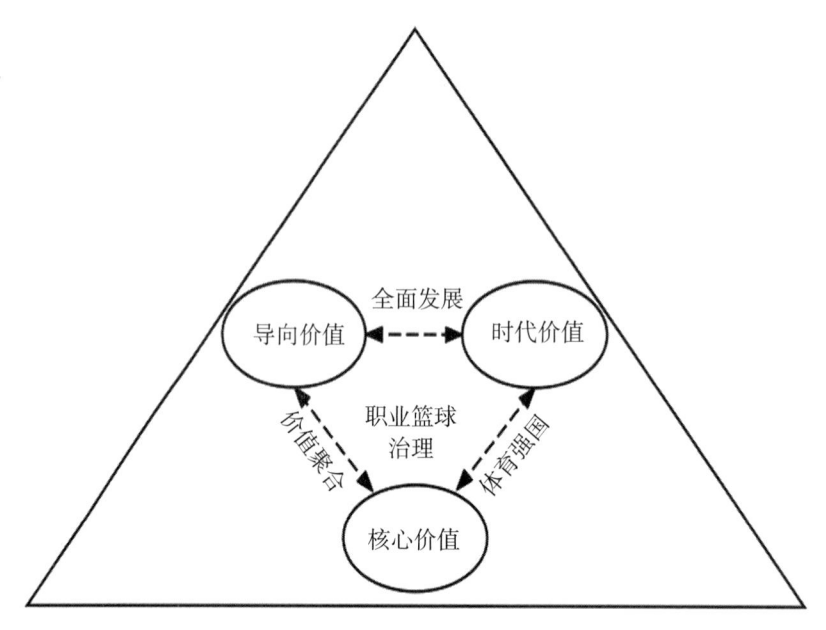

图5.3 中国男子篮球职业联赛治理的价值逻辑

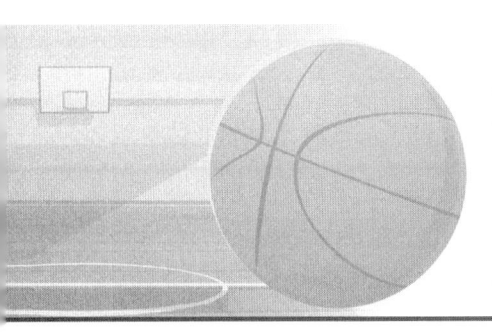

第六章 基于社会责任的中国男子篮球职业联赛治理内容体系

中国男子篮球职业联赛治理内容体系是研究"治什么"的关键性问题，本章在探析中国男子篮球职业联赛治理起点逻辑和价值逻辑的基础上，确立中国男子篮球职业联赛治理内容体系构建的原则，基于社会责任理论框架并运用德尔菲法探究中国男子篮球职业联赛治理内容体系。

6.1 中国男子篮球职业联赛治理内容体系构建的原则

6.1.1 科学性原则

中国男子篮球职业联赛处于"管办分离"初期。随着联赛规模的逐步扩大，联赛外部的市场竞争与内部的利益博弈并存，商业与社会的种种新旧问题必将层出不穷，这就要求笔者客观、准确、深入地分析中国男子篮球职业联赛的治理现状，科学地构建联赛治理的内容体系。本书通过三个方面体现联赛治理内容体系构建的科学性：第一，要以中国男子篮球职业联赛治理的客观事实为基础；第二，要以中国特色的治理理论、社会责任理论研究成果为依据；第三，选用科学严谨、步骤清晰的研究方法。只有这样，才能得到客观、准确的中国男子篮球职业联赛的治理内容体系。

6.1.2 针对性原则

针对性原则是指中国男子篮球职业联赛治理内容的确立要做到"三个针对"：治理内容要针对中国男子篮球职业联赛现存的诸多问题，瞄准中国男子篮球职业联赛治理的难点、痛点，力求凸显关乎中国男子篮球职业联赛发展的桎梏与瓶颈；治理内容要针对习近平总书记"以人民为中心"的价值导向，通过适切的治理内容把握好治理方向、体现治理价值；治理内容要针对《体育强国建设纲要》的战略任务与要求，以中国男子篮球职业联赛自身发展促进体育强国建设。

6.1.3 可操控性原则

可操控性原则指中国男子篮球职业联赛治理内容的指标在联赛和俱乐部实体层面是可

控的。首先，治理内容的确立在指标的表述上是清晰的，不能过于笼统、模糊，单一二级指标涵盖的范围也不能过大，否则不便于联赛治理主体的操控；其次，在时间维度上，基于社会责任的治理内容的确立，要考量治理主体，尤其是职业俱乐部现阶段对职业体育组织社会责任的认知基础，尽量找出二者之间的"最近发展区"，不能不考虑联赛与俱乐部现阶段的发展实际，力争拉近理论与实践之间的距离。

6.2 中国男子篮球职业联赛治理内容体系的确立

对于中国男子篮球职业联赛治理内容体系的确立，本章采用文献资料法、逻辑分析法以及经验选择法，结合此前所述中国男子篮球职业联赛治理的起点逻辑与价值逻辑，首先探讨了中国男子篮球职业联赛治理内容与社会责任内容的关系，其次对中国男子篮球职业联赛社会责任内容类型进行了初步划分，然后筛选出契合联赛治理内容的八个主题以及每一主题的二级指标，最后采用德尔菲法。经过两轮专家意见征询，在专家意见的量化指标达到要求的基础上，最终确定中国男子篮球职业联赛的治理内容体系。

6.2.1 中国男子篮球职业联赛治理内容与的关系

经前文第二章公司治理与企业社会责任的关系分析，公司治理与企业社会责任的理论同源与发展共生使二者关系密不可分，而公司治理与企业社会责任发展在内容层的趋同与目标层的一致，也为二者的融合提供了广阔的空间。笔者认为，随着职业体育组织社会责任内涵与外延的拓展，中国男子篮球职业联赛治理与中国男子篮球职业联赛社会责任之间具有互动和共进的关系。通过对中国男子篮球职业联赛治理历程的回顾与分析，通过对中国男子篮球职业联赛治理起点逻辑与价值逻辑的探究，中国男子篮球职业联赛社会责任现存的问题也是中国男子篮球职业联赛治理需要解决的主要问题。中国男子篮球职业联赛治理存在的多重矛盾与问题能够通过中国男子篮球职业联赛主体社会责任的内化而完成，而中国男子篮球职业联赛的健康可持续性发展必须强化社会责任行为。因此，从中国男子篮球职业联赛治理与社会责任关系的视角来看，中国男子篮球职业联赛治理应探讨的是中国男子篮球职业联赛各治理主体如何建立富有效能的治理体系，从而使联赛社会责任得到有效的执行，以达到商业价值和社会价值双重聚合的价值目标。在内容层面，中国男子篮球职业联赛治理内容与中国男子篮球职业联赛社会责任内容理应是趋同的。

6.2.2 中国男子篮球职业联赛治理内容相关主题的分类

6.2.2.1 中国男子篮球职业联赛治理内容类别的确立

公司社会责任抑或职业体育组织社会责任的分类尚无统一和权威的标准，例如，马滕（Matten）将企业社会责任分为隐性和显性企业社会责任。章竟[30]认为，企业社会责任从可执行角度具有刚性社会责任、约束社会责任和自愿社会责任三个层次。韩炜、荣思军[51]认为，职业体育组织与社会之间的关系逐步向广度与深度发展，将职业体育组织社会责任的具体内容概括为必做之事、应做之事和愿做之事三个层次。同样，职业体育组织社会责任内容主题及其表述也是复杂的，如前文第二章中的表2.2所列，不同学者依据职业体育自身特性对于职业体育组织应该承担的社会责任内容进行了深入研究，但因视角及表述方式不同，对于职业体育组织社会责任具体内容的认知各不相同，综合起来则涵盖：经济责任、法律责任、道德责任、慈善责任、公平竞争责任、教育责任、社区责任、关系责任、领导责任、伦理责任、战略责任、利益关系人责任、文化责任、公益责任、竞技责任、文化传播责任、环境保护责任、公司治理责任、竞技实力平衡责任、消费者权益责任、运动员劳动权益责任等多达二十几种的责任表述[145]。但企业社会责任研究知名学者卢代富认为："企业社会责任成为一种无所不包的'大杂烩'，将使企业社会责任作为一种理论构架基本概念的科学性和生命力存在疑问"[119]。不仅在理论上迷失，而且在实践与应用上也是不适宜的。

同样，基于中国男子篮球职业联赛现阶段的实际情况，复杂的治理主题与模糊多样的分类标准对于联赛治理将不具有清晰的理论指导性与现实可操作性。中国男子篮球职业联赛在多数俱乐部尚未盈利又面临严重疫情影响的当前，履行过于全面的社会责任是不现实的，必须选择与联赛主要矛盾或者"痛点"密切相关的社会责任并融入治理之中。因此，依据中国男子篮球职业联赛治理内容体系构建的针对性与可操控性原则，结合中国男子篮球职业联赛在商业、社会、后备人才、文化传播等方面的多重问题，本书首先将中国男子篮球职业联赛治理内容划分为紧迫性综合责任与核心利益相关者责任两大类。中国男子篮球职业联赛治理的紧迫性综合责任是指中国男子篮球职业联赛在治理过程中迫切需要解决的，关乎联赛生存与发展的责任内容。因此，中国男子篮球职业联赛治理紧迫性综合责任内容包括：经济责任、文化传播责任、后备人才责任。

6.2.2.2　中国男子篮球职业联赛核心利益相关者的识别

所谓利益相关者，在美国经济学家弗里曼（Freeman）给出经典定义之后，在后续利益相关者概念的阐述中，"实物、人力以及财务等专用性投资""承担经营风险性""与企业的关联性"等条件也被列为识别企业利益相关者的核心要素。由于供给侧与需求侧运行结构的复杂性、经济利益与社会利益兼顾的双重性，决定了中国职业体育联赛利益相关者群体是广泛的，见表6.1所列。部分学者对职业体育利益相关者进行识别，不同学者对于职业体育利益相关者的内涵与外延理解不一，职业体育利益相关者描述涵盖协会、俱乐部、运动员、社区、球迷、赞助商、教练员、政府等。

表6.1 体育学者关于职业体育利益相关者识别的列表

学者	职业体育利益相关者
杨涛	政府、足协、中超公司、职业足球俱乐部、相关媒体、赞助商、投资商、器材设备与人力资源供应商、观众、社区
崔鲁祥	核心利益相关者:俱乐部、项目协会、运动员和教练员,中间利益相关者:裁判员、赞助商、政府、媒体、观众,边缘利益相关者:项目运营公司、比赛场馆、广告商、中介等
袁春梅	运动员、教练员、裁判员、赞助商、媒体、俱乐部、经纪人、观众
陈存志	政府、主办组织者、赞助商、社区、赛事生产者(运动员、教练员和裁判员)、管理者、媒介、观众等
骆雷	核心利益相关者:举办地政府、赛事所有权人、赛事主办机构、社区、赞助商,蛰伏利益相关者:媒体、赛事参与者与观众,边缘利益相关者:工作人员、其他边缘利益相关者
黄海燕	赛事主办组织、赛事所有权人、举办地政府、主办社区、媒体、赞助商、赛事观众、赛事参与者(运动员、裁判员及教练员)
杜丛新	内部的利益相关者:股东、球员、教练员和员工,外部的利益相关者:球迷、观众、社区、城市、赞助商、媒体和政府

利益相关者在权利性、重要性、主动性和紧急性四个层次上是有差异性的,中国男子篮球职业联赛需要提升治理效能,就必须识别联赛核心利益相关者。在企业核心利益相关者的诸多概念中,"能够影响企业目标以及生存与发展""进行高专用性投资"是企业核心利益相关者的两大特征,一般是指核心股东、管理者、员工。那么,对应中国男子篮球职业联赛就是CBA公司、俱乐部、球员。但实际中核心利益相关者状态并不具有"固定的特性",其构成在实际研究中完全可能是动态的[146]。由于中国男子篮球职业联赛存在小规模、低水平供给,球迷消费意愿不高的特点,应将球迷、社区等能够影响联赛以及俱乐部生存与发展的群体也纳入联赛核心利益相关者的范畴,并加以重点关注;当前,中国男子篮球职业联赛版权价值有限,比赛日收入偏低,赞助费用是联赛收入的支柱,赞助商由于投入了高专用性资产,也是联赛核心利益相关者;裁判员作为中国篮协雇佣的稀缺性专门人才对联赛投入专用人力资本,其判罚对比赛结果起决定性作用,公正与否严重影响联赛声誉的好坏,所以本书也将裁判员纳入联赛核心利益相关者。而CBA公司及各俱乐部作为联赛管理者及股东,本质上也是联赛核心利益相关者,但就治理层面而言,CBA公司及各俱乐部作为联赛的治理主体,本身就以制度和管理决策通过影响多方利益相关者进而影响联赛,所以本书并没有将二者纳入中国男子篮球职业联赛核心利益相关者的主题内容。因此,中国男子篮球职业联赛核心利益相关者责任涵盖:球迷责任、社区责任、球员责任、赞助商责任、裁判员责任。

6.2.3 中国男子篮球职业联赛治理具体内容的初步筛选

6.2.3.1 紧迫性综合责任

(一)经济责任

在企业社会责任理论发展中素有部分责任与综合责任之争,其中关键点是经济责任的争论,有部分学者始终认为企业社会责任是经济责任以外的责任。但从理论层面来讲,无论是在管理学界影响很大的卡罗尔的"企业社会责任四模型",还是"三重底线定义",抑或国际标准ISO 26000的社会责任定义，企业社会责任较多指向综合责任，经济责任均为不可或缺的重要组成部分。从实践层面来讲，2019年与2020年中超、中甲职业足球俱乐部在经营不善与资本投资趋于理性的双重影响之下频频退出，已经给予职业篮球以风险警示。因此，无论是响应国家体育产业发展政策，还是中国男子篮球职业联赛与俱乐部自身稳定发展的战略需求，以及体育强国建设的要求；无论是对中国男子篮球职业联赛声誉、公信力以及健康形象负责，还是对广大球迷、观众以及球员、员工负责，经济责任在当前阶段都应成为中国男子篮球职业联赛的核心责任。

韩炜、荣思军[51]认为，职业体育市场经营活动的成功取决于运动竞赛表演产品的质量以及产品推介所带来的商业利益两个重要因素，经济责任是指职业体育组织通过销售所生产的竞赛表演产品以获取足够的利润而保证组织生存和发展的责任。韩炜提出的职业体育组织经济责任相关内容，如图6.1所示。而对于中国男子篮球职业联赛以及俱乐部来说，其经济责任显然不仅仅局限于其销售所产生的利润，还应包含其品牌价值等无形资产以及避免过度的不计成本的投入等方面。

因此，中国男子篮球职业联赛关于经济主题的治理内容包含：提升联赛品牌价值，扩大联赛粉丝基数，提高比赛日收入，增加俱乐部商务开发权益，推动俱乐部IP及衍生品开发，完善俱乐部薪酬体系，改造升级场馆以提升赛事体验，推进俱乐部财务透明化等八个方面。

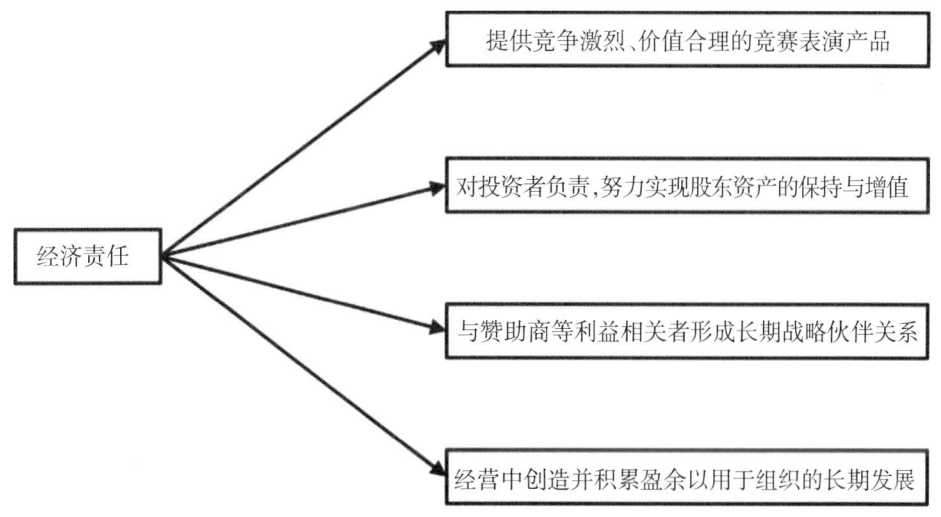

```
经济责任 ──→ 提供竞争激烈、价值合理的竞赛表演产品
         ──→ 对投资者负责，努力实现股东资产的保持与增值
         ──→ 与赞助商等利益相关者形成长期战略伙伴关系
         ──→ 经营中创造并积累盈余以用于组织的长期发展
```

图6.1　韩炜提出的职业体育组织经济责任相关内容

（二）文化传播责任

文化传播责任是指职业体育组织在价值观导向、社会表率和教化功能等方面承载的责任。职业体育文化是职业体育赛事不可或缺的重要特征。文化的铸造力使职业体育赛事更加完善与丰富，浸透着文化气息，使职业体育赛事更具有魅力，获得更多球迷的认同感；文化的浸润也使职业体育赛事的社会影响力不断扩大。各个国家的职业体育组织都在积极地塑造、培育和传播自己的具有本土特色的职业体育文化，美国职业篮球联赛一直在宣扬

"无NBA不篮球"的文化；在英国，一家几代人支持一支英超球队的故事屡见不鲜；对于巴西的孩子来说，足球就像水和空气一样无处不在。

中国男子篮球职业联赛经过二十多年的发展，在制度建设和商务开发上已经初具成效，然而表演供给质量不高、观众消费意愿不强、赛事规模偏小始终是发展的瓶颈。倘若缺乏文化的底蕴，不推动职业篮球文化融入社会生活，将难以形成真正的产业链条和规模。中国男子篮球职业联赛文化的传播与浸润、社会责任的内化与履行是联赛突破桎梏的重要路径。因此，以社会主义核心价值观为基准，传播团体与个人突破自我、追求卓越的职业体育精神，并通过挖掘相应的素材，增强职业体育文化黏性，使职业篮球联赛真正贴近并融入社会生活，是中国男子篮球职业联赛治理的重要内容。本书关于文化传播主题的治理内容初步拟定为：创设极富文化内涵的联赛纪录片与广告宣传片；讲好体现社会主义核心价值观的篮球故事；发掘素材，拉近职业篮球与生活的距离；推广职业篮球的惠民文化；吸收欧美职业篮球文化的精髓。

（三）后备人才培养责任

后备人才培养责任是当前阶段中国男子篮球职业联赛相对较为紧迫与特殊的综合社会责任。中国男子篮球职业联赛需要飞速发展，必然离不开稳定、高效的人才培养与输送体系，竞技篮球后备人才在数量与质量上的不足严重影响了中国男子篮球职业联赛的职业化进程。竞技篮球后备人才培养质量的不足制约联赛竞技表演的质量供给；高水平竞技篮球人才数量的短缺也是球员转会流动不畅的重要原因；竞技篮球人才培养不力导致国家队在世界大赛表现不佳、成绩下滑，直接降低了球迷对联赛的观赛欲望与情感维系。从社会嵌入的视角来看，中国男子篮球职业联赛后备人才培养的窘境与我国竞技篮球早期的封闭发展与学校体育、群众体育的孤立密不可分。中国男子篮球职业联赛与俱乐部要治理后备人才的瓶颈，必须真正从思维与实践上走出竞技篮球封闭的场域，主动融入学校体育和群众体育，与教育部门深层次、广范围合作，在教练员人力资源与训练资源上给予帮扶，真正解决好梯队球员读书问题和学生球员训练比赛问题，进行深度"职教融合"。

本书关于后备人才培养主题的治理内容初步拟定为：建立多元培养模式的协作与沟通机制；职教融合，实现资源互输；完善中国男子篮球职业联赛选秀制度；与教育部协作，打造中学生比赛品牌赛事；提高选材及训练的科学性；加大俱乐部梯队的人才培养投入。

6.2.3.2 核心利益相关者责任

（一）球迷责任

球迷是联赛的根基，是联赛文化传播的"标靶"，球迷的基数是决定联赛版权价值的重要因素。职业体育俱乐部成功与否的关键取决于职业体育赛事产品整体质量的优劣，消费者决策的过程是由消费者对于竞赛产品质量的感知所决定的[147]。学者也曾证明球迷对于职业体育俱乐部社会责任的感知也会影响消费者购买行为。"管办分离"初步成功之后，CBA联盟重获中国男子篮球职业联赛的控制权、经营权和收益权，中国男子篮球职业联赛将由原来的"粗放式"管理与经营转向为"细分式"管理与经营，在推广、营销、服务等方面进行全方位的悉心经营；中国男子篮球职业联赛的服务对象将由联赛服务让位于篮管中心等政府机构并真正回归观众和球迷；在观众的情感维系方面，由提升观众观赛体验到通过社会责任增进观众对球队的归属感，从而提升球迷转化率。中国男子篮球职业联盟及各俱乐部如何强化消费者意识，根据球迷的兴趣创建线上个性化产品，是抵御风险的重要举措。此外，鉴于联赛频出的球迷越轨行为，在球迷责任主题中，在增进球迷对联赛以及俱乐部的认同感与归属感的同时，对球迷的科普教育与约束也是必需的。

本书关于球迷主题的治理内容包含：提升球迷观赛体验，以观赛为契机满足球迷的社交需求，增进球迷与球星的交流以提升球迷的幸福感，引导球迷参与篮球等全民健身活动，增强球迷对球队的归属感，利用公众号对球迷进行科普教育，为球迷参与治理提供平台，遏制球迷的越轨行为。

（二）社区责任

在欧美国家，职业体育俱乐部为提升声誉和亲和度以及满足城市居民观赏、消费的需要，应努力扎根、经营城市社区。城市社区成为职业体育俱乐部扩大球迷基础、促进俱乐部形成良好生态环境的主阵地，也应成为培育职业体育消费市场的主战场[130]。在国内外职业体育组织社会责任内容研究中，诸多学者都将社区责任列为主要议题之一。如张森[58]认为，俱乐部的发展规划若以社区为战略阵地，将使俱乐部拥有更好的品牌效应和更多忠诚的球迷群体。张森提出的职业体育社区责任相关内容，如图6.2所示。而社区居民受到俱乐部在健康教育层面的帮扶，或者受到俱乐部生活便利及现金实物上的帮助，将使其成为俱乐部竞赛表演及衍生品的忠实消费者，进而提升俱乐部的绩效和价值创造。然而，回归到职业体育场域，笔者在访谈中了解到，CBA俱乐部普遍缺乏为社区居民提供生活、锻炼、教育、慈善等方面帮扶的责任意识。基于俱乐部的声誉，其更为重视影响力较大的慈善活动，职业篮球俱乐部并没有扎根社区悉心经营的意识与行为。相反，国外知名职业体育联赛则非常重视社区责任，通过各种以"促进健康"为主题的活动以及融入社区居民生活的帮扶活动，扎根于社区，在社区拥有稳定的粉丝群体。正是因为国外职业体育俱乐部对社区的重视与投入，使国外许多体育赞助商反而更愿意赞助俱乐部，从而更精准地面向消费者群体。

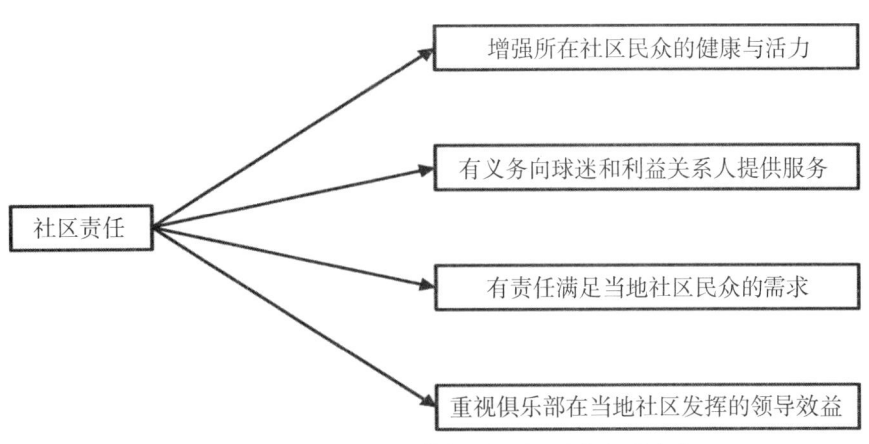

图6.2 张森提出的职业体育组织社区责任相关内容

社区责任
- 增强所在社区民众的健康与活力
- 有义务向球迷和利益关系人提供服务
- 有责任满足当地社区民众的需求
- 重视俱乐部在当地社区发挥的领导效益

关于中国男子篮球职业联赛社区主题的治理内容包括：引领与指导社区的全民健身活动，帮助开展社区的青少年教育活动，关爱社区弱势群体，支持并融入社区的校园篮球活动，定期开放场馆共享的体育设施，与社区居民良好互动并融入社区生活。

（三）球员责任

球员是中国男子篮球职业联赛最重要的人力资源，是联赛系统运行的核心组件。球员群体在中国男子篮球职业联赛的形象、表演质量、商业价值、文化传播等方面都起到决定性作用，也是中国男子篮球职业联赛社会责任的重要践行者。中国男子篮球职业联赛与俱乐部要对球员的安全与成长负责，营造积极向上的文化氛围，采取合理的薪酬制度、管理制度、培训体系来保障球员的权利与义务。虽然国际标准化组织发布的ISO26000（组织社会责任标准）对劳工实践作出了全面的概括，但在以往的研究文献中，关于球员责任内容的研究较少，见表6.2所列。仅有杜丛新、谭江波[148]，宋冰（2017）[70]对职业体育球员责任的内容进行了探究。

表6.2　球员责任相关内容

单位或学者	球员责任内容
ISO26000	就业与雇佣关系、工作条件与社会保护、社会对话、工作中的健康与安全、发展与培训
杜丛新、谭江波	合理可行的薪酬体系、保障运动员的各项基本权利、细化队员梯队建设、提供培训机会、完善医疗体系和训练设施
宋冰	提升联赛运动员专业技术水平、保障运动员的合法收入、提供良好的训练比赛条件、为运动员提供科学的职业规划、树立运动员良好的社会形象、为运动员提供人文关怀、建立良好的运动员激励机制、为提供运动员社会保护

目前，对于球员责任的界定多聚焦于薪酬、教育、保障等要素，但对于球员自身的约束以及参会治理的权利尚未体现。而在美国职业篮球联赛等国外知名职业体育联赛中，球员以球员工会为平台参与联盟治理的事例屡见不鲜，也被纳入法律保障范畴。2020年，中国男子篮球职业联赛出台新的工资帽制度，将球员分成五个类别、六种合同，其中顶薪球员为800万元，税后为440万，旨在构建球员的完整的薪酬体系，稳定俱乐部财政的投入与支出，加速球员流动。但是，由于大幅度压低了顶级球员的薪资待遇，且中国男子篮球职业联赛工资帽制度并不像美国职业篮球联赛一样由联盟、俱乐部老板以及球员工会三方商议而成，存在与《中华人民共和国劳动法》《中华人民共和国体育法》中"劳动者薪酬"条例精神不符的法律漏洞，没有尊重与保障球员作为联赛核心主体群体的话语权和利益，也引发了关于球员话语权以及参与治理权益的进一步讨论。

本书关于球员主题的治理内容初步拟定为：树立球员良好的社会形象，为球员提供科学的职业规划，建立良好的球员激励机制，为球员提供人文关怀，建立严格的球员训练管理制度，成立球员工会确保球员的应有权利与承担义务。

（四）赞助商责任

中国男子篮球职业联赛作为国内体育"头部"赛事，在联盟获得经营权和商务权后，在体育产业投资赞助热潮涌动下，已经拥有涵盖官方主赞助商、官方战略合作伙伴、官方合作伙伴、官方赞助商、官方供应商、媒体合作伙伴、官方计时等7级21家赞助商。赞助商是中国男子篮球职业联赛市场化的支撑，通过赞助联赛获取更多的曝光，企业的知名度、品牌价值和产品销量都将有所提升。而中国男子篮球职业联赛通过赞助商获得直接的经济收益，支撑联赛的运转与发展，并对篮球项目推广、青训以及女子篮球发展作出贡献。在中国男子篮球职业联赛版权价值受限、比赛日收入偏低的情况下，商业赞助费成为助力中国男子篮球职业联赛发展的重要来源。因此，如何处理好与赞助商的关系，达到互惠共生，也是CBA联盟治理的重要内容之一。

遵从中国男子篮球职业联赛的治理逻辑，不能损害赞助商的利益。如何与赞助商互惠共生，助力商业价值与社会价值双重聚合目标的实现，是中国男子篮球职业联赛治理内容的主要议题。而且，如何消解赞助商担忧并获取稳定支持，如何与赞助商建立应对风险的利益协调机制，也是联赛治理的重要方面。因此，本书关于赞助商主题的治理内容初步拟定为：与赞助商互惠共生以实现品牌共振，利用赛场及数字媒体增加赞助商品牌的可见性，与赞助商协作并开展影响力较大的慈善活动，严禁损害赞助商利益的行为，与赞助商建立风险应对利益协调机制。宋冰提出的中超联赛赞助商责任相关内容，如图6.3所示。

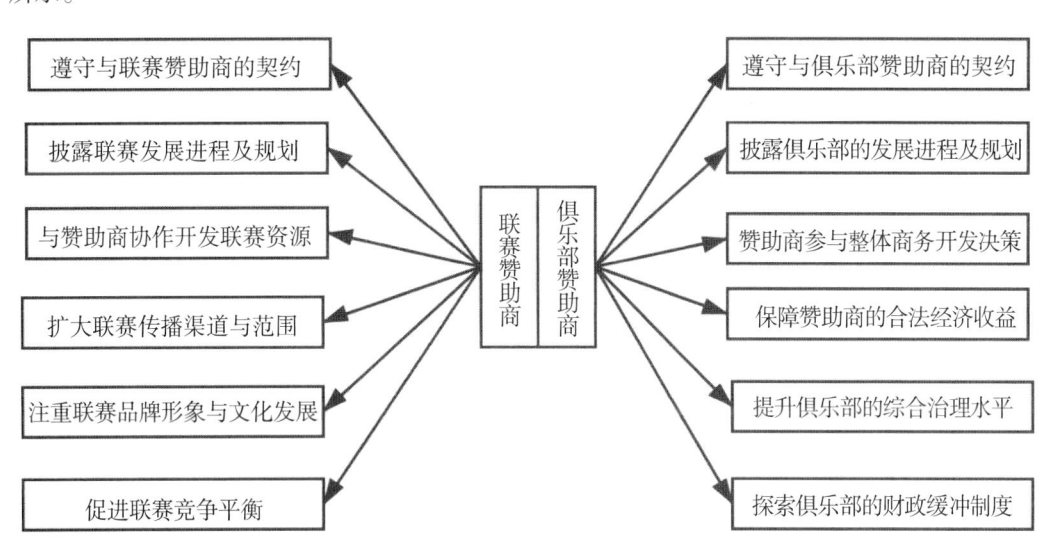

图6.3 宋冰提出的中超联赛赞助商责任相关内容

（五）裁判员责任

篮球裁判员是篮球比赛中的重要元素，关键时刻的判罚不仅直接左右比赛的结果，而且严重影响球迷对比赛公平性的感知。中国男子篮球职业联赛的治理需要高水平的职业化运作。而裁判员的管理仍然采用业余化的管理模式，严重阻碍了中国男子篮球职业联赛职业化的进程。因此，如何提高中国男子篮球职业联赛裁判员的执裁能力，培养与储备一批具有道德素质高、业务技能强、临场经验丰富、心理素质稳定的高水平裁判员队伍，以及采取什么样的治理手段激励以及约束裁判员的行为，避免外部因素干扰赛场公平，也是中国男子篮球职业联赛治理的内容之一。本书关于裁判员主题的治理内容初步拟定为：建立科学的中国男子篮球职业联赛裁判遴选机制，营造良好的执裁环境，维护裁判员的赛场权威，建立裁判员的绩效考评体系，树立裁判员积极正面的社会形象，建立裁判员动态的薪酬福利制度，建立裁判员针对性的培训学习制度。

6.2.4 中国男子篮球职业联赛治理内容指标的进一步修正

在利用文献资料与专家访谈确定了基于社会责任的中国男子篮球职业联赛治理内容的初始指标后，本书设计调查问卷并利用德尔菲法通过专家意见征询来逐步修正指标。

德尔菲法有4个基本特征。(1)匿名性，让任何成员的意见都只按意见本身的价值去评价，而避免受其他发表意见人的声誉、地位的影响。(2)反馈性，经过几轮调查和反馈，每一轮都把收集到的意见统计处理后反馈给专家，经过这种信息反馈，使成员的意见逐步集中。(3)收敛性，要求参加调查的专家参照上一轮结果进行回答，在反复进行数轮之后，通过匿名方式交换意见，使专家的意见相对集中起来，从而形成综合意见。(4)统计性，对专家的回答进行统计处理，最后得到一个定量的预测结果[149]。

首先，中国男子篮球职业联赛的治理需要透过现象看本质，有一定深度，而长期关注中国男子篮球职业联赛理论与实践相关研究的专家学者较少。其次，关于中国男子篮球职业联赛的社会责任并没有得到广泛的关注，更缺乏联赛治理与社会责任之间的联系。因专业性及学者的认知不足，笔者无法通过大量样本的调查以进行联赛治理内容体系的构建。中国男子篮球职业联赛治理的复杂性，中国男子篮球职业联赛诸多的表象问题由联赛治理主客体利益博弈在时空维度层的交汇而产生，联赛许多局部性问题的治理与联赛整体治理效能的提升及"双重聚合"价值目标的达成呈非线性关系，居一隅而难以概全貌。因此，笔者利用德尔菲法并通过反复的思维变换和专家意见聚合，能够满足本书的需求。

6.2.4.1 变异系数计算结果及分析

变异系数是专家对某一指标重要性评价的波动程度，可以反映专家对某条目判断意见的一致性，或是否存在分歧及分歧的程度。变异系数越小说明专家的协调程度越高，通常认为变异系数应该小于0.25。变异系数为标准差和平均值的比率。计算公式为式6-1：

$$CV_j = \frac{\sigma_j}{M_j} \qquad (6-1)$$

其中，CV_j是指j指标评价的变异系数，σ_j是j指标的标准差，M_j是j指标的平均数。肯德尔协调系数W是咨询结果可信度的，是指所有专家对全部指标给出的评价意见是否存在较大分歧。W值介于0~1之间，数值越大代表专家意见的协调程度越高。研究表明，经过二至三轮咨询后，协调系数一般在0.4~0.5之间波动。协调系数W的计算公式为式6-2、式6-3：

第六章 基于社会责任的中国男子篮球职业联赛治理内容体系

$$W = \frac{S}{\frac{1}{12}K^2(N^3-N) - K\sum_{i=1}^{k} M_j T_i} \tag{6-2}$$

$$T_i = \sum_{i=1}^{m}(n_{ij}^3 - n_{ij})/12 \tag{6-3}$$

式中，N 为被评的对象数，K 为评分者人数或评分所依据的标准数，S 为每个被评对象所评等级之和 R_i 与所有这些和的平均数的离差平方和。这里 M_i 为第 i 个评价者的评定结果中有重复等级的个数，n_{ij} 为第 i 个评价者的评定结果中第 j 个重复等级的相同等级数[150]。对于评定结果无相同等级的评价者，$T_i = 0$，因此只需对评定结果有相同等级的评价者计算 T_i。

见表6.3所列，笔者将第一轮专家咨询表进行数据的录入与计算（具体计算公式与方法在研究方法中已经介绍），最终发现大多数治理内容得到专家的认可。但有7项内容的变异系数大于或者等于0.25，说明专家对这7项内容的认可度存在较大分歧。这7项内容分别是：限制俱乐部不计成本投入，推广职业篮球的惠民文化，利用公众号对球迷进行科普教育，遏制球迷的越轨行为，支持并融入社区的校园篮球活动，定期开放场馆以共享体育设施，建立裁判员绩效考评体系。

在第一轮专家征询过程中，对专家提出的意见进行总结并分析，针对这几项指标的具体意见如下。

（1）有专家提出CBA俱乐部在发展过程中投入过大，这种观点有一定合理性。国外众多知名职业体育俱乐部同样存在投入较大问题，且是不可避免的。但多数CBA俱乐部投入结构性失衡，在后备人才梯队搭建与俱乐部自身软硬件建设方面投入较少，普遍在外援引进与国内球星薪资待遇上投入较大。笔者深为赞同这种观点，限制俱乐部不计成本投入的描述不够准确。

（2）在文化传播主题中，推广职业篮球惠民文化专家变异系数为0.25，说明专家因理论与实践背景不同而对此项指标的认知度存在较大差异。但中国男子篮球职业联赛文化的建设是职业篮球高质量内涵式发展的关键，而推广职业篮球惠民文化是实现中国男子篮球职业联赛目标价值的关键，能够体现本书的立意与主旨，所以继续保留。

（3）在球迷责任主题中，职业篮球俱乐部专家认为利用公众号对球迷进行科普教育效果有限，尤其在因疫情停赛期间，CBA公司也在要求各俱乐部通过抖音和快手等短视频平台吸引球迷。在短视频时代，微信公众号的影响力已经严重下降。

（4）遏制球迷越轨行为的指标。有专家认为中国篮协以及各俱乐部一直重视防范球迷越轨行为的工作，但效果不佳，这一指标的提出缺乏新意，没有明确的指向，需要调整。

（5）有专家认为f4"支持并融入社区校园篮球活动"与前面的f1与f2有重复的地方。此前，全面健身活动与青少年教育应涵盖了帮助与支持社区校园篮球活动。CBA公司应该制定政策，鼓励俱乐部球星多到社区从事公益活动以及联赛与俱乐部的推介活动。

（6）关于定期开放场馆共享体育设施。有专家认为，CBA俱乐部与欧美许多职业篮球俱乐部不同，多为轻资产。多数篮球俱乐部所使用的主场篮球场馆隶属于当地政府、体育局，甚至租用大学场馆，俱乐部无权开放。这也造成职业篮球俱乐部在退出估价清算时价格极低，俱乐部能为社区居民提供的训练硬件设施较少，指标需要调整或者删除。

（7）关于裁判员责任主题中，专家认为h4"建立裁判员绩效考评体系"与h6"建立裁判员动态薪酬福利制度"的指标体系有重叠之意，应"建立因裁判员漏判、误判、错判等引起的破坏联赛声誉事件的应对与公关机制"的指标体系。

此外，专家提出的意见还包括：c4"与教育部协作打造中学生比赛品牌赛事"，有两位专家均提到关于中学生赛事，已有NBA中国与教育部协作打造的JR NBA赛事，但其宣传效果大于对后备人才培养的意义，CBA公司及俱乐部应与教育部门协作提升中学生比赛质量，共建青训体系；将d3"建立良好的球员激励机制"修改为"建立适宜的球员奖惩机制"，许多俱乐部缺乏对球员赛场内外行为的惩戒措施。

因此，针对第一轮专家征询意见，对第二轮内容框架进行修改。（1）经济主题中，将a6"限制俱乐部不计成本投入"修改为"完善俱乐部薪酬体系"。（2）后备人才主题中，将c4"与教育部协作提升中学生比赛品牌赛事"修改为"与教育部协作共筑青训体系"。（3）球员主题中，将d3"建立良好的球员激励机制"调整为"建立良好的球员奖惩制度"。（4）球迷主题中，将e6"利用公众号对球迷进行科普教育"调整为"利用快手、抖音等短视频平台对球迷进行科普教育"；将e8遏制球迷越轨行为调整为"德法并重，遏制球迷越轨行为"。（5）将社区主题中f4"支持并融入社区校园篮球活动"修改为"定期组织球星进入社区从事公益活动与赛事推介活动"；删除f5"定期开放场馆共享体育设施"。（6）将裁判员主题中h4"建立裁判员绩效考评体系"修改为"建立裁判员绩效考评与动态薪酬制度"；删除h6"建立裁判员动态薪酬福利制度"，增添"建立因判罚引起重大舆论事件的应对机制"。

依据上述问题对问卷修改之后，再次将专家咨询表发给16位专家，进行第二轮专家咨询。经数据统计得出第二轮专家咨询的结果，见表6.3所列。所有治理内容变异系数均小于0.25，说明专家对治理内容重要性评价波动幅度较小，判断意见一致性较高。

表6.3 两轮专家咨询变异系数汇总表

主题	治理内容	第一轮专家咨询结果			第二轮专家咨询结果		
		平均值	标准差	变异系数	平均值	标准差	变异系数
经济	a1提升联赛品牌价值	4.73	0.65	0.14	5.00	0.00	0.00
	a2扩大联赛粉丝基数	4.73	0.47	0.10	4.82	0.40	0.08
	a3提高比赛日收入	3.64	0.63	0.17	4.00	0.00	0.00
	a4增加俱乐部商务开发权益	4.64	0.50	0.11	4.91	0.30	0.06
	a5推动俱乐部IP及衍生品开发	4.36	0.67	0.15	4.64	0.50	0.11

续表

主题	治理内容	第一轮专家咨询结果			第二轮专家咨询结果		
		平均值	标准差	变异系数	平均值	标准差	变异系数
经济	a6限制俱乐部不计成本投入（第二轮调整为"完善俱乐部薪酬体系"）	3.36	1.03	0.31	4.36	0.50	0.11
	a7改造升级主场球馆	4.18	0.75	0.18	4.82	0.40	0.08
	a8推进俱乐部财务透明化	3.82	0.87	0.23	4.55	0.52	0.11
文化传播	b1创设极富文化内涵的联赛纪录片与广告宣传片	4.64	0.50	0.11	4.91	0.30	0.06
	b2讲好体现社会主义核心价值观的篮球故事	4.55	0.69	0.15	4.82	0.40	0.08
	b3发掘素材拉近职业篮球与生活的距离	3.73	0.79	0.21	4.45	0.52	0.12
	b4推广职业篮球的惠民文化	4.09	0.83	0.21	4.55	0.52	0.11
	b5吸收欧美职业篮球文化精髓	3.36	0.72	0.21	4.00	0.00	0.00
后备人才	c1建立多元培养模式的协作与沟通机制	4.64	0.67	0.14	4.91	0.30	0.06
	c2"职教融合"实现资源互输	4.64	0.50	0.11	4.91	0.30	0.06
	c3完善CBA联赛选秀制度	4.73	0.65	0.14	5.00	0.00	0.00
	c4与教育部协作提升中学生比赛品牌赛事（第二轮调整为"与教育部协作共筑青训体系"）	3.91	0.94	0.24	4.27	0.47	0.11
	c5提高选材及训练科学性	4.82	0.60	0.12	5.00	0.00	0.00
	c6加大俱乐部梯队人才培养投入	4.55	0.82	0.18	4.82	0.40	0.08
球员	d1树立球员良好社会形象	4.82	0.40	0.08	5.00	0.00	0.00
	d2为球员提供科学的职业规划	4.55	0.69	0.15	4.45	0.52	0.12
	d3建立良好的球员奖惩制度	4.64	0.67	0.14	4.36	0.50	0.11
	d4为球员提供人文关怀	4.45	0.69	0.16	4.36	0.50	0.11
	d5严格的球员训练管理制度	4.55	0.82	0.18	4.45	0.52	0.12
	d6成立球员工会确保球员应有权力与承担义务	4.73	0.47	0.10	5.00	0.00	0.00
球迷	e1提升球迷观赛体验	4.55	0.82	0.18	4.82	0.40	0.08
	e2以观赛为契机满足球迷社交需要	4.00	0.77	0.19	4.73	0.47	0.10

续表

主题	治理内容	第一轮专家咨询结果			第二轮专家咨询结果		
		平均值	标准差	变异系数	平均值	标准差	变异系数
球迷	e3 增进球迷与球星交流以提升球迷幸福感	4.36	0.81	0.19	4.82	0.40	0.08
	e4 引导球迷参与篮球等全民健身活动	4.00	0.77	0.19	5.00	0.00	0.00
	e5 增强球迷对俱乐部归属感	4.27	0.79	0.19	4.82	0.40	0.08
	e6 利用公众号对球迷进行科普教育（第二轮调整为"利用短视频平台进行科普教育"）	3.27	1.01	0.31	4.00	0.45	0.11
	e7 为球迷参与治理提供平台	3.64	0.67	0.18	5.00	0.00	0.00
	e8 遏制球迷越轨行为（第二轮调整为"德法并重遏制球迷越轨行为"）	4.36	1.03	0.24	4.73	0.47	0.10
社区	f1 引领与指导社区全民健身活动	3.82	0.68	0.17	4.64	0.50	0.11
	f2 帮助开展社区青少年教育活动	4.23	0.79	0.18	4.82	0.40	0.08
	f3 关爱社区弱势群体	4.00	0.89	0.22	4.10	0.30	0.07
	f4 支持并融入社区校园篮球活动（第二轮调整为"组织球星进入社区从事公益活动"）	4.36	1.03	0.24	4.82	0.40	0.08
	f5 定期开放场馆共享体育设施	4.09	1.04	0.25	删除		
	f6 与社区居民良好互动融入社区生活	4.91	1.04	0.21	4.73	0.47	0.10
赞助商	g1 与赞助商互惠共生实现品共振	4.64	0.50	0.11	4.36	0.50	0.11
	g2 利用赛场及数字媒体增加赞助商品牌可见性	4.45	0.69	0.16	4.27	0.47	0.11
	g3 与赞助商协作开展影响力较大的慈善活动	4.27	0.79	0.19	4.18	0.40	0.10
	g4 严禁损害赞助商利益的行为	4.73	0.47	0.10	5.00	0.00	0.00
	g5 与赞助商建立风险应对利益协调机制	4.45	0.52	0.12	4.27	0.47	0.11
裁判员	h1 建立科学的CBA裁判遴选机制	4.91	0.30	0.06	5.00	0.00	0.00
	h2 营造良好的执裁环境	4.91	0.30	0.06	4.91	0.30	0.06
	h3 维护裁判员的赛场权威	4.82	0.40	0.08	4.82	0.40	0.08

续表

主题	治理内容	第一轮专家咨询结果			第二轮专家咨询结果		
		平均值	标准差	变异系数	平均值	标准差	变异系数
裁判员	h4 建立裁判员绩效考评与动态薪酬体系	4.64	0.50	0.11	4.82	0.40	0.08
	h5 树立裁判员积极正面的社会形象	4.55	0.52	0.11	4.64	0.50	0.11
	h6 建立因判罚引起重大舆论事件的应对机制	4.45	0.82	0.18	4.55	0.52	0.11
	h7 建立裁判员针对性地培训学习制度	4.00	0.77	0.19	4.00	0.00	0.00

6.2.4.2 专家协调系数

从表6.4可以看出，大部分治理内容的肯德尔协调系数均较低，说明专家意见一致性程度较低。同时，球员、社区、赞助商等治理内容的卡方检验的P值大于0.05，说明专家意见可信度较低。从第二轮专家咨询结果看，各项治理内容的肯德尔协调系数处于0.4~0.5，说明专家意见分歧较小，协调程度较高。另外，所有治理内容的卡方检验的P值均小于0.05，说明专家意见可信度较高，结果可取。

表6.4 两轮专家协调系数汇总表

主题	肯德尔协调系数		卡方		渐进显著性	
	第一轮	第二轮	第一轮	第二轮	第一轮	第二轮
经济	0.316	0.452	24.324	34.811	0.001	0.000
文化传播	0.336	0.440	14.784	19.375	0.005	0.001
后备人才	0.182	0.448	10.000	24.643	0.075	0.000
球员	0.063	0.372	3.452	20.476	0.613	0.001
球迷	0.243	0.411	18.721	31.618	0.009	0.000
社区	0.112	0.424	6.145	18.667	0.292	0.001
赞助商	0.083	0.390	3.672	17.161	0.452	0.002
裁判员	0.273	0.456	18.049	30.105	0.006	0.000

6.2.5 基于社会责任的中国男子篮球职业联赛治理内容框架的确立

在经过两轮专家意见征询后，根据专家意见，对基于社会责任的中国男子篮球职业联赛治理内容框架进行了调整,修改调整了5项具体治理内容,删除了3项内容,最终形成了涵盖2种类型、8大主题、50项具体治理内容的中国男子篮球职业联赛治理内容框架,见表6.5所列。

表6.5 基于社会责任的中国男子篮球职业联赛治理内容框架

类型	治理主题	具体治理内容
紧迫性综合责任	经济	a1 提升联赛品牌价值
		a2 扩大联赛粉丝基数
		a3 提高比赛日收入
		a4 增加俱乐部商务开发权益
		a5 推动俱乐部IP及衍生品开发
		a6 完善俱乐部薪酬体系
		a7 改造升级主场球馆
		a8 推进俱乐部财务透明化
	文化传播	b1 创设极富文化内涵的联赛纪录片与广告宣传片
		b2 讲好体现社会主义核心价值观的篮球故事
		b3 发掘素材,拉近职业篮球与生活的距离
		b4 推广职业篮球的惠民文化
		b5 吸收欧美职业篮球文化精髓
	后备人才	c1 建立多元培养模式的协作与沟通机制
		c2 职教融合,实现资源互输
		c3 完善中国男子篮球职业联赛选秀制度
		c4 与教育部协作共筑青训体系
		c5 提高选材及训练科学性
		c6 加大俱乐部梯队人才培养投入
核心利益相关者责任	球员	d1 树立球员良好社会形象
		d2 为球员提供科学的职业规划
		d3 建立良好的球员奖惩制度
		d4 为球员提供人文关怀
		d5 建立严格的球员训练管理制度
		d6 成立球员工会,确保球员应有权利与承担义务
	球迷	e1 提升球迷观赛体验
		e2 以观赛为契机满足球迷社交需要
		e3 增进球迷与球星交流以提升球迷幸福感
		e4 引导球迷参与篮球等全民健身活动
		e5 增强球迷对城市的归属感

续表

类型	治理主题	具体治理内容
核心利益相关者责任	球迷	e6 利用短视频平台对球迷进行科普教育
		e7 为球迷参与治理提供平台
		e8 德法并重,遏制球迷越轨行为
	社区	f1 引领与指导社区全民健身活动
		f2 帮助开展社区青少年教育活动
		f3 关爱社区弱势群体
		f4 组织球星进入社区从事公益活动
		f5 与社区居民良好互动并融入社区生活
	赞助商	g1 与赞助商互惠共生以实现品牌共振
		g2 利用赛场及数字媒体以增加赞助商品牌可见性
		g3 与赞助商协作开展影响力较大的慈善活动
		g4 严禁损害赞助商利益的行为
		g5 与赞助商建立风险应对利益协调机制
	裁判员	h1 建立科学的中国男子篮球职业裁判遴选机制
		h2 营造良好的执裁环境
		h3 维护裁判员的赛场权威
		h4 建立裁判员绩效考评与动态薪酬体系
		h5 树立裁判员积极正面的社会形象
		h6 建立因判罚引起重大舆论事件的应对机制
		h7 建立裁判员针对性的培训学习制度

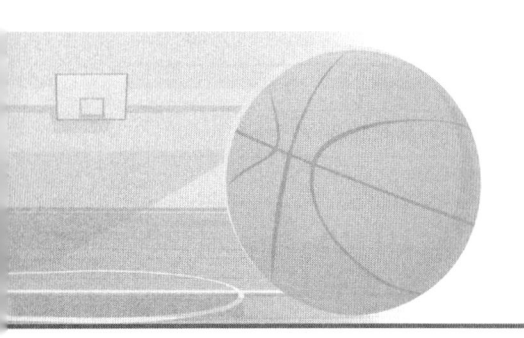

第七章 中国男子篮球职业联赛球迷观赛体验影响因素模型构建

7.1 中国男子篮球职业联赛球迷观赛体验影响因素的提取

7.1.1 提取方法与设计步骤

7.1.1.1 提取方法

（一）扎根理论法

扎根理论法，是指系统化的资料收集与分析，强调理论的发展，且根植于现实资料。本书认真遵循这一理念，不但要重视文献资料的基础，还要注重不断分析和转化资料的互动特性，认真寻找中国男子篮球职业联赛球迷观赛体验的各影响因素，并使其在资料与理论之间互动，从而实现对接。

（二）Nvivo质性分析方法

Nvivo是澳大利亚QSR公司开发的质性分析软件，其最大的优势在于强大的编码功能。在编码的过程中，研究人员可以利用参考链接、备注链接、注解、超链接四种链接，将资料关联整合在一起，还可以通过集合的方式，来对不同类型的对象进行分类，进而简化资料库、方便资料查询。本项目的主要内容是利用Nvivo12软件，对百余篇文章进行了文本的整理，通过对各个节点进行逐一的编码统计，将所得数据以可视化的方式展现出来，并基于可视化的图表，分析其影响因素。

第一个步骤，选择与中国男子篮球职业联赛球迷观赛体验主题相符合的文献，并对文献进行浏览和整理。

第二个步骤，本书与扎根理论相结合，利用Nvivo12质性研究软件，从中国男子篮球职业联赛观赛体验影响因素因子中抽取出核心因子，总共进行了三个层次的编码。首先，使用开放性编码，将中国男子篮球职业联赛球迷观赛体验作为基础，通过对文献资料的阅读与梳理，从而得到了若干自由节点，将其作为整个模型结构的基础层。其次，对与本书内容相关的自由节点进行归纳分类，从而得到子节点，即中间层次的概念范畴。最后，通过对子节点分类进一步地完善处理，确定出最终的核心点，即核心范畴。至此，笔者得到整个中国男子篮球职业联赛球迷观赛体验影响因素的结构关系。

（三）德尔菲法

在对各项影响因子的各个指标优选方面，采用德尔菲法，将初步筛选出的影响因素因子制成问卷，以"一致决定"的形式分发给专家，并对每次汇总后的专家意见进行综合分析。

7.1.1.2 设计步骤

本书经过两个阶段，确定了中国男子篮球职业联赛球迷观赛体验影响因素，分别为初选阶段、优化阶段。初选阶段：运用扎根理论研究法，以Nvivo软件为辅助进行质性分析，提取出中国男子篮球职业联赛球迷观赛体验的初始影响因素；优化阶段：运用德尔菲法对中国男子篮球职业联赛球迷观赛体验影响因素进行优化。

在采用了扎根理论的研究方法的基础上，利用Nvivo软件实现了对资料的层层编码。首先，采用开放式的方式，将相关的信息抽取出来，并将其划分为三个节点。其次，关联性代码将具有与对应内容相同的公开代码素材结合在一起。也就是说，经过再一次的代码，就构成了一个第二级的节点，这个第二级的节点就是整个结构的中层。最终，核心式编码通过质性研究的类属分析法，对二级节点进一步地归纳和整合，最终得到了一级节点。

本文采用德尔菲方法，通过对相关专家进行问卷调查，听取意见及建议，并对回收数据进行全面分析后，删除或修正调查表中的指数因子。

7.1.2 影响因素的初步选取

7.1.2.1 扎根理论法的实践过程

（一）发现问题

在《体育强国建设纲要》的驱动下，提高赛事球迷观赛体验的相关研究已成为当前我国推动体育事业发展领域的重点。同时，加快提高职业体育联赛质量的步伐，也凸显了提高中国男子篮球职业联赛球迷观赛体验的重要性。本书通过扎根理论研究方法和质性分析法，对研究球迷观赛体验影响因素的文献资料进行梳理，提取各研究成果中的有用信息。通过寻找中国男子篮球职业联赛球迷观赛体验的影响因素，分析各影响因素之间的相互关系，以期为中国男子篮球职业联赛球迷观赛体验质量的提高提供有价值的建议，并以此来推动职业联赛的可持续发展，为体育强国建设提供助力。

（二）专家访谈

专家访谈法是使得质性研究分析资料更全面、准确的一种重要获取方法。本书将围绕中国男子篮球职业联赛球迷观赛体验因素的相关核心问题，设计半结构式访谈提纲（附录A），并对从事篮球赛事有关领域的学者和专家深入访谈。在采访之后，把这些学者与专家们的学术见解及其意见与建议，都收集起来，整理形成数据，以供研究分析。

（三）数据收集

从高校图书馆、知网等内部资源库，选取满足一定条件的相关文献进行分析。第一阶段是对"观赛体验""赛事体验""球迷观赛""中国男子篮球职业联赛"等关键字进行高阶检索；第二阶段，为保证研究资料的科学性及权威性，对收集的相关文献进行筛选，选

取文献资料均为学术核心期刊及硕博论文；第三阶段，通过对文章进行逐字仔细的阅读，并对除了在文章的标题和摘要中有关键字的文章外，还将没有出现在文章的标题中，但是与文章主体有关联的文章也一并收纳，最后选出了百余篇文章，以此作为研究的文献资料样本。

（四）文本资料分析

文字频率在文本资料中的变动，能够说明了人们对某件事情的关注程度。根据这一原则，通过Nvivo12这款软件，运用"词云"功能，对收集的文本资料进行筛查，以字体大小的直观形式表达文本的出现频率，从而得到频率变动量较大的关键词语。

（五）范畴归纳

本书在运用扎根理论的研究过程中，通过对收集到的文献及资料进行类别归纳，得到有关概念，从而生成理论。为了提高研究的效果，本书借助Nvivo12软件进行辅助研究。Nvivo12软件是一种定性分析软件。本书主要借助Nvivo12软件对文章、访谈、图片、视频、音频等数据资料进行文本整理，并根据中国男子篮球职业联赛球迷观赛体验影响因素主题，进行逐个节点编码统计后，将所得数据进行可视化呈现。研究者从中快速筛选所需要的信息，从而提高研究效率。

研究的主要步骤如下。

（1）开放式编码，采取开放的形式，对资料进行初步的归纳和整理，确定相关信息为三级节点，此阶段共归纳532个开放式编码。

（2）关联式编码是由对上一步开放式编码的进一步提炼和概括，探究与主题的相关联程度，即对532个开放编码进一步编码，整理后，形成40个相关范畴，并以此作为从属结构的中间层。

（3）核心式编码，进一步对这40个范畴进行提炼，归纳整合得出5个核心范畴。它们分别是"感官体验因素""情感体验因素""交互体验因素""思维体验因素""功能体验因素"。

（六）理论饱和度检验

本书从以下三项步骤进行了理论饱和度检验。

（1）在文献的资料整理中精确细致，严加把控，避免出现遗漏。

（2）在编码时，邀请擅长质性研究的同学一同进行整理归纳，高度概括概念词，并认真比对，力争排除主观因素。

（3）在接下来的实证研究中，对各影响因素进行验证，分析各因素之间的关系。若经过数据检验后全部通过验证，最终判定理论饱和度检验完全达成。

7.1.2.2 初步选取的结果与分析

（一）影响因素的初步选取结果

从逐字逐句的阅读文献，到对类别概念词汇的筛选，再到对"根部"数据的提炼。本研究不仅提炼出最后的精髓，还显示出对中国男子篮球职业联赛球迷的观赛体验产生影响的，除了具体的微观影响因子以外，应该包括将每个微观影响因子综合起来的宏观影响因子，见表7.1所列。

表7.1 中国男子篮球职业联赛球迷观赛体验影响因素的节点归纳

核心编码	主编码	材料来源	参考点
感官体验	比赛的激烈程度	69	72
	场馆主题鲜明富有文化内涵	59	73
	别出心裁的热身活动	50	77
	独具匠心的入场仪式	51	56
	赛场的视听效果	45	66
	球员或球队的赛场表现	78	80
	浓厚的比赛氛围	45	66
	合理的观赛布局	75	80
情感体验	留下一段难忘的回忆	62	80
	宣泄情感	75	89
	球星号召力	87	99
	地方归属感	75	80
	满足球迷的个性化需求	53	55
	比赛的感染力	80	95
	对比赛的期盼	80	85
	赛场主播的氛围烘托	50	77
互动体验	球迷活动可参与度高	19	28
	整洁舒适的观赛环境	69	72
	醒目的指示标语	45	59
	赛事能满足用户的偏好	87	91
	重要时刻的回放	63	75
	赛场统计的呈现	72	80
	球迷对赛场意见和投诉的即时反馈	73	69
	丰富且新颖的趣味性互动	19	28
	赛事周边产品丰富	69	72
	社交软件	45	59
思维体验	比赛结果的不确定性	72	80
	回忆比赛的精彩瞬间	69	83
	对比赛的评价	87	91
	对赛场细节的敏锐捕捉	63	75
	寻求破解局势困境的求知欲望	73	69
	自发对球队或球员进行深入了解	50	69
	对赛场某一时刻产生联想并引发灵感	45	53
功能体验	增加对篮球运动的认知度	63	85
	增加对篮球技能的参与度	66	75
	学习先进的篮球技战术	91	115
	增加与人交流的话题	85	99
	符合自身个性与身份的认同	73	91
	获取社交关注	58	62
	得到尊重	27	39

（二）影响因素的具体分析

影响因素二级指标包括：感官体验因素、情感体验因素、交互体验因素、思维体验因素以及功能体验因素，具体如下。

感官体验因素，包括比赛激烈程度、场馆主题鲜明且富有文化内涵、别出心裁的热身活动、独具匠心的入场仪式、球员或球队的赛场表现、赛场视听效果、浓厚的比赛氛围和合理的观赛布局。它影响着中国男子篮球职业联赛球迷观赛体验，是球迷在观赛时最为直观呈现的体验。

情感体验因素，包括比赛的感染力、对比赛的期盼、赛场主播的氛围烘托、留下一段难忘的回忆、地方归属感、球星号召力、宣泄情感和满足球迷的个性化需求等，是各项因素中较为繁杂的。在观看比赛过程中，球迷可以尽情地呐喊，抒发情感，暂时抛下自己在现实世界中的身份和压力，获得了一种放松和快乐的心情；球迷也可以以近距离的视角欣赏球员场上的精彩表现，使球迷有着偶像般的崇拜感受。因此，情感体验因素是影响球迷观赛体验的主要影响因素，是感受与发现体育精神的重要途径，也是培养球迷热爱体育和欣赏体育的重要环节。

交互体验因素，包括丰富且新颖的趣味性互动、赛事周边产品丰富、社交软件、球迷活动可参与度高、整洁舒适的观赛环境、醒目的指示标语、赛事能满足用户的偏好、重要时刻的回放、赛场统计的呈现、球迷对观赛场地意见和投诉的即时反馈。它是影响球迷是否参与观赛的前提。联赛通过设置比赛时间，使得大多数球迷有闲暇时间参与现场观赛，提高球迷参与度。同时，在大量社交媒体中进行比赛的宣传和推广，推出丰富赛事的周边产品，使联赛更贴近球迷，丰富球迷生活。在比赛中的趣味性互动，使得比赛更具趣味性和互动性，让球迷自主进行社交宣传，让比赛成为球迷茶余饭后的谈论对象，以期联赛走入球迷，接近生活，形成良好的交互效应。

思维体验因素，包括比赛结果的不确定性、回忆比赛的精彩瞬间、对比赛的评价、对赛场细节的敏锐捕捉、寻求破解局势困境的求知欲望、自发对球员或球队进行深入了解和对比赛某一时刻产生联想并引发灵感。它是球迷在观看比赛时的重要体验因素。培养思维能力是提高学习能力的核心环节，在观看比赛的过程中，形成推理、分析、比较、概括、判断等一系列思维活动，培养逻辑思维，提升创造力和想象力，丰富球迷的思维活动。

功能体验因素，包括增加对篮球运动的认知度、增加对篮球技能的参与度、学习先进的篮球技战术、增加与人交流的话题、符合自身个性与身份的认同、获取社交关注、得到尊重等。它证明了联赛功能性的丰富多样，联赛不仅有篮球知识的传播属性，还具有社交平台属性。良好的篮球运动技能的掌握也是球迷和比赛之间进行沟通交流并获取知识的重要一环，球迷对篮球知识的掌握也是球迷在具体学习和实践中逐步形成的。观看CBA比赛是球迷培养新理念、新技术的重要渠道，学习与模仿CBA球员及教练员的方式、思维，动作技能的展示等，是提高中国男子篮球职业联赛球迷观赛体验的重要内容。中国男子篮球职业联赛参赛队伍的能力水平和不断更新的篮球理念，直接影响球迷对篮球运动思维的专项化需求。以联赛为载体，搭建起球迷之间互动的桥梁。中国男子篮球职业联赛球迷观赛体验影响因素指标初选，见表7.2所列。

表7.2 中国男子篮球职业联赛球迷观赛体验影响因素指标初选

一级指标	二级指标	三级指标
中国男子篮球职业联赛球迷观赛体验影响因素	B1 感官体验因素	C1 比赛的激烈程度
		C2 场馆主题鲜明富有文化内涵
		C3 别出心裁的热身活动
		C4 独具匠心的入场仪式
		C5 赛场的视听效果
		C6 球员或球队的赛场表现
		C7 浓厚的比赛氛围
		C8 合理的观赛布局
	B2 情感体验因素	C9 留下一段难忘的回忆
		C10 宣泄情感
		C11 球星号召力
		C12 地方归属感
		C13 满足球迷的个性化需求
		C14 比赛的感染力
		C15 对比赛的期盼
		C16 赛场主播的氛围烘托
	B3 交互体验因素	C17 球迷活动可参与度高
		C18 整洁舒适的观赛环境
		C19 醒目的指示标语
		C20 赛事能满足用户的偏好
		C21 重要时刻的回放
		C22 赛场统计的呈现
		C23 球迷对赛场意见和投诉的即时反馈
		C24 丰富且新颖的趣味性互动
		C25 赛事周边产品丰富
		C26 社交软件
	B4 思维体验因素	C27 对比赛的评价
		C28 对赛场细节的敏锐捕捉
		C29 比赛结果的不确定性
		C30 求破解局势困境的求知欲望
		C31 对赛场某一时刻产生联想,并引发灵感
		C32 自发对球队或球员进行深入了解
		C33 回忆比赛的精彩瞬间

续表

一级指标	二级指标	三级指标
中国男子篮球职业联赛球迷观赛体验影响因素	B5功能体验	C34增加对篮球运动的认知度
		C35增加对篮球技能的参与度
		C36学习先进的篮球技战术
		C37增加与人交流的话题
		C38符合自身个性与身份的认同
		C39获取社交关注
		C40得到尊重

7.1.3 影响因素优化

7.1.3.1 优化流程

（一）选择专家

在专家人数的确定方面，采用德尔菲法，具体数量的选取，要视所要研究的问题和指标评估的复杂程度而定。本书选择了16位篮球方向、体育赛事及体育营销方面的专家。通过对前文中的文献梳理、理解、层级归纳得到的5个二级因素指标和40个三级因素指标，制作成了问卷，并将其发放至专家手中，收集反馈数据。按照专家的建议，对各因素进行修订，并重新制作一份调查问卷，再次进行发放，对中国男子篮球职业联赛球迷现场观赛体验影响因素各指标进行了优化，总共进行了三个轮次。问卷的发放方式，考虑到疫情的原因，本次专家调查主要以微信、QQ、邮箱等多种形式，向16位专家进行了问卷的发放及收集。

（二）第一轮专家问卷调查结果与分析

本书编制了关于"中国男子篮球职业联赛球迷观赛体验影响因素"的专家调查问卷（见附录B），发放与回收了16份专家问卷，有效率为100%。本书的研究对象是中国男子篮球职业联赛球迷观赛体验影响因素，经过专家们的认真考察之后，一致赞同将其列为一级指标（见表7.3所列）。

基于扎根理论的研究方法，影响因素的二级指标采用Nvivo质性分析软件，对五种影响因子进行了分类。从表7.3可以看出，16名专家均对五项二级指标表示认同。

表7.3 各影响因素专家同意率表（第一轮）

二级指标	同意率/%(N=16)
B1感官体验因素	100
B2情感体验因素	100
B3交互体验因素	100
B4思维体验因素	100
B5功能体验因素	100

本书的影响因素三级指标主要是以影响因素二级指标为基础，依据并参考了相关的文献资料，采用扎根理论的研究方法、质性研究方法，对各影响因素三级指标进行了提取。在中国男子篮球职业联赛球迷现场观赛体验影响因素的统计中，C1～C8属于"感官体验因素"层面的内容，主要强调现场球迷感官层面中各种元素的影响；C9～C16符合"情感体验因素"层面的内容，注重强调比赛各方面对球迷情感层面的影响；C17～C26属于"交互体验因素"层面的内容，注重强调联赛要走入球迷，贴近生活；C27～C33属于"思维体验因素"层面的内容，重点突出球迷对比赛的思考能力的形成；C34～C40属于"功能体验因素"层面的内容，重点强调观赛带给球迷的各种功能，即球迷对篮球的理论知识、自主参与篮球运动的意识以及自我价值的展现。

从表7.4各项影响因素三级指标的统计结果中可以看出，有2位专家对影响因素三级指标中的"地方归属感"提出了意见，专家认为球迷对喜爱的球队的态度考虑到球队归属地方面，会产生一定程度上的家乡情怀，会对球迷观赛体验产生影响。因此，在经过同其他13位专家的沟通后，他们均同意将"地方归属感"归类于"情感体验因素"指标当中。其中，有关影响因素三级指标"社交软件"，有4位专家提出了修改建议，认为球迷观看比赛不仅是利用社交软件与同事、朋友、家人等进行互动，还多以球赛为媒介来拉近彼此身边的距离，形成良好的社交效应，故本轮采纳了专家的意见与建议。通过与其他4位专家进行交流，他们同意将这一指标修改为"社交媒介"。

表7.4 各项影响因素专家同意率（第一轮修改）

三级指标	同意率/% (N=16)	三级指标	同意率/% (N=16)
C1比赛激烈程度	100	C21整洁舒适的观赛环境	100
C2场馆主题鲜明且富有文化内涵	100	C22醒目的指示标语	100
C3别出心裁的热身活动	100	C23赛事能满足用户的偏好	100
C4独具匠心的入场仪式	100	C24重要时刻的回放	100
C5赛场的视听效果	100	C25赛场统计的呈现	100
C6球员或球队的赛场表现	100	C26球迷对赛场意见和投诉即时反馈	100
C7浓厚的比赛氛围	100	C27比赛结果的不确定性	100
C8合理的观赛布局	100	C28回忆比赛的精彩瞬间	100
C9比赛的感染力	100	C29对比赛的评价	100
C10对比赛的期盼	100	C30对赛场细节的敏锐捕捉	100
C11赛场主播的氛围烘托	100	C31寻求破解局势困境的求知欲望	100
C12留下一段难忘的回忆	100	C32对赛场某一时刻产生联想并引发灵感	100

续表

三级指标	同意率/%（N=16）	三级指标	同意率/%（N=16）
C13宣泄情感	100%	C33自发对球队或球员进行深入了解	100%
C14球星号召力	100%	C34增加对篮球运动的认知度	100%
C15地方归属感	87%	C35增加对篮球技能的参与度	100%
C16满足球迷的个性化需求	100%	C36学习先进的篮球技战术	100%
C17丰富且新颖的趣味性互动	100%	C37增加与人交流的话题	100%
C18赛事周边产品丰富	100%	C38符合自身个性与身份的认同	100%
C19社交软件	73%	C39获取社交关注	100%
C20球迷活动可参与度高	100%	C40得到尊重	100%

（三）第二轮专家问卷调查结果与分析

在依据第一轮专家调查问卷中给出的意见及建议，笔者对问卷作出修改后，将修订结果附加到第一轮专家调查问卷中，并对16位专家展开第二轮问卷（见附录C）的分发。一共发出了16份问卷，16份有效问卷被回收，有效率达到了100%。

由表7.5可知，依据第一次专家调查的基础，所有专家都对各影响因素的二级指标表示了完全的赞同，同意率为100%。

表7.5　各项影响因素专家同意率表（第二轮）

二级指标	同意率/%(n=16)
B1感官体验因素	100
B2情感体验因素	100
B3交互体验因素	100
B4思考体验因素	100
B5功能体验因素	100

从表7.6各项影响因素三级指标的统计结果中可以看出，其中影响因素三级指标"赛场统计的呈现"，有5位专家提出了修改建议，认为球迷观看比赛统计时，应体现出全面性。故本轮笔者采纳了专家的意见与建议，并通过与其他10位专家进行交流，同意将这一指标修改为"赛场技术数据统计的全面呈现"。有6位专家对影响因素三级指标中"重要时刻的回放"提出了意见，认为在回放过程中，应为多角度、及时、高清的，故将这一指标修改为"重要时刻的多角度及时高清回放"。

表7.6 各项影响因素专家同意率（第二轮修改）

三级指标	同意率/% (N=16)	三级指标	同意率/% (N=16)
C1 比赛激烈程度	100	C21 整洁舒适的观赛环境	100
C2 场馆主题鲜明且富有文化内涵	100	C22 醒目的指示标语	100
C3 别出心裁的热身活动	100	C23 赛事能满足用户的偏好	100
C4 独具匠心的入场仪式	100	C24 重要时刻的回放	60
C5 赛场的视听效果	100	C25 赛场统计的呈现	67
C6 球员或球队的赛场表现	100	C26 球迷对赛场意见和投诉即时反馈	100
C7 浓厚的比赛氛围	100	C27 比赛结果的不确定性	100
C8 合理的观赛布局	100	C28 回忆比赛的精彩瞬间	100
C9 比赛的感染力	100	C29 对比赛的评价	100
C10 对比赛的期盼	100	C30 对赛场细节的敏锐捕捉	100
C11 赛场主播的氛围烘托	100	C31 寻求破解局势困境的求知欲望	100
C12 留下一段难忘的回忆	100	C32 对赛场某一时刻产生联想并引发灵感	100
C13 宣泄情感	100	C33 自发对球队或球员进行深入了解	100
C14 球星号召力	100	C34 增加对篮球运动的认知度	100
C15 球队归属感	100	C35 增加对篮球技能的参与度	100
C16 满足球迷的个性化需求	100	C36 学习先进的篮球技战术	100
C17 丰富且新颖的趣味性互动	100	C37 增加与人交流的话题	100
C18 赛事周边产品丰富	100	C38 符合自身个性与身份的认同	100
C19 社交媒介	100	C39 获取社交关注	100
C20 球迷活动可参与度高	100	C40 得到尊重	100

（四）第三轮专家问卷调查结果与分析

在第三轮专家问卷调查表（详见附件D）发放时，依据第二轮专家问卷调查中专家给出的建议进行修正，将修正的结果附加于调查表中，并再次将问卷分发给16位专家。由于本轮问卷调查对各影响因子的评价结果都是100%，所以，本轮问卷调查结束，见表7.7所列。

表7.7 各项影响因素专家同意率表（第三轮修改）

三级指标	同意率/% (N=16)	三级指标	同意率/% (N=16)
C1 比赛激烈程度	100	C21 整洁舒适的观赛环境	100
C2 场馆主题鲜明且富有文化内涵	100	C22 醒目的指示标语	100
C3 别出心裁的热身活动	100	C23 赛事能满足用户的偏好	100
C4 独具匠心的入场仪式	100	C24 重要时刻的多角度及时高清回放	100
C5 赛场的视听效果	100	C25 赛场技术数据统计的全面呈现	100

续表

三级指标	同意率/%（N=16）	三级指标	同意率/%（N=16）
C6 球员或球队的赛场表现	100	C26 球迷对赛场意见和投诉即时反馈	100
C7 浓厚的比赛氛围	100	C27 比赛结果的不确定性	100
C8 合理的观赛布局	100	C28 回忆比赛的精彩瞬间	100
C9 比赛的感染力	100	C29 对比赛的评价	100
C10 对比赛的期盼	100	C30 对赛场细节的敏锐捕捉	100
C11 赛场主播的氛围烘托	100	C31 寻求破解局势困境的求知欲望	100
C12 留下一段难忘的回忆	100	C32 对赛场某一时刻产生联想并引发灵感	100
C13 宣泄情感	100	C33 自发对球队或球员进行深入了解	100
C14 球星号召力	100	C34 增加对篮球运动的认知度	100
C15 球队归属感	100	C35 增加对篮球技能的参与度	100
C16 满足球迷的个性化需求	100	C36 学习先进的篮球技战术	100
C17 丰富且新颖的趣味性互动	100	C37 增加与人交流的话题	100
C18 赛事周边产品丰富	100	C38 符合自身个性与身份的认同	100
C19 社交媒介	100	C39 获取社交关注	100
C20 球迷活动可参与度高	100	C40 得到尊重	100

7.1.3.2 提取结果

表 7.8 是本书通过提取并经过优化后确定的中国男子篮球职业联赛球迷观赛体验的影响因素指标。

表7.8 中国男子篮球职业联赛球迷现场观赛体验影响因素指标最终表

一级指标	二级指标	三级指标
中国男子篮球职业联赛球迷现场观赛体验影响因素	感官体验	C1 比赛激烈程度
		C2 场馆主题鲜明且富有文化内涵
		C3 别出心裁的热身活动
		C4 独具匠心的入场仪式
		C5 赛场的视听效果
		C6 球员或球队的赛场表现
		C7 浓厚的比赛氛围
		C8 合理的观赛布局
	情感体验	C9 比赛的感染力
		C10 对比赛的期盼
		C11 赛场主播的氛围烘托

续表

一级指标	二级指标	三级指标
中国男子篮球职业联赛球迷现场观赛体验影响因素	情感体验	C12 留下一段难忘的回忆
		C13 宣泄情感
		C14 球星号召力
		C15 地方归属感
		C16 满足球迷的个性化需求
	交互体验	C17 丰富且新颖的趣味性互动
		C18 赛事周边产品丰富
		C19 社交软件
		C20 球迷活动可参与度高
		C21 整洁舒适的观赛环境
		C22 醒目的指示标语
		C23 赛事能满足用户的偏好
		C24 重要时刻的多角度及时高清回放
		C25 赛场技术数据统计的全面呈现
		C26 球迷对赛场意见和投诉即时反馈
	思维体验	C27 比赛结果的不确定性
		C28 回忆比赛的精彩瞬间
		C29 对比赛的评价
		C30 对赛场细节的敏锐捕捉
		C31 寻求破解局势困境的求知欲望
		C32 对赛场某一时刻产生联想并引发灵感
		C33 自发对球队或球员进行深入了解
	功能体验	C34 增加对篮球运动的认知度
		C35 增加对篮球技能的参与度
		C36 学习先进的篮球技战术
		C37 增加与人交流的话题
		C38 符合自身个性与身份的认同
		C39 获取社交关注
		C40 得到尊重

7.2 中国男子篮球职业联赛球迷现场观赛体验影响因素测量表的编制

7.2.1 研制预试量表

本书的影响因素第二指标具体为：感官体验因素、情感体验因素、互动体验因素、思维体验因素及功能体验因素。其中，感官体验因素主要包括在比赛激烈程度、场馆环境、球员或球队的赛场表现、赛场的视听效果；情感体验因素主要包括比赛的感染力、对比赛的期盼、宣泄情感、球星号召力及球队归属感；交互体验因素主要包括比赛的宣传和推广、比赛开球时间、趣味性互动、赛事周边产品及社交媒介；思维体验因素主要包括比赛结果的不确定性、回忆比赛的精彩瞬间和对比赛的评价；功能体验因素主要包括增加对篮球技能的参与度、学习先进的篮球技战术及获取社交关注。量表内容效度采用的是专家咨询，通过综合专家意见，将题目进行删减修改或重新编写，最终确立41道题目。具体测试题项，见表7.9所列。

表7.9 中国男子篮球职业联赛球迷现场观赛体验影响因素测量表

测试维度	测试题项	参考来源
感官体验	Q1：一场扣人心弦的比赛能给我带来良好的感官体验	扎根理论归纳
	Q2：场馆鲜明的主题让我感到舒适和愉悦	扎根理论归纳
	Q3：特别的热身活动能让我有良好的感官体验	笔者设计
	Q4：特别的入场仪式能让我大饱眼福	笔者设计
	Q5：我觉得中国男子篮球职业的声光音效可以增加我的感官享受	笔者设计
	Q6：球员优质的赛场表现能带给我很好的感官体验	石勇（2014）
	Q7：球队优质的赛场表现能带给我很好的感官体验	笔者设计
	Q8：浓厚的比赛氛围能增加我的感官体验	笔者设计
	Q9：合理的观赛布局能增加我的感官体验	扎根理论归纳
情感体验	Q10：体育比赛独有的现场感染力会带给我特殊的情感体验	扎根理论归纳
	Q11：赛前对比赛的期盼会让我观赛时有特殊的情感体验	笔者设计
	Q12：赛场主播的氛围烘托会让我观赛时有特殊的情感体验	笔者设计
	Q13：一场值得回忆的精彩比赛能带给球迷更好的观赛体验	扎根理论归纳
	Q14：观看比赛能够达到我宣泄情感的需求	石勇（2014）
	Q15：我觉得观赏中国男子篮球职业联赛可以让我与支持的球员更接近	石勇（2014）
	Q16：我觉得观赏中国男子篮球职业联赛可以让我与支持的球队更接近	扎根理论归纳
	Q17：满足球迷的不同需求能够带来更好的观赛体验	笔者设计
交互体验	Q18：多样且创新的趣味性互动能给球迷带来更好的观赛体验	扎根理论归纳
	Q19：丰富的赛事周边产品能使比赛更贴近我的生活	扎根理论归纳
	Q20：社交媒介的强大黏合功能拉近球迷与联赛之间的距离	笔者设计

续表

测试维度	测试题项	参考来源
交互体验	Q21：设置科学合理的球迷活动参与门槛会提高我的观赛体验	笔者设计
	Q22：观赛环境能够达到舒适整洁会提高我的观赛体验	笔者设计
	Q23：醒目的指示标语能满足我的观赛需求，从而提高观赛体验	扎根理论归纳
	Q24：赛事安排能够满足我观赛时的特殊需求，从而提高观赛体验	扎根理论归纳
	Q25：能否及时清晰回放会影响我的观赛体验	扎根理论归纳
	Q26：技术统计的全面呈现能带给我更好的观赛体验	扎根理论归纳
	Q27：及时处理我的意见和反馈能够带给我更好的观赛体验	笔者设计
思维体验	Q28：比赛的悬念能够带给我更好的观赛体验	笔者设计
	Q29：比赛能否给我留下深刻的回忆，会影响我的观赛体验	扎根理论归纳
	Q30：观看比赛后是否会对比赛进行评价，会影响我的观赛体验	扎根理论归纳
	Q31：观看比赛可以锻炼我的感知力和观察力	笔者设计
	Q32：观看比赛可以我的求知欲和好奇心	笔者设计
	Q33：观看比赛可以启发我的灵感，提高创造力	扎根理论归纳
	Q34：观看比赛会使我对球员或球队进行深入了解	扎根理论归纳
功能体验	Q35：我觉得观赏中国男子篮球职业后会让我更加了解篮球规则	石勇（2014）
	Q36：我觉得观赏中国男子篮球职业后会让我产生从事运动的动机	石勇（2014）
	Q37：观赏中国男子篮球职业后会让我想要更进一步学习篮球技巧	笔者设计
	Q38：观看中国男子篮球职业比赛可以提供与人交往的话题和机会	笔者设计
	Q39：我觉得观赏中国男子篮球职业可以让我找到群体的归属感	石勇（2014）
	Q40：观看中国男子篮球职业可以使我获得更多的社交关注	扎根理论归纳
	Q41：观看中国男子篮球职业比赛可以使我得到尊重	扎根理论归纳

7.2.1.1 设计预试量表

（一）确定预示问卷

为确保该测试量表的科学性，笔者采用了预试问卷进行测量。原本的预试问卷发放方案是现场发放，现场回收。但由于疫情原因，此次调查采取电子问卷形式进行。

（二）发放预示问卷

本书预试问卷（见附录E）的发放通过互联网平台进行。电子问卷通过虎扑中国男子篮球职业论坛及新浪微博平台中的中国男子篮球职业官方球迷微信群等发送给调查对象，本书选取的调查对象为中国男子篮球职业联赛的球迷。

（三）回收预示问卷

本书回收225个预试问卷，有效问卷为205份，有效率达91.1%。笔者利用SPSS软件，将回收的205份有效数据进行分析，主要内容包括：项目分析、信度分析、探索性因子分析和验证性因子分析。在对每一个影响因素的指数数据进行了分析之后，确定了每一

个预试题目项是要删除，还是要调整，并利用AMOS软件对预试问卷的数据进行了数据分析。

7.2.1.2 预试问卷数据的优化分析与结果

（一）优化分析

本书将205位预试者按总体调查问卷的得分，分成两个小组，取全量表总分数最高的和最低的27%作为极端组。如果t检验的决断值都达到了显著水平，那么说明各题项的辨别度都比较高。其次，采用相关性检验，得到了各个测量题目与总得分之间的相关系数，如果因子大于0.4，并且都达到了显著水平，则说明各个测量题目与该量表之间的相关性达到了中等或更高水平。具体结果，见表7.10所列。

表7.10 题总相关分析表

测量题目	与总分的相关性	测量题目	与总分的相关性
Q1	0.665**	Q22	0.669**
Q2	0.605**	Q23	0.408**
Q3	0.613**	Q24	0.579**
Q4	0.679**	Q25	0.574**
Q5	0.611**	Q26	0.610**
Q6	0.670**	Q27	0.575**
Q7	0.662**	Q28	0.592**
Q8	0.569**	Q29	0.613**
Q9	0.609**	Q30	0.612**
Q10	0.761**	Q31	0.596**
Q11	0.725**	Q32	0.636**
Q12	0.681**	Q33	0.562**
Q13	0.686**	Q34	0.619**
Q14	0.694**	Q35	0.513**
Q15	0.687**	Q36	0.561**
Q16	0.672**	Q37	0.563**
Q17	0.718**	Q38	0.628**
Q18	0.670**	Q39	0.550**
Q19	0.558**	Q40	0.533**
Q20	0.610**	Q41	0.342**
Q21	0.603**		

注：** 为 $P<0.01$

依据统计学测量的需要，利用相关方法，计算出量表各项目得分与总得分的积矩相关系数，并将其作为评价项目分区的指标。相关性越高，则说明项目得分越高。表7.11显示了结果：41个项目与总量表得分相关，均达到显著水平（$P<0.05$），而Q41题项的相关系数只有0.342，属于较低的相关性，故将该题项剔除。其余40个测试题项的相关系数为0.408~0.761，显示40个项目之间具有较好的区分度。

表7.11 极端组比较分析表

测量题目	CR决断值	测量题目	CR决断值
Q1	11.795***	Q21	10.724***
Q2	11.817***	Q22	13.59***
Q3	11.785***	Q23	5.165***
Q4	12.981***	Q24	9.894***
Q5	12.224***	Q25	9.498***
Q6	12.915***	Q26	10.635***
Q7	13.34***	Q27	9.601***
Q8	10.499***	Q28	10.051***
Q9	11.835***	Q29	11.467***
Q10	15.612***	Q30	13.303***
Q11	15.463***	Q31	12.546***
Q12	11.076***	Q32	13.713***
Q13	13.456***	Q33	10.382***
Q14	14.039***	Q34	11.617***
Q15	11.228***	Q35	8.63***
Q16	12.523***	Q36	10.524***
Q17	13.289***	Q37	8.572***
Q18	12.828***	Q38	11.319***
Q19	8.908***	Q39	8.502***
Q20	9.743***	Q40	9.796***

注：***为$P<0.001$

通过表7.11极端组的比较分析，对问卷的40个测量题项的高、低组进行独立样本t检验，结果发现各个题项的高、低分组差异均处在显著性范围内（$P<0.05$）。这说明40个题项的高、低得分差异明显，具有较高的区分度。这可以构成新的问卷，进行更深入的信度与效度检验。

（二）效度分析-探索性因子分析

探讨因素分析是衡量量表结构效度的一个重要方法，它衡量每个潜在变量的量表结构的稳定性，是衡量量表效度的主要方法。在运用因子分析法对其进行有效性评价时，应根据因子分析的结果判断因子的适用性，一般认为KMO值应大于0.7。巴特利特（Bartlett）

球形检验显著性小于0.05，并假定两种情况都满足，说明观测变量之间存在较高的相关性，适合因子分析。

经检定（见表7.12所列）发现：根据数据可知，KMO检定值为0.939，大于0.70，因此，此量表适用于因素分析。Bartlett球形检验结果显示，近似卡方值为6 106.291，显著性概率为0.000（$P<0.01$），所以拒绝Bartlett球形检验的零假设。笔者认为该量表适合做因子分析，具有良好的效度结构。

表7.12　KMO和Bartlett球形度检验值

KMO取样适切性数量		0.939
巴特利特(Bartlett)球形检验	近似卡方	6 106.291
	自由度(df)	496
	显著性(sig)	0.000

再通过对整体问卷的测量，题目用因子分析法提取了5个特征值大于1的因子。其中，Q1~Q9共9个问题，聚集在第一列因子上，将因子命名为"感官体验"，因子特征值为15.492，解释方差为15.301%；Q10~Q17共8个问题聚集在第二列因子上，将因子命名为"情感体验"，因子特征值为2.674，解释方差为13.591%；Q18~Q22、Q24~Q27共9个问题，聚集在第三列因子上，将因子命名为"交互体验"，因子特征值为4.531，解释方差为15.300%；Q28~Q34共7个问题，聚集在第四列因子上，将因子命名为"思维体验"，因子特征值为2.213，解释方差为12.733%；Q35~Q40共6个问题，聚集在第五列因子上，将因子命名为"功能体验"，因子特征值为1.558，解释方差为9.243%。五个因子的累计解释方差为66.170%，超过60%的一般通用准则，说明该量表的效度良好。在上述的检验过程中，发现Q23这个测量题目的因子载荷值在五个因子上均没有达到0.5的通用标准，故将Q23删除。其余39个问题的因子载荷值均在0.5以上，没有两个因素都存在有很高的载荷。每一维的测试项目都按理论上的分布进行了聚合，说明本研究的测试项目具有较好的内容效度。探索性因子分析结果，见表7.13所列。

表7.13　探索性因子分析结果

测试题项	成分				
	1	2	3	4	5
Q1	0.785				
Q2	0.749				
Q3	0.700				
Q4	0.750				
Q5	0.691				
Q6	0.699				
Q7	0.724				
Q8	0.728				

续表

测试题项	成分				
	1	2	3	4	5
Q9	0.762				
Q10		0.792			
Q11		0.758			
Q12		0.675			
Q13		0.681			
Q14		0.779			
Q15		0.594			
Q16		0.719			
Q17		0.798			
Q18			0.748		
Q19			0.737		
Q20			0.670		
Q21			0.783		
Q22			0.648		
Q23			0.478		
Q24			0.730		
Q25			0.728		
Q26			0.731		
Q27			0.791		
Q28				0.773	
Q29				0.769	
Q30				0.744	
Q31				0.820	
Q32				0.731	
Q33				0.802	
Q34				0.792	
Q35					0.705
Q36					0.696
Q37					0.628
Q38					0.685
Q39					0.632
Q40					0.658

(三) 信度分析

信度检验主要是通过对不同时间、不同地点的观察者的观察结果的一致性进行检验，一般使用Cronbach's α，也称作克隆巴赫α值，其值在0至1之间。Cronbach's α的最小可接受值为0.65~0.70，0.7~0.8为比较好，0.8~0.9为很好。除Cronbach's α以外，本书还利用修正后的CITC值来判定某个项目与整个体量表是否存在良好的内在一致性，CITC系数反映了各测度项目与总体量表之间的关联度。当CITC值低于0.4且Cronbach's α值显著提高时，这一题项与总体体量表的内在一致性不高，应予以删除。

由表7.14可知：经过探索性因子分析后，可将所有测量题目划分为5个变量，其中感官体验的Cronbach's α为0.931，情感体验的Cronbach's α为0.939，交互体验的Cronbach's α为0.925，思维体验的Cronbach's α为0.928，功能体验的Cronbach's α为0.876，各个潜变量的Cronbach's α均符合大于0.7的基本标准。可见，所使用的调查问卷的可信度较高。另外，观察变量和潜在变量的CITC值（校正的项总计相关性）均满足0.5以上的条件，说明各潜在变量的题项设定状况良好，且具有良好的可信性。另外，对观察变量进行排除观察，其方法是对每个变量进行一次删除。若在删除后，其信度指标未得到提高变化，则被视为可信性较好。

从表7.14可以看出，在去掉每个题目后，克隆巴赫α系数并没有提高，因此，每个题目的设定都是比较好的。

表7.14 量表的信度检验表

潜在变量	测量题目	CITC	删除后的Cronbach's α	Cronbach's α
感官体验	Q1	0.814	0.919	0.931
	Q2	0.722	0.925	
	Q3	0.712	0.925	
	Q4	0.773	0.921	
	Q5	0.727	0.924	
	Q6	0.733	0.924	
	Q7	0.753	0.923	
	Q8	0.699	0.926	
	Q9	0.774	0.921	
情感体验	Q10	0.863	0.925	0.939
	Q11	0.821	0.928	
	Q12	0.734	0.934	
	Q13	0.746	0.933	
	Q14	0.811	0.929	
	Q15	0.692	0.937	
	Q16	0.754	0.933	
	Q17	0.842	0.927	

续表

潜在变量	测量题目	CITC	删除后的Cronbach's α	Cronbach's α
交互体验	Q18	0.793	0.912	0.925
	Q19	0.716	0.917	
	Q20	0.675	0.92	
	Q21	0.784	0.913	
	Q22	0.717	0.917	
	Q24	0.72	0.917	
	Q25	0.69	0.919	
	Q26	0.725	0.917	
	Q27	0.75	0.916	
思维体验	Q28	0.76	0.917	0.928
	Q29	0.77	0.917	
	Q30	0.754	0.918	
	Q31	0.799	0.914	
	Q32	0.759	0.918	
	Q33	0.768	0.917	
	Q34	0.796	0.914	
功能体验	Q35	0.711	0.849	0.876
	Q36	0.67	0.856	
	Q37	0.668	0.856	
	Q38	0.746	0.843	
	Q39	0.653	0.859	
	Q40	0.63	0.863	

（四）效度检验—验证性因子分析

验证性因素分析是一种对调查数据的统计分析，该方法用来检测某个因素与相应观察变量的关系是否与研究人员事先确定的理论关系相一致。

在判定因子分析模型的有效性时，主要通过对某些拟合指数的测算来进行评估。其中，计算出的拟合指标 X^2/df 通常需要小于3；GFI是适配度指数，NFI是规准适配指数，IFI是非范拟合指数，CFI是比较适配指数，通常这些值都要超过0.9。然而，如果超过0.8，则表明模型可以被接受。PNFI、PCFI、PGFI通常要超过0.5，表明模型适配能力较好。当RMSEA值<0.08时，模型的适应性和拟合度均达到了良好的水平。

根据表7.15，X^2/df =1.415，不到3；相对误差（RMSEA）的最大均值为0.045，低于规范的0.08，表明该方法具有良好的适应性。GFI=0.810、NFI=0.846、IFI=0.949、CFI=0.949、PNFI=0.790、PCFI=0.886、PGFI=0.719，所有的拟合优度指标都达到了一个通用的标准，这表明了本书所构建的验证性因子分析模型是行之有效的，与回收数据的匹配程度也比较好。

表7.15　模型适配度指标表

指标系数	绝对适配指数			增值适配度指数			简约适配度指数		
	X^2/df	RMSEA	GFI	NFI	IFI	CFI	PNFI	PCFI	PGFI
适配标准	<3	<0.08	>0.8	>0.8	>0.9	>0.9	>0.5	>0.5	>0.5
检验数值	1.415	0.045	0.810	0.846	0.949	0.949	0.790	0.886	0.719

从表7.16可以看出，每个题项的标准化因子负荷范围为0.674~0.892，均大于0.5，而S.E.的标准误差值也均小于0.5的标准。这说明每个题项都能够很好地解释其所处的维度，与探索性因子分析的结果互相呼应，证明了问卷效度较好。

组合信度是衡量模型内在质量的一个重要指标，它反映了各个潜在变量的测量值能否一致地描述潜在变量。从表格中可以看出，C.R.值在0.7以上，表明各潜在变量内的测试项目对潜在变量的解释是一致的。

各个维度的聚敛效度由平均方差提取量（AVE值）来反映，经常被用来反映量表的聚敛效度。它能够直观地展示出被潜在变量解释的变化量有多少是由测量误差引起的。AVE值越大，测量变量被潜在变量解释的变化量的百分比就越大，相对的测量误差就越小，通常取值要求是在0.5以上。从表7.16可以看出，AVE值都超过了标准的0.5，这表明了本书所设计的量表有很好的收敛效度。

表7.16　因子分析结果

变量	测量题目	Estimate	S.E.	C.R.	P	CR	AVE
感官体验	Q1	0.845				0.931	0.602
	Q2	0.747	0.068	12.577	***		
	Q3	0.745	0.07	12.531	***		
	Q4	0.801	0.071	13.989	***		
	Q5	0.76	0.07	12.893	***		
	Q6	0.759	0.071	12.88	***		
	Q7	0.786	0.067	13.562	***		
	Q8	0.723	0.063	11.996	***		
	Q9	0.809	0.068	14.205	***		
情感体验	Q10	0.892				0.94	0.611
	Q11	0.84	0.055	16.757	***		
	Q12	0.764	0.051	14.026	***		
	Q13	0.776	0.056	14.417	***		
	Q14	0.841	0.052	16.768	***		
	Q15	0.721	0.053	12.737	***		
	Q16	0.779	0.056	14.502	***		
	Q17	0.877	0.051	18.362	***		

续表

变量	测量题目	Estimate	S.E.	C.R.	P	CR	AVE
交互体验	Q18	0.834				0.926	0.581
	Q19	0.747	0.063	12.299	***		
	Q20	0.708	0.06	11.417	***		
	Q21	0.819	0.07	14.098	***		
	Q22	0.761	0.065	12.649	***		
	Q24	0.747	0.062	12.306	***		
	Q25	0.716	0.061	11.609	***		
	Q26	0.753	0.059	12.447	***		
	Q27	0.768	0.059	12.807	***		
思维体验	Q28	0.796				0.929	0.65
	Q29	0.806	0.082	12.879	***		
	Q30	0.788	0.086	12.507	***		
	Q31	0.83	0.092	13.405	***		
	Q32	0.795	0.082	12.649	***		
	Q33	0.799	0.072	12.74	***		
	Q34	0.83	0.085	13.404	***		
功能体验	Q35	0.767				0.876	0.542
	Q36	0.715	0.084	10.325	***		
	Q37	0.726	0.09	10.492	***		
	Q38	0.819	0.088	12.029	***		
	Q39	0.708	0.082	10.203	***		
	Q40	0.674	0.088	9.666	***		

注：$P<0.001$，C.R.值为临界比，也即各项目载荷对应的 t 值；S.E.为标准误差值。

在使用验证性因素分析理论来评估该模型时，通常认为，当参数的估算值达到 0.05 的显著水平时，临界比应至少大于 1.96；如果低于 1.96，那么该参数的估算值是不显著的。因子负载值不宜过高，也不宜过低，以 0.50~0.95 为宜。

（五）分析结果

经过对预测试数据进行的统计分析，结果显示 Q23 和 Q41 这两个测量题目设置得不理想，故将这两个测量题目进行删除（见表 7.17 所列），删除后将形成最终的调查问卷作为正式调研使用。

表7.17　预测试结果表

变量	原始测量题目	是否保留	最终测量题目
感官体验	Q1	保留	Q1
	Q2	保留	Q2
	Q3	保留	Q3
	Q4	保留	Q4
	Q5	保留	Q5
	Q6	保留	Q6
	Q7	保留	Q7
	Q8	保留	Q8
	Q9	保留	Q9
情感体验	Q10	保留	Q10
	Q11	保留	Q11
	Q12	保留	Q12
	Q13	保留	Q13
	Q14	保留	Q14
	Q15	保留	Q15
	Q16	保留	Q16
	Q17	保留	Q17
交互体验	Q18	保留	Q18
	Q19	保留	Q19
	Q20	保留	Q20
	Q21	保留	Q21
	Q22	保留	Q22
	Q23	删除	-
	Q24	保留	Q23
	Q25	保留	Q24
	Q26	保留	Q25
	Q27	保留	Q26
思维体验	Q28	保留	Q27
	Q29	保留	Q28
	Q30	保留	Q29
	Q31	保留	Q30
	Q32	保留	Q31
	Q33	保留	Q32
	Q34	保留	Q33
功能体验	Q35	保留	Q34
	Q36	保留	Q35
	Q37	保留	Q36
	Q38	保留	Q37
	Q39	保留	Q38
	Q40	保留	Q39
	Q41	删除	-

7.2.2 正式量表的确立

7.2.2.1 正式量表的发放与回收

本书通过电子问卷的形式对虎扑CBA论坛以及新浪微博平台中的CBA官方球迷微信群等社交媒体中的球迷进行发放。本次回收问卷共960份，回收有效问卷共815份，有效率为84.90%。正式调查问卷题项表，见表7.18所列。

表7.18 正式调查问卷题项表

因素	题项	题目内容
感官体验	Q1	一场扣人心弦的比赛能给我带来良好的感官体验
	Q2	场馆鲜明的主题让我感到舒适和愉悦
	Q3	特别的热身活动能让我有良好的感官体验
	Q4	特别的入场仪式能让我大饱眼福
	Q5	我觉得中国男子篮球职业的声光音效可以增加我的感官享受
	Q6	球员优秀的赛场表现能带给我很好的感官体验
	Q7	球队优秀的赛场表现能带给我很好的感官体验
	Q8	浓厚的比赛氛围能增加我的感官体验
	Q9	合理的观赛布局能增加我的感官体验
情感体验	Q10	体育比赛独有的现场感染力会带给我特殊的情感体验
	Q11	赛前对比赛的期盼会让我观赛时有特殊的情感体验
	Q12	赛场主播的氛围烘托会让我观赛时有特殊的情感
	Q13	体验一场值得回忆的精彩比赛能带给球迷更好的观赛体验
	Q14	观看比赛能够达到我宣泄情感的需求
	Q15	我觉得观赏中国男子篮球职业联赛可以让我与支持的球员更接近
	Q16	觉得观赏中国男子篮球职业联赛可以让我与支持的球队更接近
	Q17	满足球迷的不同需求能够带来更好的观赛体验
交互体验	Q18	多样且创新的趣味性互动能给球迷带来更好的观赛体验
	Q19	丰富的赛事周边产品能使比赛更贴近我的生活
	Q20	社交媒介的强大黏合功能拉近球迷与联赛之间的距离
	Q21	设置科学合理的球迷活动参与门槛会提高我的观赛体验
	Q22	观赛环境能够达到舒适整洁会提高我的观赛体验
	Q23	醒目的指示标语能满足我的观赛需求，从而提高观赛体验
	Q24	赛事安排能够满足我观赛时的特殊需求，从而提高观赛体验
	Q25	能否及时清晰回放会影响我的观赛体验
	Q26	技术统计的全面呈现能带给我更好的观赛体验
	Q27	及时处理我的意见和反馈能够带给我更好的观赛体验

续表

因素	题项	题目内容
思维体验	Q28	比赛的悬念能够带给我更好的观赛体验
	Q29	比赛能否给我留下深刻的回忆,会影响我的观赛体验
	Q30	观看比赛后是否会对比赛进行评价,会影响我的观赛体验
	Q31	观看比赛可以锻炼我的感知力和观察力
	Q32	观看比赛可以我的求知欲和好奇心
	Q33	观看比赛可以启发我的灵感,提高创造力
	Q34	观看比赛会使我对球员或球队进行深入了解
功能体验	Q35	我觉得观赏中国男子篮球职业联赛,会让我更加了解篮球规则
	Q36	我觉得观赏中国男子篮球职业联赛,会让我产生从事运动的欲望
	Q37	观赏中国男子篮球职业联赛,会让我想要更进一步学习篮球技巧
	Q38	观看CBA比赛,可以提供与人交往的话题和机会
	Q39	我觉得观赏中国男子篮球职业联赛,可以让我找到群体的归属感
	Q40	观看中国男子篮球职业联赛,可以使我获得更多的社交关注
	Q41	观看中国男子篮球职业联赛,比赛可以使我得到尊重

7.2.2.2 正式问卷的数据分析

（一）共同方法偏差检验

本书选取了使用频率最高的哈曼（Harman）单因素方法，对共同方法偏差进行检验。在探索性因子分析中，对未旋转的因素分析结果进行检验，结果抽取出特征值大于1的因子。若其中第一个因子的方差解释率未达到40%，则说明共同方法偏差没有对本书的研究造成严重影响，具体见表7.19所列。

表7.19 共同方法偏差检验

成分	初始特征值			提取平方和载入		
	合计	方差/%	累积/%	合计	方差/%	累积/%
1	14.906	38.221	38.221	14.906	38.221	38.221
2	4.446	11.399	49.62	4.446	11.399	49.62
3	2.697	6.914	56.534	2.697	6.914	56.534
4	2.188	5.61	62.144	2.188	5.61	62.144
5	1.35	3.461	65.605	1.35	3.461	65.605

在此基础上，笔者将对全部题项进行因素分析，并利用无旋转的主元分析（Harman单因素检验）来评价共同方法偏误对结果的影响。分析结果发现，非旋转的最大因素方差解释率为38.221%，比40%还低。这说明在样本数据中没有一个因素可以解释大部分变异单一因子，也就是说，本书没有出现严重的共同方法偏差。

（二）项目分析

首先，本书将815位正式调查者按总体调查问卷的得分，分成两个小组，取全量表的总分数最高和最低的27%作为极端组。如果t检验的决断值都达到了显著水平，那么说明各题项的辨别度都比较高。其次，采用相关性检验，得到了各个题目与总得分之间的相关系数。如果因子大于0.4，并且都达到了显著水平，则说明各个题目与该量表之间的相关性达到了中等或更高水平。具体结果见表7.20所列。

表7.20 正式量表的题项与总分的相关性分析

测量题项	与总分的相关性	测量题项	与总分的相关性
Q1	0.686**	Q21	0.587**
Q2	0.690**	Q22	0.609**
Q3	0.642**	Q23	0.612**
Q4	0.652**	Q24	0.603**
Q5	0.648**	Q25	0.621**
Q6	0.677**	Q26	0.613**
Q7	0.647**	Q27	0.474**
Q8	0.633**	Q28	0.485**
Q9	0.699**	Q29	0.464**
Q10	0.709**	Q30	0.434**
Q11	0.682**	Q31	0.456**
Q12	0.658**	Q32	0.475**
Q13	0.628**	Q33	0.481**
Q14	0.652**	Q34	0.666**
Q15	0.711**	Q35	0.645**
Q16	0.660**	Q36	0.644**
Q17	0.698**	Q37	0.630**
Q18	0.583**	Q38	0.635**
Q19	0.559**	Q39	0.671**
Q20	0.585**		

依据统计学测量的需要，利用相关方法，计算出量表各项目得分与总得分的积矩相关系数，并将其作为评价项目分区的指标。相关性越高，则说明项目得分越高。表7.21显示了结果：39个项目与总问卷得分相关，均达到显著水平（$P<0.05$），显示表明39个项目具有较好的区分度。

通过表7.21正式调查的极端组比较分析，对问卷的39个测量题项的高、低组进行独立样本t检验，结果发现各个题项的高、低分组差异均处在显著性范围内（$P<0.05$）。这说明39个题项的高、低得分差异明显，具有较高的区分度。因此，应进行更深入的信度与效度检验。

表7.21 正式调查的极端组比较分析

测量题目	CR决断值	测量题目	CR决断值
Q1	20.155***	Q21	13.774***
Q2	19.197***	Q22	14.917***
Q3	16.362***	Q23	14.838***
Q4	16.714***	Q24	15.814***
Q5	16.112***	Q25	15.72***
Q6	18.813***	Q26	15.126***
Q7	16.943***	Q27	9.447***
Q8	17.09***	Q28	9.216***
Q9	20.45***	Q29	8.581***
Q10	16.666***	Q30	8.422***
Q11	17.47***	Q31	9.074***
Q12	17.161***	Q32	9.297***
Q13	17.178***	Q33	9.221***
Q14	16.712***	Q34	22.012***
Q15	20.318***	Q35	23.041***
Q16	18.026***	Q36	20.957***
Q17	17.799***	Q37	21.21***
Q18	12.021***	Q38	19.897***
Q19	13.199***	Q39	21.49***
Q20	14.21***		

注：***为$P<0.001$

（三）信度分析

信度检验是指对不同的观察者在不同的时间、地点得出的观察结果的一致性进行考察。一般情况下，会使用Cronbach's α值来测量信度。该值的取值范围在0到1之间。Cronbach's α最小可被接受的范围为0.65~0.70，0.7~0.8是比较好的，0.8~0.9是好的。除了Cronbach's α之外，本书还利用修正后的总相关系数CITC值，来对某个条目是否与概念整体量表有更好的内部一致性进行判定。CITC值反映的是每个测量题项与整个量表的相关系数，如果CITC值小于0.4，并且删除后的Cronbach's α值有显著的增长，那么，这个条目与总量表的内部一致性就比较差，因此需要删除。

从表7.22的信度分析结果可以看出，感官体验的Cronbach's α为0.936，情感体验的Cronbach's α为0.930，交互体验的Cronbach's α为0.923，思维体验的Cronbach's α为0.913，功能体验的Cronbach's α为0.895。各个潜在变量的Cronbach's α值均满足大于0.7的基本标准。

结果表明，本书所使用的测量工具是比较可靠的。此外，观测变量及其潜在变量之间的CITC值（修正项的总和关联）满足大于0.5的要求，这说明每个潜在变量的题项设置情况较好，问卷信度良好。此外，对观察变量进行排除观察，其方法是对每个变量进行一次剔除。若剔除后，信度指数未出现改善，则视为该变量的测量题项的信度较好。从表7.22可以看出，在去掉每个题目后，克伦巴赫α值并没有提高，因此，每个题目的设定都比较好。

表7.22 正式调查的信度检验表

测量题目	CITC值	删除后的Cronbach's α	测量题目
Q1	0.784	0.927	0.936
Q2	0.750	0.929	
Q3	0.758	0.928	
Q4	0.743	0.929	
Q5	0.732	0.930	
Q6	0.765	0.928	
Q7	0.757	0.928	
Q8	0.736	0.929	
Q9	0.792	0.926	
Q10	0.822	0.916	0.930
Q11	0.774	0.920	
Q12	0.733	0.923	
Q13	0.688	0.927	
Q14	0.760	0.921	
Q15	0.745	0.922	
Q16	0.741	0.923	
Q17	0.816	0.917	
Q18	0.758	0.911	0.923
Q19	0.700	0.915	
Q20	0.683	0.916	
Q21	0.717	0.914	
Q22	0.732	0.913	
Q23	0.738	0.913	
Q24	0.688	0.916	
Q25	0.723	0.914	
Q26	0.765	0.911	
Q27	0.731	0.901	0.913
Q28	0.752	0.899	
Q29	0.746	0.899	

续表

测量题目	CITC 值	删除后的 Cronbach's α	测量题目
Q30	0.721	0.903	
Q31	0.741	0.900	
Q32	0.733	0.901	
Q33	0.739	0.900	
Q34	0.750	0.872	
Q35	0.718	0.878	0.895
Q36	0.722	0.877	
Q37	0.704	0.879	
Q38	0.695	0.881	
Q39	0.727	0.876	

（四）效度分析—探索性因子分析

探索因子分析的目的，是对该量表的结构效度进行测量，对每个潜在变量的测量变量是否拥有稳定的一致性和结构进行判断。它是评价量表效度时最常用的指标。运用因子分析对有效性进行评价时，必须先确定其符合与否，通常有两个要求：首先是KMO必须大于0.7；其次是Bartlett球形检验的显著度小于0.05。若两者均满足，这说明观测变量间有较高的相关性，可用于因素分析。

经检验（见表7.23所列），KMO的检验值为0.971，比0.70高，故此调查问卷适合因子分析。近似卡方值为21235.693，显著性概率为0.000（$P<0.01$），所以拒绝Bartlett球形检验的零假设，认为该量表适合于做因子分析，具有良好的效度结构。

表7.23 KMO与巴特利特（Bartlett）检验值

KMO取样适切性数量		0.971
巴特利特(Bartlett)球形检验	近似卡方	21235.693
	自由度(df)	566
	显著性(sig)	0.000

再通过对整体问卷的测量，题目用因子分析法提取了5个特征值大于1的因子。其中，Q1~Q9共9个问题，聚集在第一列因子上，将因子命名为"感官体验"，因子特征值为14.906，解释方差为15.668%；Q10~Q17共8个问题，聚集在第二列因子上，将因子命名为"情感体验"，因子特征值为2.697，解释方差为13.910%；Q18~Q26共9个问题，聚集在第三列因子上，将因子命名为"交互体验"，因子特征值为4.446，解释方差为14.660%；Q27~Q33共7个问题，聚集在第四列因子上，将因子命名为"思维体验"，因子特征值为2.188，解释方差为12.135%；Q34~Q39共6个问题，聚集在第五列因子上，将因子命名为"功能体验"，因子特征值为1.350，解释方差为9.232%。

五个因子的累计解释方差为65.605%，由于检验结果超过了一般通用标准的60%，故该量表有具较好的效度。没有出现双重因子负荷都有高的负载。每一维的测试项目都按理论上的分布进行了聚合,这说明本书的测试项目具有较好的内容效度。

(五)效度检验——验证性因子分析

验证性因子分析指一种对调查数据展开进行的统计分析,这一方法适用于对某个因素与其对应的观测变量的相关性进行检验,以确定其与研究人员预先设定的理论是否具有相关性。

在对验证因子分析模型的成立与否进行判断的时候,大多数时间通过测量某些匹配指数来进行衡量。其中,如果是GFI适用度指数、NFI规准适配指数、IFI非范拟合指数、CFI比较适配指数等,通常分别需要这些值都超过0.9。如果超过0.8,则表明模型可以被接受。PNFI、PCFI、PGFI通常要超过0.5,这表明模型适配能力较好。当RMSEA值<0.08时,模型的适应性和拟合度均达到了良好的水平。

由表7.24可以看出,X^2/df的值比3小,为1.383;相对误差最大均值(RMSEA)为0.022,低于规范适配标准的0.08,表明该方法具有良好的适应性。

GFI=0.944、NFI=0.937、IFI=0.987、CFI=0.987、PNFI=0.892、PCFI=0.922、PGFI=0.837,所有的拟合优度指标都达到了一个通用的标准,这表明了本书所构建的验证性因子分析模型是行之有效的,而且它与回收数据的匹配程度也比较好。

表7.24 模型适配度指标表

指标系数	绝对适配指数			增值适配度指数			简约适配度指数		
	X^2/df	RMSEA	GFI	NFI	IFI	CFI	PNFI	PCFI	PGFI
适配标准	<3	<0.08	>0.8	>0.8	>0.9	>0.9	>0.5	>0.5	>0.5
检验数值	1.383	0.022	0.944	0.937	0.987	0.987	0.892	0.922	0.837

在应用验证因子分析方法对这一模式进行评价时,一般情况下认为,当该参数的估算值在0.05的显著性水平上时,该临界比值应至少大于1.96;而当该参数的估算值低于1.96时,该参数的估算值不显著。因子负载值不宜过高,也不宜过低,以0.50~0.95为宜。

从表7.25可以看出,每个题项的标准化因子负荷范围都处于0.715~0.859,均大于0.5,而S.E.的标准误差值也都小于0.5的标准。这说明每个题项都能够很好地解释其所处的维度,这与探索性因子分析的结果互相呼应,能够表明此问卷效度较好。

组合信度(C.R.)是衡量模型内部性质的一个重要指标,它反映了各个潜在变量的测量值能否通过一致描述并解释潜在变量。从表7.25可以看出,C.R.值在0.7以上,这表明各潜在变量内的测试项目对潜在变量的解释是一致的。

各个维度的聚敛效度由平均方差提取量(AVE值)来反映。它经常被用来反映量表的聚敛效度,并能够直观地展示出为潜在变量所解释的变化量有多少是由测量误差引起的。其中,AVE值越大,测量变量为潜在变量所解释的变化量百分比就越大,而相对的测量误差就越小,通常取值要求是在0.5以上。从表7.25可以看出,该量表数据中的AVE值都超过了标准值0.5,这表明了该量表的收敛效度是良好的。

表7.25 因子分析结果表

变量	测量题目	Estimate	S.E.	C.R.	P	CR	AVE
感官体验	Q1	0.813				0.936	0.618
	Q2	0.782	0.038	25.608	***		
	Q3	0.783	0.037	25.627	***		
	Q4	0.772	0.037	25.146	***		
	Q5	0.76	0.037	24.588	***		
	Q6	0.794	0.036	26.136	***		
	Q7	0.783	0.036	25.651	***		
	Q8	0.761	0.035	24.673	***		
	Q9	0.824	0.036	27.578	***		
情感体验	Q10	0.859				0.931	0.629
	Q11	0.801	0.032	28.654	***		
	Q12	0.765	0.031	26.582	***		
	Q13	0.717	0.035	24.08	***		
	Q14	0.787	0.031	27.804	***		
	Q15	0.78	0.032	27.431	***		
	Q16	0.771	0.033	26.923	***		
	Q17	0.854	0.03	31.968	***		
交互体验	Q18	0.788				0.923	0.572
	Q19	0.732	0.038	22.397	***		
	Q20	0.715	0.038	21.77	***		
	Q21	0.751	0.042	23.146	***		
	Q22	0.766	0.04	23.71	***		
	Q23	0.774	0.037	24.041	***		
	Q24	0.722	0.041	22.042	***		
	Q25	0.757	0.042	23.364	***		
	Q26	0.799	0.039	25.026	***		
思维体验	Q27	0.771			***	0.914	0.604
	Q28	0.794	0.046	23.875	***		
	Q29	0.784	0.047	23.505	***		
	Q30	0.756	0.052	22.516	***		
	Q31	0.781	0.045	23.386	***		
	Q32	0.774	0.043	23.166	***		
	Q33	0.778	0.046	23.306	***		
功能体验	Q34	0.799	0.035	23.529	***	0.896	0.589
	Q35	0.761	0.039	23.83	***		
	Q36	0.769	0.039	23.257	***		
	Q37	0.754	0.036	22.858	***		
	Q38	0.744	0.038	24.19	***		
	Q39	0.778					

注：***为$P<0.001$，C.R.值为临界比，也即各项目载荷对应的t值；S.E.为标准误差。

(六)相关性分析

当一件事物与另一件事物有一定的关联而不能对其进行直接的因果说明时,笔者将其称为关联性。在本书中,笔者使用了佩尔森(Person)相关法,对各个因素进行了相关性分析。

表7.26为相关性分析,其结果显示:本研究所涉及的5个潜在变量的相关系数对应的P值均小于0.01,具有显著的统计学意义,说明5个潜在变量两两之间均具有显著的正相关性。

其中,感官体验与情感体验的相关性系数为0.610,与交互体验的相关性系数为0.446,与思维体验的相关性系数为0.310,与功能体验的相关性系数为0.643;情感体验与交互体验的相关性系数为0.485,与思维体验的相关性系数为0.282,与功能体验的相关性系数为0.699;交互体验与思维体验的相关性系数为0.454,与功能体验的相关性系数为0.453;思维体验与功能体验的相关性系数为0.258。

表7.26 相关性分析

	感官体验	情感体验	交互体验	思维体验	功能体验
感官体验	1				
情感体验	.610**	1			
交互体验	.446**	.485**	1		
思维体验	.310**	.282**	.454**	1	
功能体验	.643**	.699**	.453**	.258**	1

注:**为$P<0.01$。

7.3 中国男子篮球职业联赛球迷观赛体验影响因素模型的构建

7.3.1 模型假设

在对上述影响因素进行选择和优化并对其进行因素分析的结果基础上,本书提出了相关的理论假设(见表7.27所列)和理论假设模型,并建立了模型理论框架和假设模型,代表着变量间的相互影响作用。一阶项为感官体验、情感体验、交互体验、思维体验、功能体验等五项因素,每项皆包含多项观察指标;二阶项为观赛体验。

表7.27 影响因素理论假设

编号	假设内容
L1	感官体验对中国男子篮球职业联赛球迷观赛体验具有正向影响
L1a	Q1正向影响感官体验
L1b	Q2正向影响感官体验
L1c	Q3正向影响感官体验
L1d	Q4正向影响感官体验

续表

编号	假设内容
L1e	Q5正向影响感官体验
L1f	Q6正向影响感官体验
L1g	Q7正向影响感官体验
L1h	Q8正向影响感官体验
L1i	Q9正向影响感官体验
L2	情感体验对中国男子篮球职业联赛球迷观赛体验具有正向影响
L2a	Q10正向影响情感体验
L2b	Q11正向影响情感体验
L2c	Q12正向影响情感体验
L2d	Q13正向影响情感体验
L2e	Q14正向影响情感体验
L2f	Q15正向影响情感体验
L2g	Q16正向影响情感体验
L2h	Q17正向影响情感体验
L3	交互体验对中国男子篮球职业联赛球迷观赛体验具有正向影响
L3a	Q18正向影响交互体验
L3b	Q19正向影响交互体验
L3c	Q20正向影响交互体验
L3d	Q21正向影响交互体验
L3e	Q22正向影响交互体验
L3f	Q23正向影响交互体验
L3g	Q24正向影响交互体验
L3h	Q25正向影响交互体验
L3i	Q26正向影响交互体验
L4	思维体验对中国男子篮球职业联赛球迷观赛体验具有正向影响
L4a	Q27正向影响思维体验
L4b	Q28正向影响思维体验
L4c	Q29正向影响思维体验
L4d	Q30正向影响思维体验
L4e	Q31正向影响思维体验
L4f	Q32正向影响思维体验
L4g	Q33正向影响思维体验
L5	功能体验对中国男子篮球职业联赛球迷观赛体验具有正向影响

续表

编号	假设内容
L5a	Q34正向影响功能体验
L5b	Q35正向影响功能体验
L5c	Q36正向影响功能体验
L5d	Q37正向影响功能体验
L5e	Q38正向影响功能体验
L5f	Q39正向影响功能体验

7.3.2 模型拟合

在社会学中，结构方程模型是一种重要的定量分析手段。而对于某些无法被直接精确度量的因素（简称为"潜在因素"），则需要通过某些能够被直接观察到的外在因素（简称为"观察因素"）来间接度量潜在因素。经典的统计分析方法无法对潜在变量和观察变量进行有效的分析，而结构方程模型既可以对计量模型（潜在变量和观察变量之间的关系）进行分析，又可以对潜在变量之间的关系进行分析。由于本书所要测试的所有变量都是隐性变量和隐性变量之间的相关，所以选择了结构方程模式进行研究。

7.3.2.1 模型违反估计检验

对模型违反估计检验，可以从几个角度来进行评估：第一，测试该模型的误差变异系数有无负值，有无显著性；第二，检验标准化回归系数，确定其是否为0.5~0.95；第三，是否存在更大的标准误差。从表7.28可以看出，该模式的估算参数S.E.（标准误差）在0.018至0.049之间，均大于0；各残差的C.R.值都在1.96以上，表示各指标都达到了显著性。正如表6.3所列，潜在变量与观测变量之间的因素负担量值在0.715至0.859之间，满足0.50~0.95的要求，并与相关的数据进行了对比。结果显示，该模型没有存在违反估计的现象，因此可以展开下一步的模型拟合度测试。

表7.28 误差系数估计表

变量	误差系数	S.E.	C.R.	P
e1	0.420	0.024	17.674	***
e2	0.492	0.027	18.149	***
e3	0.454	0.025	18.140	***
e4	0.469	0.026	18.277	***
e5	0.508	0.028	18.419	***
e6	0.436	0.024	17.985	***
e7	0.433	0.024	18.136	***
e8	0.451	0.025	18.406	***
e9	0.383	0.022	17.451	***

续表

变量	误差系数	S.E.	C.R.	P
e10	0.331	0.020	16.522	***
e11	0.439	0.025	17.868	***
e12	0.439	0.024	18.362	***
e13	0.626	0.033	18.821	***
e14	0.418	0.023	18.082	***
e15	0.473	0.026	18.171	***
e16	0.490	0.027	18.282	***
e17	0.330	0.020	16.703	***
e18	0.441	0.025	17.557	***
e19	0.450	0.025	18.339	***
e20	0.463	0.025	18.509	***
e21	0.535	0.030	18.114	***
e22	0.450	0.025	17.908	***
e23	0.387	0.022	17.782	***
e24	0.537	0.029	18.434	***
e25	0.526	0.029	18.036	***
e26	0.381	0.022	17.330	***
e27	0.319	0.018	17.405	***
e28	0.327	0.019	16.960	***
e29	0.353	0.021	17.157	***
e30	0.484	0.027	17.646	***
e31	0.331	0.019	17.251	***
e32	0.314	0.018	17.397	***
e33	0.346	0.020	17.296	***
e34	0.529	0.032	16.666	***
e35	0.461	0.026	17.412	***
e36	0.564	0.033	17.317	***
e37	0.584	0.033	17.592	***
e38	0.511	0.029	17.727	***
e39	0.510	0.030	17.111	***
e40	0.311	0.028	11.058	***
e41	0.268	0.027	9.834	***
e42	0.452	0.037	12.272	***
e43	0.394	0.032	12.446	***
e44	0.216	0.028	7.679	***

正如表7.29所列，潜在变量与观测变量之间的因素负担量值为0.715～0.859，它满足0.50～0.95的要求，并与相关的数据进行了对比。结果显示，该模型没有存在违反估计的现象，因此可以展开下一步的模型拟合度测试。

表7.29 中国男子篮球职业联赛球迷观赛体验影响因素模型参数估计值统计

变量	Unstand.	S.E	C.R.	P	Std.
感官体验	1.000				0.813
感官体验	0.975	0.038	25.597	***	0.782
感官体验	0.938	0.037	25.627	***	0.783
感官体验	0.921	0.037	25.145	***	0.772
感官体验	0.922	0.037	24.596	***	0.760
感官体验	0.953	0.036	26.130	***	0.794
感官体验	0.917	0.036	25.640	***	0.783
感官体验	0.872	0.035	24.651	***	0.761
感官体验	0.996	0.036	27.567	***	0.824
情感体验	1.000				0.859
情感体验	0.916	0.032	28.634	***	0.801
情感体验	0.813	0.031	26.571	***	0.765
情感体验	0.840	0.035	24.059	***	0.716
情感体验	0.852	0.031	27.807	***	0.787
情感体验	0.887	0.032	27.435	***	0.780
情感体验	0.878	0.033	26.943	***	0.772
情感体验	0.973	0.030	31.966	***	0.854
交互体验	1.000				0.788
交互体验	0.846	0.038	22.355	***	0.731
交互体验	0.818	0.038	21.728	***	0.715
交互体验	0.978	0.042	23.086	***	0.751
交互体验	0.940	0.040	23.673	***	0.766
交互体验	0.895	0.037	24.005	***	0.774
交互体验	0.901	0.041	22.015	***	0.722
交互体验	0.988	0.042	23.317	***	0.757
交互体验	0.969	0.039	25.026	***	0.800
思维体验	1.000				0.772
思维体验	1.090	0.046	23.870	***	0.794
思维体验	1.097	0.047	23.538	***	0.785

续表

变量	Unstand.	S.E	C.R.	P	Std.
思维体验	1.178	0.052	22.568	***	0.757
思维体验	1.046	0.045	23.368	***	0.780
思维体验	0.994	0.043	23.090	***	0.772
思维体验	1.061	0.046	23.285	***	0.778
功能体验	1.000				0.799
功能体验	0.829	0.035	23.596	***	0.763
功能体验	0.933	0.039	23.805	***	0.768
功能体验	0.903	0.039	23.175	***	0.752
功能体验	0.822	0.036	22.835	***	0.744
功能体验	0.918	0.038	24.229	***	0.779

7.3.2.2 模型拟合度检验

见表7.30所列，X^2/df 的值比3小，为1.518；相对误差最大均值（RMSEA）为0.5，低于规范的0.08，表明具有良好的适配度。GFI=0.938、NFI=0.931、IFI=0.983、CFI=0.983、PNFI=0.895、PCFI=0.924、PGFI=0.838，说明本书所构建的二阶结构模型是有效的，而且与回收数据的匹配程度也比较好。

表7.30 模型适配度指标表

指标系数	绝对适配指数			增值适配度指数			简约适配度指数		
	X^2/df	RMSEA	GFI	NFI	IFI	CFI	PNFI	PCFI	PGFI
适配标准	<3	<0.08	>0.8	>0.8	>0.9	>0.9	>0.5	>0.5	>0.5
检验数值	1.518	0.025	0.938	0.931	0.983	0.983	0.895	0.924	0.838

7.3.2.3 模型路径分析

在本书研究过程中，使用AMOS21.0软件，展开结构方程模型路径系数和C.R.值，其中路径系数反映了变量之间的影响关系及程度，临界比例C.R.值可判断回归系数显著与否，通常认为C.R.值≥1.96，就可以表明在0.05的显著水平下有显著差异。

路径分析结果，见表7.31所列。

感官体验对中国男子篮球职业联赛球迷观赛体验的标准化路径系数为0.787，p<0.001，说明感官体验对中国男子篮球职业联赛球迷观赛体验有显著的正向影响作用，故假设L1成立；

情感体验对中国男子篮球职业联赛球迷观赛体验的标准化路径系数为0.844，p<0.001，说明情感体验对中国男子篮球职业联赛球迷观赛体验有显著的正向影响作用，故假设L2成立；

交互体验对中国男子篮球职业联赛球迷观赛体验的标准化路径系数为0.612，p<

0.001，说明交互体验对中国男子篮球职业联赛球迷观赛体验有显著的正向影响作用，故假设L3成立；

思维体验对中国男子篮球职业联赛球迷观赛体验的标准化路径系数为0.402，p<0.001，说明思维体验对中国男子篮球职业联赛球迷观赛体验有显著的正向影响作用，故假设L4成立；

功能体验对中国男子篮球职业联赛球迷观赛体验的标准化路径系数为0.877，p<0.001，说明功能体验对中国男子篮球职业联赛球迷观赛体验有显著的正向影响作用，故假设L5成立。

表7.31 路径分析结果表

假设路径	Estimate	S.E.	C.R.	P
感官体验→中国男子篮球职业联赛球迷观赛体验	0.787	—	—	***
情感体验→中国男子篮球职业联赛球迷观赛体验	0.844	0.063	18.294	***
交互体验→中国男子篮球职业联赛球迷观赛体验	0.612	0.053	13.854	***
思维体验→中国男子篮球职业联赛球迷观赛体验	0.402	0.04	9.627	***
功能体验→中国男子篮球职业联赛球迷观赛体验	0.877	0.067	17.692	***

注：***为$P<0.001$。

实验研究假设汇总，见表7.32所列。

表7.32 实验研究假设汇总

假设编号	假设内容	验证结果
L1	感官体验因素对中国男子篮球职业联赛球迷观赛体验具有正向影响	支持
L2	情感体验因素对中国男子篮球职业联赛球迷观赛体验具有正向影响	支持
L3	交互体验因素对中国男子篮球职业联赛球迷观赛体验具有正向影响	支持
L4	思维体验因素对中国男子篮球职业联赛球迷观赛体验具有正向影响	支持
L5	功能体验因素对中国男子篮球职业联赛球迷观赛体验具有正向影响	支持

7.3.3 结果分析

通过AMOS模型的实证分析，本书针对中国男子篮球职业联赛球迷观赛体验，找出了5点重要的因素，分别是：感官体验因素、情感体验因素、交互体验因素、思维体验因素、功能体验因素。其中，比赛激烈程度、场馆主题鲜明且富有文化内涵、别出心裁的热身活动、独具匠心的入场仪式、赛场的视听效果、球员或球队的赛场表现、浓厚的比赛氛围、合理的观赛布局，能够很好地诠释感官体验因素；比赛的感染力、对比赛的期盼、赛场主播的氛围烘托、留下一段难忘的回忆、宣泄情感、球星号召力、球队归属感、满足球

迷的个性化需求，能够很好地诠释情感体验因素；丰富且新颖的趣味性互动、赛事周边产品丰富、社交媒介、球迷活动可参与度高、整洁舒适的观赛环境、赛事能满足用户的偏好、重要时刻的多角度及时高清回放、赛场技术数据统计的全面呈现、球迷对赛场意见和投诉即时反馈，能够很好地诠释交互体验因素；比赛结果的不确定性、回忆比赛的精彩瞬间、对比赛的评价、对赛场细节的敏锐捕捉、寻求破解局势困境的求知欲望、对赛场某一时刻产生联想并引发灵感、自发对球队或球员进行深入了解，能够很好地诠释思维体验因素；增加对篮球运动的认知度、增加对篮球技能的参与度、学习先进的篮球技战术、增加与人交流的话题、符合自身个性与身份的认同、获取社交关注、得到尊重，能够很好地诠释功能体验因素。

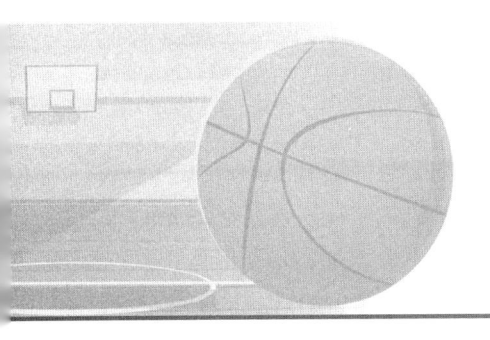

第八章　中国男子篮球职业联赛治理共同体构建

中国男子篮球职业联赛治理主体结构是指中国男子篮球职业联赛治理进路中参与联赛治理的各个主体的搭配与安排。中国男子篮球职业联赛治理主体结构反映了各个治理主体之间的相互关系，决定了联赛治理相关制度的设计与实现方式。作为中国男子篮球职业联赛治理体系的重要组成内容，中国男子篮球职业联赛治理结构是探讨"谁来治"的核心问题，是决定中国男子篮球职业联赛治理方向与价值目标的关键性问题。其核心议题是处理好篮管中心、中国篮协、中篮联（北京）体育有限公司、俱乐部和联赛核心利益相关者之间的关系以及在中国男子篮球职业联赛治理过程中，它们所扮演的角色与地位问题。只有清晰界定各治理主体之间的关系，才能确立中国特色的中国男子篮球职业联赛治理主体结构，确保中国男子篮球职业联赛各项治理工作有序进行，切实提高治理效能。而中国男子篮球职业联赛治理共同体的构建是对"谁来治"这一核心问题的有效回答。本章首先分析了中国男子篮球职业联赛治理主体结构的历史嬗变并反思治理结构中的问题，其次提出了构建中国男子篮球职业联赛治理共同体的构想并阐明共同体的核心内涵、探究中国男子篮球职业联赛构建治理共同体的适切性，最后指明了中国男子篮球职业联赛治理共同体的构建逻辑。

8.1　中国男子篮球职业联赛治理主体结构的嬗变与反思

中国男子篮球职业联赛治理主体结构的变革过程，有经济社会背景、价值取向、机制特征、行为表征层面的嬗变。探析中国男子篮球职业联赛治理主体结构的嬗变并进行反思，有助于更好地分析中国男子篮球职业联赛治理中的问题，以构建适切的治理机制。

8.1.1　中国男子篮球职业联赛治理主体结构的嬗变

8.1.1.1　篮管中心一元主导的塔式结构（1995—2014年）

为进一步提升国家男子篮球队的成绩，适应市场经济的发展需求并逐步将竞技篮球推向市场化，在中国篮协的组织引导下，中国男子篮球职业联赛于1995年初创。1997年11月，国家体育总局实行体育管理体制改革和运行机制转变，国家篮球运动管理中心（以下简称"篮管中心"）宣布成立。篮管中心接管了中国篮协的牌子。中国篮协的领导也自然

由篮管中心的领导担任。自此，篮管中心、中国篮协"一套人马，两块牌子"的管理体制正式确立。在具体职责范围中，篮管中心下属的竞赛管理部具有组织中国男子篮球职业联赛和研究制定发展规划、竞赛规程与管理制度的工作权限。

在相当长的一段时期，中国男子篮球职业联赛治理主体结构为篮管中心一元主导的"塔式"结构，这种"塔式"治理结构是以"权力本位"为基础的。中国男子篮球职业联赛塔式治理主体结构，如图8.1所示。

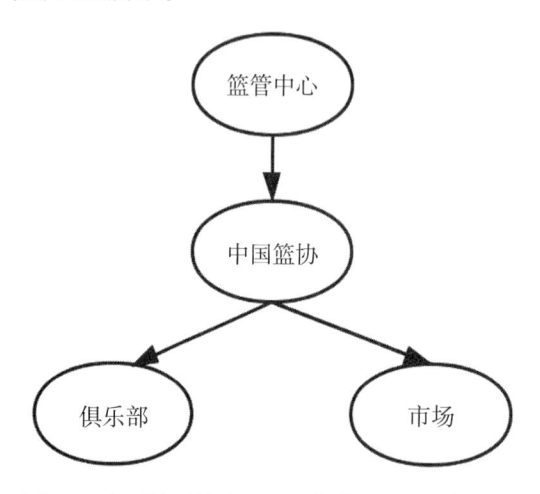

图8.1 中国男子篮球职业联赛塔式治理主体结构

（一）治理主体权力与地位

从治理主体权力与地位层面来看，其他治理主体与篮管中心的地位是完全不对等的，篮管中心运用政府的行政力量在中国男子篮球职业联赛发展过程中始终扮演着掌舵者和决策者的角色，在治理主体结构中处于绝对的权力地位。中国篮协具有较强的行政依附性，缺少科学完善的协会章程，缺乏作为社会团体应有的在人、财、物等方面的自主性。篮管中心以管控取代职业篮球市场自治，忽视市场力量，限制了市场自身力量的发挥。俱乐部与其说同为治理主体，不如说是治理对象，在治理中的作用较小。它们之间与篮管中心的关系不是双向互动，而是单向的管制与被管制的关系。俱乐部在联赛重大事务决策中并没有太大的话语权，如2005年4月，中国男子篮球职业联赛委员会在中国篮协的授权下成立，负责联赛各项事务的决策与管理。联赛的重大决策需要委员会投票通过，但在执行中常常流于形式。虽然各俱乐部在委员会中均占有一席，但无法成为俱乐部利益的代表。曾有CBA俱乐部代表指出："中国篮协对一些问题通过举手表决的方式处理，缺乏严谨科学的程序。比如，有时举手表决的方式会变为'反对的人请举手'。"

（二）治理制度的设计与实施

从治理制度的设计与实施看，篮管中心是中国男子篮球职业联赛制度的唯一供给者，制度设计以实现自身利益为最大追求[71]。篮管中心既是联赛治理及其规则的制定者，又兼具规则执行的主体。篮管中心的身份集机关事业单位、社会团体、企业以及各项法人功能于一体，掌握着中国男子篮球职业联赛场域内大量的行政资源和经济资源。制度的安排往往倾向于篮管中心的意志与利益体现，不是各方利益的均衡。政事、政社、政企不分，中国篮协在篮管中心的领导下行事，职责边界并不清晰[74]。篮管中心与中国篮协在处理俱乐部的准入、球员的注册与流动时经常遵从主观意志而忽略制度的权威性。2005年，中国男子篮球职业联赛取消升降级制度，发布50条准入标准实行准入制。2008年，广东凤铝铝业俱乐部取得NBL联赛综合成绩第一，随后通过了中国男子篮球职业联赛准入条件的审查并获得了中国男子篮球职业联赛新赛季的准入资格。但中国篮协及其下属的中国男子篮球职业联赛委员会以"地域分布平衡原则"，取消其准入资格。而当年的准入实施方案中并无此规定，并且第一次投票的表决委员并未达到章程规定的人数。俱乐部申诉无果，最终宣布退出，成为当年轰动体育界的"广东凤铝事件"。

（三）治理主体利益博弈与行动逻辑

从治理主体利益博弈与行动逻辑层面看中国男子篮球职业联赛权力结构的变革，实质上是联赛各治理主体为实现自身利益最大化而对联赛的控制权、经营权、收益权配置的争夺，主体间的竞争与合作支配着权力结构演进的过程。篮管中心及中国篮协的行动逻辑中充斥着行政逻辑，一直牢牢掌握着联赛的办赛权与商务权，非常关注国家队成绩的提升。它们希望通过中国男子篮球职业联赛为国家培养更多优秀的竞技篮球人才，确保国家队在国际大赛中获取优异成绩，以保持自身良好政绩。这样的目标逻辑本无可厚非，但时常因备战国际大赛而强制改变赛制、缩短联赛赛程，从而损害了俱乐部与赞助商的利益。例如，2006—2007赛季，为备战北京奥运会，中国男子篮球职业联赛大幅压缩赛程，取消上赛季刚执行的南北分区制，退回到过去的双循环赛制，破坏了联赛的信誉以及改革的连续性和稳定性，联赛遭受严重经济损失。2014—2015赛季，中国篮协考虑到国家队之后需要征战关乎里约奥运会资格的亚锦赛，在同国家队协商后，把比赛原定时间提前了一个星期。为了留更充裕的时间给国家队，联赛从之前的两周五赛变为了一周三赛，两周下来比之前多打一场比赛以减少赛季需要的时间。

篮管中心与中国篮协为获得特定环境下的超额收益压缩俱乐部商务开发的权限与空间，长期在联赛的商务运营与优秀球员的商业开发等方面剥夺俱乐部利益，成为既得利益的主体。例如，在中国男子篮球职业联赛的招商权益中，2005年至2017年间，中国男子篮球职业联赛统一打包给瑞士盈方的商务权益共有23项，而俱乐部仅具有球队冠名权、球衣背面广告、门票背面广告、俱乐部秩序手册广告、俱乐部网站专栏冠名、联赛向俱乐部开放的广告横幅等微不足道的6项招商权益。CBA俱乐部的经营行为消极、积极性不足，自身建设与发展主要依靠母公司的投资与输血，不断处于亏损状态。俱乐部处于运营成本较高且难以盈利的局面，也使俱乐部投资人更倾向于轻资产模式，几乎所有CBA俱乐部的主场、训练场、球员宿舍、办公楼往往均为租赁而非产权自有。

篮管中心一元主导的塔式治理结构在中国男子篮球职业联赛成立初期有一定的历史合理性，社会经济制度的发展变化决定了中国男子篮球职业联赛的成长态势。中国男子篮职业联赛成立时正是我国经济体制从传统的计划经济体制向社会主义市场经济体制转变的初期，市场环境具有不稳定性，俱乐部面临较大经营风险，在竞技篮球人才、市场与政治资源等方面高度依赖于篮管中心及地方体育局的让渡。因此，CBA俱乐部普遍以产权妥协的方式与当地体育局共建，来获取稳定经营的发展环境与纽带关系，而代表政府的篮管中心与中国篮协倾注了大量资源。这也就解释了虽然俱乐部在中国男子篮球职业联赛的权力结构中处于劣势地位，缺乏自主权，但依然维持经营服从管控。随着市场经济的发展趋于成熟稳定，职业篮球的市场化、产业化得到进一步发展，而篮管中心及中国篮协过多的行政干预使联赛经营活动在背离市场规律的同时也损害了投资者的热情。同时，CBA俱乐部建立了适合自身的后备人才培养体系，逐步与地方体育局在产权上进行了剥离，对于行政部门的依附关系减弱，资金投入的不断上升与持续的亏损使俱乐部谋求对中国男子篮球职业联赛更大的决策权与支配权。

8.1.1.2 俱乐部与篮协二元并行的链式治理结构（2015年至今）

（一）中国男子篮球职业联赛治理主体塔式结构向链式结构转变的动因

资本市场的推动与产业政策的助力随着市场经济的蓬勃发展，整个职业体育场域被政治权力刚性压制的经济理性迅速恢复并日渐张扬。国家文化体育与传媒支出持续增长，体育产业运作越发市场化，职业体育赛事赞助成为企业品牌塑造及曝光的重要渠道。国外知名职业体育联赛版权价值、俱乐部估值以及体育赞助费用屡创新高，为国内职业体育赛事树立了标杆。国内资本在趋于回归的同时逐步向中超、中国男子篮球职业联赛等职业体育头部项目聚集。在国内外职业体育市场投资与收益形势大好的情况下，中国男子篮球职业联赛原有塔式结构治理效用较低、严重束缚投资者热情、制约联赛改革进程的缺陷被进一步扩大。资本的逐利性是寻求变革的直接动因，中国男子篮球职业俱乐部在投入大量专属资产后强烈要求获得更大的经济回报、政治资本与社会声誉。

市场大环境在向好的同时，国家密集出台体育产业发展指导意见以及行业法律法规，见表8.1所列。这些政策聚焦于产业发展、赛事改革和人才培养等方面，给予投资者制度的保障、强烈的信心与变革的动力。《"十四五"体育发展规划》对职业体育的健康发展和特色职业体育发展道路给予明确的方向指引。2021年10月，国家体育总局发布实施的《"十四五"体育发展规划》明确提出："充分发挥政府、社会、市场作用，凝聚各方力量，激发社会活力，整合国内外优质资源向竞技体育汇聚。依据项目特点和发展水平，稳步推进运动项目管理体制机制改革，构建多元化项目发展新模式。引导规范职业体育健康发展，走中国特色职业体育发展道路。"中国男子篮球职业联赛体制机制要完善、利益主体关系要厘清、联赛决策机制要改进，在利益驱动与政策助力下，CBA各俱乐部再次呼吁并将联赛改革付诸行动。

表8.1　近10年产业发展与项目改革政策列表

时间	推出单位	政策名称
2014.10	国务院	《关于加快发展体育产业促进体育消费的若干意见》
2014.12	国家体育总局	《国家体育总局关于推进体育赛事审批制度改革的若干意见》
2015.07	国务院	《行业协会商会与行政机关脱钩总体方案》
2015.12	国家体育总局	《关于体育场馆房产税和城镇土地使用税政策的通知》
2016.05	国家体育总局 国务院	《体育发展"十三五规划"》《全民健身计划2016-2020》
2016.08	国家体育总局	《竞技体育"十三五规划"》
2016.09	教育部	《教育部办公厅关于校园篮球推进试点工作的通知》
2017.03	国家体育总局	《关于篮球改革试点有关事项的通知》
2017.11	中国篮球协会	《小篮球规则》
2018.12	国家体育总局	《关于加快发展体育竞赛表演产业的指导意见》
2019.01	国家体育总局 国家发展改革委	《进一步促进体育消费的行动计划（2019-2020年）》
2020.01	国家体育总局	《体育赛事活动管理办法》
2021.10	国家体育总局	《"十四五"体育发展规划》
2022.03	国务院办公厅	《关于构建更高水平的全民健身公共服务体系的意见》
2023.07	国家体育总局	《关于恢复和扩大体育消费的工作方案》

（二）中国男子篮球职业联赛治理主体链式结构的行为表征

链式治理结构是因篮管中心一元主导的塔式治理结构治理效用降低而产生的适应市场需求的俱乐部与中国篮协二元并立的治理结构。链式治理结构中治理主体的主要行为特征是合作与协调较少，而斗争加剧。代表行政力量的篮管中心权威受到极大的挑战，篮管中心与中国篮协的制度供给呈分散性和无序性。在此期间，CBA俱乐部对治理权限的争夺达到了高潮，不断地要求篮管中心及中国篮协对中国男子篮球职业联赛控制权和收益权进行重新配置。随后，代表政府主体的篮管中心与中国篮协在中国男子篮球职业联赛权力结构中占据绝对优势地位的局面被打破，市场主体、俱乐部和中国篮协力量趋于均衡。中国男子篮球职业联赛链式治理主体结构，如图8.2所示。

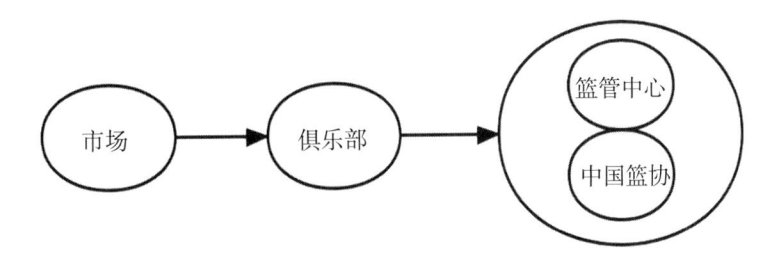

图8.2　中国男子篮球职业联赛链式治理主体结构

国家层面基于转变政府职能的要求，监管与举办职能分开的"管办分离"政策得以推行，也为CBA各俱乐部后续的掌权提供了制度保障。2015年7月，为了解决行业协会、商会、政会不分，协会治理结构不健全以及管理、监督、创新发展中出现的诸多问题与不足，中共中央、国务院出台的《行业协会商会与行政机关脱钩总体方案》指出，按照加快形成政社分开、权责明确、依法自治的现代社会组织体制要求，推动行业协会商会与行政机关脱钩试点工作，2015年下半年由民政部牵头开始第一批试点，2016年总结经验、扩大试点，2017年在更大范围试点，在通过试点完善相应的体制机制后全面推开[151]。脱钩方案成为此后各俱乐部向中国篮协索要话语权、商务权最强有力的政策依据。

2016年3月，由姚明牵头、18家CBA俱乐部共同参与的中职联公司宣告成立，标志着俱乐部参与治理的决心。中职联公司希望拿下中国男子篮球职业联赛的经营权和商务权，取得中国男子篮球职业联赛的主导地位，激活职业篮球市场，竭力使俱乐部盈亏与赞助商问题、运动员薪酬问题、裁判员职业化问题以及媒体服务等得到有效解决。但涉及股权、商务权分配的核心诉求，中职联公司与中国篮协的谈判举步维艰，经历几次谈判均遭中国篮协强硬回绝。随后，时任中国男子篮球职业联赛办主任张雄则表示："此前由18家俱乐部共同发起成立的联合公司是'个人行为'"。中国篮协为推进中国男子篮球职业联赛职业化进程、管办分离等改革，将成立由中国篮协和各俱乐部共同出资入股的"中国男子篮球职业公司"。中国男子篮球职业联赛属于国有资产，改革的方案和进程决不能影响联赛国有资产的保值和增值。根据《中华人民共和国体育法》规定，中国男子篮球职业联赛的所有权属于中国篮协[152]。短短时间内，两家公司的成立意味着中国篮协与俱乐部对联赛控制权与收益权的争夺与博弈达到高潮。其倒逼式的改革推进了中国篮球职业化，加速了"管办分离"的进程，拉开了职业篮球管理体制全面深化改革的序幕。

俱乐部及其代表与中国篮协经过多轮的博弈与协商，最终于2016年11月成立中篮联（北京）体育有限公司，简称"CBA公司"。中国篮协推荐国家体育总局篮管中心副主任李金生兼任董事长，CBA俱乐部投票选出上海东方俱乐部投资人姚明为副董事长，政府的力量在中国男子篮球职业公司架构中依然占据绝对优势。2017年2月，在中国篮球协会第九次全国代表大会上，姚明当选为中国篮球协会主席。随着"管办分离"政策的推进及试点范围的扩大化，2017年3月，国家体育总局办公厅下发《关于篮球改革试点有关事项的通知》，篮球运动管理中心将承担的业务职责移交给中国篮协，实现了中国篮协脱钩的第一步。2017年4月，中国篮协召开临时董事会并表决通过了CBA公司股权转让规定，头号大股东中国篮协将所持有的30%股权以858万元的象征性价格转让给CBA联赛20支球队，每家俱乐部持股份额增至5%。股权全部让渡后，中国篮协将对中国男子篮球职业联赛承担监督职责，并陆续将中国男子篮球职业联赛的竞赛组织权也移交给CBA公司。2017年7月，根据《CBA公司章程》规定，因中国篮协是中国男子篮球职业联赛授权方，所以CBA公司董事长应由中国篮协推荐的主要领导担任。最终，CBA公司董事会表决通过任命姚明为董事长。

由此可见，中国男子篮球职业联赛治理主体结构经历了由篮管中心一元主导的塔式结构向中国篮协与CBA各俱乐部二元并立的链式结构转变的过程。其中，资源禀赋是中国男子篮球职业联赛治理主体结构演变的前提与基础，利益博弈是治理主体结构演变的动力与行为表征，制度的变迁是中国男子篮球职业联赛治理主体结构演变的催化剂。在中国男子篮球职业联赛前期，以篮管中心、中国篮协以及地方体育局为代表的行政部门牢牢把控着赛事的审批权、运动员和教练员的归属权、运动场馆设施的所有权以及联赛的商务权。生产资源的优势决定了其在中国男子篮球职业联赛权力结构中的优势地位，这种职业化程度不足的表现也是我国经济体制转型期职业篮球发展的必然表现。而随着市场在资源配置中决定性地位的展现，在创新职业体育治理体制的政策助力下，中国男子篮球职业联赛倒逼式"管办分离"改革取得初步的成效。篮管中心以及中国篮协治理结构的优势地位被打破，逐步让渡给和赋予了职业俱乐部各项资源与权限，维持了一种相对均衡的治理主体结构。但目前中国男子篮球职业联赛现在的治理主体结构是否有利于提高联赛治理效能？是否有利于解决联赛现存的难点、痛点？是否有利于达成中国男子篮球职业联赛的商业价值与社会价值双重聚合的价值目标？这些都是值得我们反思的问题。中国男子篮球职业联赛治理主体结构、特征及行为表征，见表8.2所列。

表8.2 中国男子篮球职业联赛治理主体结构、特征及行为表征

治理主体	治理结构	机制特征	行为表征
篮管中心与中国篮协	一元主导	管控—服从	联赛为国家队让路、比赛场次少、俱乐部市场空间被"官方"挤压
中国篮协与CBA公司	二元并立	监管—协商	协同困境、管控习惯、市场拓展受限、社会责任外生于治理体系
中国篮协、CBA公司、俱乐部球迷及其他核心利益方	治理共同体	共建、共治、共享	互惠共生、培育球迷团体参与治理、"人人尽责"、社会责任"内化"

8.1.2 中国男子篮球职业联赛治理主体结构的反思

8.1.2.1 中国男子篮球职业联赛治理主体结构狭窄，不利于解决中国男子篮球职业联赛现存难点

中国男子篮球职业联赛通过自下而上的强制推动以及制度创新与调整，实现了中国男子篮球职业联赛权力结构的演进。俱乐部作为市场主体获得了中国男子篮球职业联赛治理的主要权限。虽然中国篮球协会理论上仍具有对中国男子篮球职业联赛监督的职责，但中国篮协现有组织架构及其职能并没有对中国男子篮球职业联赛监督的相关规章制度与条例。可以说，中国篮协逐渐了淡出了中国男子篮球职业联赛权力的中心。CBA公司官方虽然以"CBA联盟"宣称，但其决策权在CBA董事会（即少数俱乐部老总）手中，联赛

治理主体结构相对狭窄、成员组成身份单一。然而在"后管办分离"时代，中国职业篮球治理仍面临多维复杂难题，如青训体系建设问题、社会价值与商业价值平衡问题、国家队竞赛与俱乐部利益协调问题、联赛治理资源的分配与转移问题、分离与协同关系问题、联赛的可持续发展问题等。这些复杂问题均不是联赛现在治理主体所能承受之重，需要多主体、深层次的共治与共建才能解决。例如，竞技篮球后备人才在量与质上的不足是制约中国男子篮球职业联赛发展的痛点，欧美职业篮球是在后备人才等"生产资料"培育市场完备的基础上发展的。而中国男子篮球职业联赛则存在先天不足，CBA公司与职业俱乐部层面缺乏资源配置与整合的能力，尚不具备构建完善青训体系的能力与决心。因此，面临复杂的治理局面，拓展中国男子篮球职业联赛治理主体结构外延势在必行。

8.1.2.2　中国男子篮球职业联赛治理主体角色定位依然模糊，不利于提高联赛治理效能

在中国男子篮球职业联赛治理场域，"有形之手"的权力逻辑、"无形之手"的资本逻辑以及俱乐部日渐强烈的自治逻辑，相互嵌入中国篮协、CBA公司、赞助商、俱乐部的复杂关系之中。篮管中心、中国篮协与CBA俱乐部长期多重博弈，产生了"负向效应"，从理念上表现为联赛公共利益与公共价值导向作用的消失，从行为与结果上表现为利益博弈行为频出、利益分配不均下治理行动的低效。深层次根源在于中国男子篮球职业联赛治理主体的角色定位依然不清，在2020年7月中国篮协发布的新的《中国篮球协会章程》中，中国篮协的业务范围主要集中在推动社会篮球、三人篮球、小篮球等的普及、推广和提高，引导各年龄阶段群众参与篮球运动。下属职能部门联赛部对于职业体育的相关业务只涵盖中国女子篮球甲级联赛（WCBA）和全国男子篮球联赛（NBL）的竞赛组织与管理工作。

虽然中国篮协拥有中国男子篮球职业联赛的所有权，但中国篮协与中国男子篮球职业联赛的关系目前仅存留CBA公司董事长这一角色定位，职能与业务由原来的全盘掌控到如今的全面脱离。姚明身兼中国篮协主席和CBA公司董事长双重身份的特殊"权威主体"，是对中国男子篮球职业联赛权力让渡期的维稳选择，是为避免缺乏"治理权威主体"而导致联赛治理失灵和方向偏差。这样的制度设计与角色定位说明中国篮协在"后管办分离"时代依然延续了管控的思维习惯。对于中国男子篮球职业联赛治理事务，不是依靠有效的制度供给（即各行动者之间普遍接受的规则与规范），而是依靠绝对权力。对于中国男子篮球职业联赛治理"核心层"而言，中国篮协管控的思维习惯与治理活动行为准则的缺失，造成其在治理行为中的错位和缺位，不利于联赛治理效能的提升。健全的中国男子篮球职业联赛治理体系是提升联赛治理效能的前提，联赛其他核心利益相关者诸如球迷、球员、赞助商等治理力量定位不准与培育不足，尚未主动发挥主人翁精神并担当积极的践行者角色，缺乏参与联赛治理、表达自身诉求的平台。中国篮协下属职能部门负责业务范围，见表8.3所列。

表 8.3 中国篮协下属职能部门负责业务范围

部门	业务范围
综合部	完善内部制度建设、综合行政、财务管理、法务管理
国家队管理与外事部	各级国家队管理与外事保障；积极开展国际交流与合作，提高中国篮协的国际影响力
青少年发展部	青训体系、青少年竞赛体系的科学化建设，为国家培养高水平篮球后备人才，与教育部对接
社会发展部	指导成员单位的建设与发展，管理和指导各级社会篮球、校园篮球和小篮球的推广工作；推进社会公益活动，推动篮球文化建设
联赛部	以WCBA联赛的竞赛组织和管理工作为核心，负责WCBA联赛的赛事组织、商务开发管理和媒体宣传推广等工作；NBL联赛的监管、指导及协调工作；制定NBL联赛长远发展规划，加强NBL联赛健康有序发展；负责全国女篮锦标赛的赛事组织管理工作
三人篮球部	开展三人篮球赛，提升中国三人篮球项目水平，负责三人篮球项目的宣传与推广；选拔并培养优秀人才，组建各级三人篮球国家队，提高三人篮球国际竞争力
竞赛部	统筹管理篮球赛事；建设裁判员、技术官员队伍，提升裁判员、技术官员队伍的专业能力。
技术部	大数据、注册、教练员培训、科研

8.1.2.3 中国男子篮球职业联赛治理主体结构不利于联赛治理价值目标的实现

政府行政机制的局限性在于力量的过度使用，会造成政府与市场和社会关系之间形成较大的隔阂。而社会资本力量将在职业体育市场体系完善后逐步呈现，提升社会力量的积极性并刺激市场将会有助于我国职业体育快速发展。但是社会资本具有天然的逐利性，政府不加以引导又容易造成供给与需求之间的结构性矛盾，难以满足社会大众的实际需求，从而形成职业体育高质量发展的新的困境[153]。以中国男子篮球职业联赛为代表的我国职业篮球高质量的发展需要遵从以人民中心的价值导向，实现社会与商业双重价值聚合的核心价值，以及凸显体育强国建设核心竞争力地位的时代价值。然而，中国男子篮球职业联赛治理主体结构的单一性与主体间互动的局限性，不利于联赛目标价值的实现。以职业俱乐部负责人为核心的CBA公司董事会架构与治理主体结构容易遵从"股东至上"和"逐利第一"的价值逻辑，将联赛的公共属性与价值目标置若罔闻。因此，要突破"股东至上"逻辑，改变传统治理样态，以更为广阔的社会视角思考中国男子篮球职业联赛治理主体在社会结构和社会关系中责、权、利的安排，遵循"核心利益相关者合作"逻辑，给予社会主体参与联赛治理的空间，激发社会主体积极性，形成多元主体参与的利益共同体，是中国男子篮球职业联赛治理的题中之义。

8.2 中国男子篮球职业联赛治理共同体构建的适切性

面对中国男子篮球职业联赛治理的多重问题与多元目标，未来采取什么样的治理主体结构及什么样的集体行动逻辑是联赛治理富有成效的关键。党的十九届四中全会通过的

《中共中央关于坚持和完善中国特色社会主义制度 推进国家治理体系和治理能力现代化若干重大问题的决定》提出了民众权益保障与发展的"中国之治",并创造性地提出了"社会治理共同体"理念,强调"建设人人有责、人人尽责、人人享有的社会治理共同体"[154]。这一理念为中国男子篮球职业联赛治理主体指明了建构思路与实践推进依托,将联赛治理思维转变为多元协力思维,构筑CBA联盟"共建、共治、共享"的治理共同体是推进中国男子篮球职业联赛治理现代化、提升治理效能的重要基础。

8.2.1 构建中国男子篮球职业联赛治理共同体是职业体育治理方式变迁的必然规律

人类社会的治理历程经历了以"权威—依附—遵从"为特征的统治型模式、以"竞争—管理—协作"为特征的管理型模式、以"服务—信任—合作"为特征的服务型模式等三种社会治理模式[155]。职业体育治理方式的变迁与社会治理模式的演变是基本契合的。以中超、中国男子篮球职业联赛为代表的中国职业体育治理方式,在经历了以国家体育总局与单项协会为权威中心的"管控—服从"阶段以及"管办分离"前后的"博弈—协作"阶段后,同样需要向"服务—合作"的方式转变。著名治理研究专家格里·斯托克指出任何单一的主体资源的有限性使其在集体行动中必须与其他主体协作,通过互动交换、分享自身资源而实现集体行动和自身发展。各主体存在天然的权力依赖性,均不是唯一权威来源[107]。中国男子篮球职业联赛需要由单一权威治理向多中心治理发展,是由中国男子篮球职业联赛治理问题的多重性与复杂性以及单个治理主体资源禀赋的有限性所决定的。构建中国男子篮球职业联赛治理共同体是职业体育治理方式变迁的必然规律,是"后管办分离"时代的联赛治理主体间的协同之需。中国男子篮球职业联赛治理共同体应由中国篮协、CBA公司、职业俱乐部、球迷与球员代表、赞助商等多元治理主体共同组成的。它们通过协商、谈判、对话、合作等集体选择和行动,从而形成资源共享、相互依赖、互惠共赢的协作机制与组织架构,以实现共同的中国男子篮球职业联赛治理目标。

8.2.2 构建中国男子篮球职业联赛治理共同体是联赛高质量发展的必由之路

构建中国男子篮球职业联赛治理共同体有助于夯实联赛发展根基、以协力突破联赛发展难点、内化联赛社会责任,从而实现联赛高质量发展。首先,中国男子篮球职业联赛治理共同体的构建有助于提升联赛的社会嵌入性,为联赛高质量发展筑基。长期以来,在中国篮协与各俱乐部行动逻辑中充斥着"锦标逻辑",国家队成绩与俱乐部名次是二者行动的终极目标,联赛发展"束之高阁",居于相对封闭的场域,社会嵌入性不足,生产资料及消费者的培育脱离于整个社会关系及发展,造成联赛发展根基不稳。联赛治理共同体建设的提出,将给予联赛治理以基础性期许——"人人有责"。多方治理主体不同层级的参与将使中国男子篮球职业联赛深嵌于不同的社会结构和社会关系之中,夯实了联赛发展根基。其次,中国男子篮球职业联赛治理共同体的构建,有助于多个治理主体之间资源共享,发挥跨部门协同作用,"人人尽责"将各个主体的能力优势转化为治理效能、解决青训体系构建与加强球迷情感维系等难点、重点，实现中国男子篮球职业联赛由内卷化走向进化。最后，中国男子篮球职业联赛治理共同体吸纳了联赛核心利益相关者和联赛社会责任的主要履行对象，有助于将社会责任这一极具道德意蕴的概念内化于具体的行动逻辑与制度设计，真正实现了"人人享有"的中国男子篮球职业联赛公益福利与文化惠泽，彰显了中国男子篮球职业联赛的社会价值与生命力，促成了联赛高质量发展。

8.3 中国男子篮球职业联赛治理共同体构建逻辑

中国男子篮球职业联赛治理共同体是在中国男子篮球职业联赛治理场域，实现联赛多元治理主体共建、共治、共享的价值共同体、目标共同体与利益共同体，是中国男子篮球职业联赛在职业体育产业飞速发展的内外环境中突破自身发展瓶颈的内在需求，是遵循"以人民为中心"的价值导向、实现体育强国建设战略目标与任务的外在期盼。中国男子篮球职业联赛治理共同体建设要围绕"主体—认同—规则—场域"的建构逻辑展开。

8.3.1 主体多元：中国男子篮球职业联赛治理共同体构建的基石

建设社会治理共同体，就是要对持续转变社会结构下的社会自主性进行培育、引导和规范，使之成为建设性的力量[156]。"管办分离"之后，中国男子篮球职业联赛治理主体结构由之前篮管中心的一元主导的塔式结构转变为中国篮协与CBA公司二元并行的链式结构，要向多元共同演化，在中国篮协的监督之下，分别以CBA公司和各俱乐部为中心吸纳品牌赞助商、球迷团体、球员工会、社区代表等联赛与俱乐部核心利益相关者并搭建联赛治理共同体。

中国男子篮球职业联赛治理中的"人人尽责"，重点是培养球迷群体和球员代表并积极主动地参与联赛治理的意识与能力，使联赛发展更具广泛的群众社会基础。球迷是职业体育发展的根基，版权、商业价值和比赛日收入根本上来源于忠实球迷基数，而以中超、中国男子篮球职业联赛为代表的中国职业体育发展的重大决策，长期受到管控习惯和短期逐利的思维限制，不重视球迷与球员群体的表决权。四川金强男篮主场球票从夺冠前后一票难求到此后无人问津，说明了CBA俱乐部对球迷情感维系工作的不足。中国男子篮球职业联赛与俱乐部球迷的忠诚度容易受到国家队与俱乐部成绩波动的影响。

欧美成熟职业体育联赛对于球迷的重视可以给予我们启示，尤其是德国职业足球联赛以及俱乐部给予球迷团体较大的治理权限。2020年2月，德甲联赛出现罕见的一幕，由于拜仁球迷辱骂霍芬海姆主席迪特马尔·霍普（Dietmar Hopp），并不听主队球员、教练与名宿的轮番劝阻，双方球员在商议后，以一种边聊天边倒脚的方式踢完了最后十几分钟的比赛。然而，"传球罢踢"事件的背后，折射出德国职业足球联赛极其重视球迷团体的表决权，联赛设定的"50+1"条款要求无论投资者拥有俱乐部多少股份，球迷协会的表决权必须大于50%，即重大事项诸如提票价、改队徽、迁主场、选主席等必须由球迷协会决定。俱乐部出资人必须连续经营俱乐部并发挥显著作用达到漫长的20年后才能跳出这一条款，拜仁球迷正是出于对"50+1"政策的极端拥护才辱骂投资20年后跳出这一条款的霍芬海姆主席。正是尊重球迷在俱乐部重大事项的话语权使德国球迷对球队的支持不受竞技成绩的影响，促成德国职业足球联赛的稳健繁荣发展。如此重视球迷群体表决权的现象在中国男子篮球职业联赛场域内是难以想象的，中国男子篮球职业球队老板希望"掌控一切"。凭个人喜好涉足球队日常运营甚至干涉教练赛场指挥的案例都屡见不鲜。球迷仅是球队追逐联赛较好名次的"鼓掌者"和"看客"，远远没有达到将球迷认作联赛生存发展的土壤而悉心经营的地步。

成立球员工会保障球员在中国男子篮球职业联赛治理事务中的话语权，对于推进中国男子篮球职业联赛职业化进程以及维系联赛健康的生态环境有重要的意义。美国职业篮球联赛球员工会早在1954年由波士顿凯尔特人队的明星球员鲍勃·库西（Bob Cousy）成立，其倡议为球员提供医疗保障、养老保险以及最低薪水保障等基本利益。球员工会随后多次在劳资谈判中争取球员利益，甚至不惜停摆联赛。中国男子篮球职业联赛尚处于职业化初级阶段，诸如俱乐部欠薪、任意处罚、单方面解约、限制球员转会、签订长期乃至终身合同等侵害球员权利的行为屡有发生。2020年，CBA公司公布的"限薪令"也取决于CBA联盟董事会的单方面决定，不是球员与资方集体议价的产物，饱受学者与媒体诟议。在违反《中华人民共和国反垄断法》等方面的合法性也是值得考量的。成立球员工会给予球员参与联盟以及俱乐部管理的权限，将使球员有更多的归属感、获得感、安全感，具有担当意识与规则思维，积极主动参与社会责任活动，促进中国男子篮球职业联赛良好声誉的形成。

8.3.2 价值认同：中国男子篮球职业联赛治理共同体构建的前提

价值认同是组织成员在组织活动中对某类价值的内在认可或者共识，以形成自身在实践中的价值定位和走向，由此决定自己的理想、信念和追求。实现治理主体彼此间的价值认同是中国男子篮球职业联赛构建治理共同体的前提。价值及其认同问题是主体问题，而主体在此问题上的判断依据则不在价值本身，而是在与价值相关的利益[157]。实现治理主体彼此间的价值认同是中国男子篮球职业联赛构建治理共同体的前提。利益相关者理论从契约的视角认为"企业是所有相关利益者之间的一系列多边契约"，中国男子篮球职业公司应该是中国篮协、俱乐部、赞助商、球员及球迷团体等多方参与者的契约组合。每一方契约参与者都向中国男子篮球职业公司提供了专属资源，为了保证契约公正和公平，各方都应该要有平等的谈判权利与参与治理的权限。中国男子篮球职业联赛各个治理主体之间要充分认可彼此的身份，重视彼此在中国男子篮球职业联赛具体治理事务中的角色与地位。

中国篮协依然应是治理网络中的重要组成部分，只不过角色发生了变化，不以权力的强制性作用参与到治理中来，而是要做好对联赛的监督以及相应的制度供给。一方面，职业俱乐部和中国男子篮球职业公司要重点认可球迷团体和球员代表在联赛治理中的身份与地位，强化治理共同体的集体意识，在集体的行动中担当起治理的义务与责任。中国男子篮球职业联赛治理主体间的价值认同要具备以实现人的全面发展为使命的信念，要将实现联赛商业价值与经济价值的双重聚合作为追求的核心价值，为建构中国男子篮球职业联赛治理共同体倾入共同目标和情感。另一方面，中国男子篮球职业联赛治理主体间价值认同并非否认联赛各个自由治理主体间的独立性，而恰恰是需要以承认中国篮协、俱乐部、赞助商、球员、球迷等各治理主体利益的差异性、价值的多元性为前提的。价值认同的过程需要中国男子篮球职业联赛不同利益主体之间的相互交流协作，也是不同主体在联赛治理领域内的协商与合作，是共议联赛具体事务的前提。

8.3.3 规则建构：中国男子篮球职业联赛治理共同体构建的重点

治理规则是社会治理体系运行应遵循的规律和法则，是治理主体形成治理关系的形式载体[158]。中国男子篮球职业联赛治理效能的提升取决于联赛多元治理主体力量整合后发挥的治理功能与效率，而多元治理主体的社会参与是其功能耦合的前提。因此，只有中国男子篮球职业联赛诸多利益相关者参与联赛治理的渠道得到拓展、规章制度得到科学的拟定，才能促成联赛多元主体的协同治理，最终达成联赛治理效能的提升。从这个角度来讲，中国男子篮球职业联赛多元治理主体参与治理的规则是联赛治理共同体构建的关键。规则构建的重点是建立中国男子篮球职业联赛利益表达制度，联赛治理共同体中"人人尽责"诉求的实现需要构建畅通的联赛利益表达渠道。在联赛利益表达渠道畅通并制度化后，中国篮协、俱乐部、球员以及球迷之间的交互与协同才成为可能。因此，中国男子篮球职业治理共同体的建构首先要破除中国篮协、CBA公司层面的管控习惯与俱乐部层面"股东利益至上"的价值逻辑，要进一步明确各治理主体在治理共同体中的权力空间、责任边界及角色定位。中国篮协要充分释放CBA公司独立运营的空间，但在社会服务、准入机制以及民主协商等方面给予充分制度供给，并基于社会价值层面保持制度延续性。俱乐部不仅要服从中国篮协监督，还要在治理行动上与之保持一致性。中国篮协与俱乐部要强化治理重心的"下沉"与分享，完善球迷与球员团体参与联赛治理的意见表达制度与诉求回应制度[129]。

8.3.4 场域构建：中国男子篮球职业联赛治理共同体构建的关键

皮埃尔·布尔迪厄（Pierre Bourdieu）将场域界定为："在各种位置之间存在的客观关系的一个网络，或一个构型，是诸多力量较量的场所。"[159]场域概念所要表达的是"在某一特定的社会空间中，由特定的行动者相互关系网络所表现的各种社会力量和因素的综合体。"中国男子篮球职业联赛治理共同体的构建与运行离不开能够让球员与球迷等基层治理主体参与协商联赛事务的治理场域。首先，治理场域的完善要从三个方面着手，要提升球员、球迷以及赞助商在联赛治理场域的力量，此类社会群体是联赛发展的根基，但在以往联赛治理场域中的力量几乎可以忽略不计，要积极鼓励和培育球员、球迷、赞助商参与联赛以及俱乐部治理的能力与意识。其次，要细化联赛治理共同体参与联赛治理的维度与渠道，避免共同体参与治理"形式化"，如界定赞助商与球员代表在CBA公司层面关于联赛赛制、球员服饰、限薪制度、广告赞助等相关事务方面参与治理的程度与渠道；球迷团体以及社区代表在俱乐部层面关于社会责任履行、票务与衍生品销售、球队标识、主场迁建等相关事务参与治理的程度与渠道。最后，要多方面搭建便于球员、球迷参与治理的平台，加强网络空间建设，球员与球迷群体以虚拟网络空间为载体介入联赛治理，监督联赛运行，表达自己的利益诉求，进一步在俱乐部乃至联盟中有相应的表决权。"我的联赛、我做主"，从而真正实现联赛核心利益相关者共同参与联赛治理，共享联赛治理成果[129]。

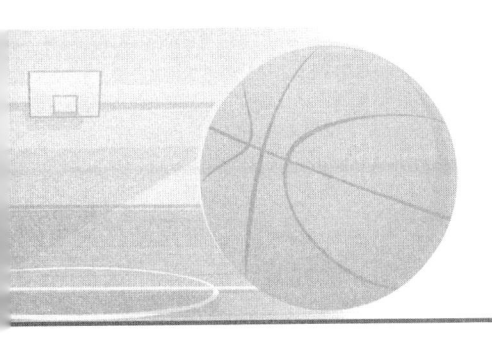

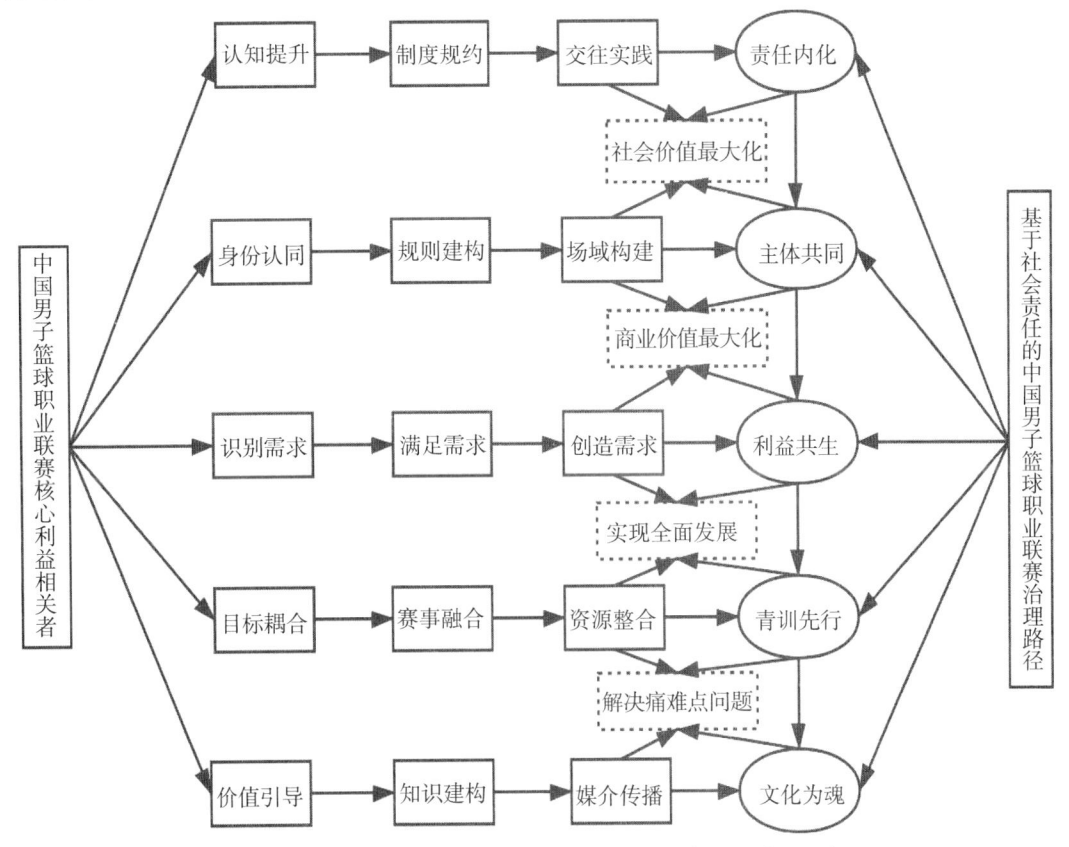

第九章 基于社会责任的中国男子篮球职业联赛治理路径

在厘清了中国男子篮球职业联赛为"什么治、治什么、谁来治"的基本问题之后，对于"如何治"（即中国男子篮球职业联赛治理路径问题的探究），则是破解中国男子篮球职业联赛发展迷局的"良钥"。而基于社会责任的中国男子篮球职业联赛治理路径探寻则是在坚持"以人民为中心"的价值导向下，以履行社会责任为主线，努力做到权威主导、责任内化、难点先行、利益共生、文化为魂、体验为真，力求实现中国男子篮球职业联赛经济价值与社会价值的双重聚合，彰显中国男子篮球职业联赛在建设体育强国中的核心竞争力地位。基于社会责任的中国男子篮球职业联赛治理路径示意，如图9.1所示。

图9.1 基于社会责任的中国男子篮球职业联赛治理路径示意

9.1 权威主导：坚持中国篮协主导下的联赛治理共同体合作治理

9.1.1 中国篮协充当中国男子篮球职业联赛治理权威主体的原因

中国男子篮球职业联赛构筑"共建、共治、共享"的治理共同体是联赛高质量发展的必由之路，但在治理共同体之内依然存在着由谁来充当权威主体主导治理的问题。从治理理论上讲，治理中权威主体的缺乏，会导致治理网络中各行动者之间缺乏一个普遍接受的规则与规范，进而产生制度上的失效，如果没有权威主体，便缺少了信任与整合机制。虽然伙伴关系可以通过协商解决价值冲突、达成系统性的共识，各行动者或许有着共同的规范与价值，但是伙伴关系也是脆弱的，重大问题一旦出现，潜在的冲突容易显性化，从而导致伙伴关系解体[96]。因此，由谁来主导治理关系到联赛治理与发展的方向，关系到联赛重大问题、难点的突破，关系到联赛治理效能的提升与价值目标的实现。"后管办分离"时代，应由中国篮协充当权威主体，在联赛治理共同体中实施合作治理，是由中国篮协对中国男子篮球职业联赛的所有权以及我国职业篮球市场的不完备特性所决定的。

首先，中国篮协对中国男子篮球职业联赛的所有权是中国篮协与其他行业商业协会的最大不同，也决定了中国篮协在中国男子篮球职业联赛治理共同体中的主导地位。《2020—2021赛季中国男子篮球职业联赛俱乐部准入实施方案》中的第一条明确规定：中国男子篮球职业联赛，简称"CBA联赛"，是由中国篮协所有及管理的中国男子篮球最高水平的职业联赛。中国篮协和中篮联（北京）体育有限公司（简称"CBA联盟"）签署了联赛办赛权、商务权的授权协议，中国篮协为联赛的授权和管理机构，CBA联盟为联赛的办赛机构。参赛俱乐部必须服从中国篮协的领导和管理，遵守中国篮协章程以及联赛官方手册等联赛运作的相关规章和文件，并和CBA联盟签署且遵循包括但不限于场馆运营、人力资源（球员交流等）、球员薪资、市场营销、融资分配、球队建设等多方面的具有法律效力的合同。职业俱乐部在赛季开赛前必须签署书面承诺："服从中国篮协的领导和管理，遵守中国篮协章程和与联赛运作有关的规定，接受中国篮协在注册、财务等方面的检查。"

其次，与欧美成熟、完备的职业体育市场不同，作为后发的职业体育赛事，中国男子篮球职业联赛青训体系建设不完备、需求市场培育不力、市场主体活力激发不够、制度供给不足，尤其是联赛发展重中之重的青训体系建设需要长期高投入与俱乐部等市场主体追求"利润最大化"的天然目标相矛盾。当前阶段，若由职业俱乐部等市场主体主导联赛治理必然是不适宜的，相反中国篮协依然具有资源禀赋优势，与地方篮协及体育主管部门长期合作密切，具有组织跨部门合作达成治理目标的能力，也可以借助公共资源参与到职业篮球联赛的生产活动中去。而且在"管办分离"之后的一段时期，需要中国篮协在中国男子篮球职业联赛治理共同体中主导联赛治理，防止改革被个别利益集团操纵，联赛治理目标和方向出现偏颇，从而严重影响治理效能。

9.1.2 中国篮协在中国男子篮球职业联赛治理共同体中的主导作用

中国篮协对于中国男子篮球职业联赛的治理功能在"管办分离"前后表现为前期异化、后期弱化。前期异化表现为在篮管中心授权下的过度管控与干涉，后期弱化表现为脱钩之后《中国篮球协会章程》以及中国篮协下属职能部门在中国男子篮球职业联赛相关业务方面的缺失。由中国篮协主导联赛治理与激发联赛市场主体及其他治理主体活力并不矛盾，与行业协会服务于俱乐部、联赛市场、行业的基本职能并不矛盾。中国篮协在中国男子篮球职业联赛治理共同体中的主导作用主要体现在几个方面：确定中国男子篮球职业联赛治理价值目标，并与联赛多元主体达成共识；加强共建、共治、共享理念的宣传，培养联赛多元治理主体协作意识；构建科学合理的决策机制、利益协调机制和资源共享机制；组织联赛多元治理主体跨部门协作，解决青训体系构建以及球迷转化等难点问题；组织多方专家分析研判联赛市场，提供信息与科技支撑。

9.2 责任内化：构建以社会责任为"核心关切"的治理行动与评价体系

9.2.1 中国男子篮球职业联赛社会责任内化的动因

中国男子篮球职业联赛作为我国竞赛表演业的"头部"项目，不同于常规的企业，中国男子篮球职业联赛的社会属性与公共属性更为浓郁。其利益相关者与生态系统也更为复杂，联赛社会责任呈现出主体多元性、功能社会性、影响多重性、边界的延展性与动态性等显著特征。中国男子篮球职业联赛需要实现社会价值与商业价值双重聚合的价值目标，实现高质量发展，其治理视野就不应仅仅局限于联盟内部责、权、利的配置，还需要"跳出联赛看联赛"，将中国男子篮球职业联赛治理的逻辑与社会发展需求的逻辑相结合。通过履行社会责任，重塑中国男子篮球职业联赛坚实的基础，解决中国男子篮球职业联赛发展的社会性问题。长期以来，CBA公司以及各俱乐部对社会责任内容、功用与效应的认知较为模糊，中国男子篮球职业联赛社会责任被孤立、零散和外生于篮球联赛治理体系。中国篮协本应是中国男子篮球职业联赛治理的公共性监管主体，但其作为联赛社会责任履行的倡导者、制度供给者以及社会责任行为评价者的角色是极其模糊的，缺乏对CBA公司与职业篮球俱乐部的社会责任的履行进行有效规约的制度与方法。现实情境是中国篮协仅负责篮球项目的普及推广与相关社会性事务，CBA公司仅负责商务运营与竞赛制度建设，职业篮球俱乐部仅关注球队的竞技水平与联赛排名，CBA公司与俱乐部本应是联赛社会责任履行天然主体的角色被遗漏，而球迷、球员、赞助商等联赛核心利益相关者对联赛社会责任履行的投入度与关注度也不足。中国男子篮球职业联赛的社会责任被"竞技话语"和"市场话语"遗忘。中国篮协对于CBA俱乐部社会责任的缺失与异化行为的治理也不尽如人意。

9.2.2 中国男子篮球职业联赛治理社会责任内化的行动逻辑

中国男子篮球职业联赛社会责任内化需按照"认知提升—制度规约—交往实践"的行动逻辑展开。

首先，在认知层面，笔者从对CBA俱乐部管理层的访谈中得知。有一西南地区职业俱乐部总经理谈道："俱乐部将主要的人力、物力和财力投入球队赛季成绩的提高上，你所说的社会责任俱乐部履行起来有一定困难，但在本省竞技篮球水平陷入低谷时，公司老总投入大量资金并扶持本省篮球项目发展，本身也是一种慈善，也肩负了社会责任"。该俱乐部总经理的说法无可厚非，从另一层面诠释了其对社会责任的理解，却反映出俱乐部高管对职业体育俱乐部社会责任涵盖内容及作用认知度较低，履行情况不尽如人意，并普遍集中于慈善层面。企业竞争战略家迈克尔·波特（Michael Porter）认为企业社会责任不仅是为了满足慈善活动的需要，还是企业提高自身竞争优势和创新的潜在机会，承担战略性的社会责任必将收获丰厚的商业利益。中国篮协及中国男子篮球职业公司应组织篮球职业俱乐部对职业体育组织社会责任的内容和功效进行深入学习。各类企业社会责任内容体系是基于阿奇·卡罗尔（Archie Carroll）企业社会责任金字塔模型并结合行业生态环境演化而来的。依据中国男子篮球职业联赛治理的内容体系，现阶段中国男子篮球职业联赛在各俱乐部尚未盈利的情况下，不应该以过多的单维度慈善责任来提高联赛与俱乐部声誉，应该更多地关注社区责任、球迷责任、球员责任、赞助商责任的内涵以及与经济责任内容的联系与发展，将社会利益与经济利益有机结合，实现中国男子篮球职业联赛治理内生有序机制与外生无序变量的良性耦合，营造有助于中国男子篮球职业联赛健康可持续发展的内外部环境。这也是中国男子篮球职业联赛治理效能提高的必由之路。

其次，中国男子篮球职业联赛社会责任内化依赖于外在规章制度的有效约束而非中国男子篮球职业公司与俱乐部内生的道德觉醒。中国篮协对中国男子篮球职业俱乐部履行社会责任唯一的制度性要求，体现在《2020—2021赛季中国男子篮球职业联赛俱乐部准入实施方案》的第二部分"B类标准"（基础性标准部分）的第四章"市场推广部分"的第十八条："俱乐部必须和当地社区和球迷建立长期有实质内容的良好关系，在当地具有较大的社会影响力和良好的社会形象。在非赛季期间，俱乐部应至少举办一次青少年篮球训练营；每个俱乐部应建立球迷俱乐部，每个赛季给球迷俱乐部提供不少于10万元的经费支持；全年每季度举行至少一次社会公益活动和球迷交流活动。"每个赛季伊始，CBA俱乐部申请参加新赛季时均需对照准入办法总体的三个部分进行评分，共100分。社会责任部分占据分值极少，俱乐部提供拟组织公益活动、篮球训练营、球迷交流活动的计划，包括有关活动的时间、地点、规模等则记1分。由此可见，中国篮协在对CBA公司与俱乐部履行社会责任的制度规约不够，社会责任履行仅约束公益活动以及与球迷交流层面，社会责任活动涵盖面较为狭窄，且标准评审的是计划而不是完成结果，容易使CBA俱乐部社会责任活动流于形式，缺乏科学的评价体系。而且，此部分内容在相当长的时间内并没有实质性变化，与10年前准入文件中要求的内容大同小异。中国篮协社会发展部应充分发挥社会责任履行制度供给者、监督者、评价者的多重角色，将CBA俱乐部社会责任治理与评价体系纳入核心关切部分，应将CBA职业俱乐部履行社会责任的要求及考核评分在赛季前的准入实施方案中更加详尽地以单独部分列出，重点要求俱乐部完善球迷责任、球员责任以及社区责任，强制性要求俱乐部明星球员或者D类顶薪合同的球员每年参加社区公益活动和球迷见面、帮扶活动的次数，以此有效促进中国男子篮球职业联赛及俱乐部社会责任的内化。

最后，在交往实践层面，CBA公司应从宏观上联合赞助商、战略合作伙伴等大型企业开展跨界合作、覆盖面广、影响力较大的社会责任活动。俱乐部应立足于城市社区，联合利益相关者履行社会责任，彼此之间保持行动逻辑的一致性，从社会责任互动过程中积累社会责任活动经验，做好角色融入、知识扩散和情感融通，在交往实践活动中促进中国男子篮球职业联赛社会责任的有效内化[129]。

9.3 难点先行：以体教融合重塑"双轨并行"的职业篮球青训体系

9.3.1 体教融合重塑职业篮球青训体系的构建逻辑

中国竞技篮球后备人才培养正在经历培养模式转型的阵痛期，原有专业体系输送人才的能力下降，基层教练培训不够，高水平比赛机会偏少，球员上升渠道阻滞、水平不足，俱乐部选材面比较狭窄、造成高水平竞技篮球人才严重萎缩，长期制约中国男子篮球职业联赛表演供给的质量以及国家队成绩的提升。竞技篮球后备人才培养问题已经成为中国男子篮球职业联赛发展的难点、痛点。中国男子篮球职业联赛治理效能的提升，需要重点、优先解决联赛青训体系的建设问题。依靠体教融合，打造校园篮球与职业梯队"双轨并行"的职业篮球青训体系是过渡期中国竞技篮球后备人才培养的最优路径，需要按照"目标耦合—资源整合—赛事融合—科技助力"的行动逻辑展开。

在目标耦合上，长期以来我国学校系统与职业俱乐部梯队在竞技篮球后备人才培养的目标与价值取向方面关联度较低，存在差异。"为俱乐部及职业联赛输送人才"是职业篮球俱乐部梯队建设的唯一目标。中小学层面的体教结合队伍的主要管理目标是"在相应级别的比赛中创造优异成绩，为学校或地市争得荣誉"。虽然也有"培养与输送优秀篮球后备人才"的责任和义务，但输送渠道不是向职业俱乐部输送，而是向大学高水平运动队输送。高校高水平篮球队的整体目标则定位在"发展高校篮球，培养篮球人才，完成参加世界大学生运动会的目标任务"。教育系统球队没有树立向高层次的职业俱乐部输送人才的目标和任务。2020年9月21日，国家体育总局、教育部联合印发《关于深化体教融合 促进青少年健康发展的意见》（以下简称《意见》）。《意见》明确指出："体育、教育部门推进国家队、省队建设改革与高校高水平运动队建设相衔接，在高水平运动队训练、竞赛、保障等方面给予大力支持，并将其纳入竞技体育后备人才培养序列。[160]"《意见》的出台将教育系统篮球队伍纳入竞技篮球后备人才培养体系，为校园篮球与职业梯队培养模式的衔接提供了政策保障。职业梯队在全国范围内的选材与中国男子篮球职业选秀制度的成熟

逐步疏通了竞技篮球后备人才的上升渠道。教育系统球队和体育系统球队应树立多维的、体现人文关怀与社会价值的培养目标，并将"为国家发现、培养和输送竞技篮球后备人才"作为"双轨并行"的中国男子篮球职业联赛青训体系人才培养的总目标。

在资源整合上，职业篮球俱乐部拥有较多的教练员资源与训练资源，却存在文化教育缺失问题；教育系统，具有提供系统文化学习的优势，但缺乏高水平的教练员、训练保障体系以及高水平的赛事。目前，校园篮球与职业梯队均难以独自肩负培养高质量竞技篮球后备人才的重任，因此，二者的相互补强必须通过训练资源整合与互输来实现。要将体育部门在训练设备与理念、高级别教练员、球队管理水平、竞赛后勤保障等方面的优势与教育部门的师资水平、教育水平、科研保障等优势进行深度融合。优秀教练人才的合理流动与物质奖励是关键。当前，虽然有许多职业球员甚至职业教练进入大学校园篮球，如清华大学的王德礼与陈磊、中国民航大学的郑军、中南大学的白江、华侨大学的林小霖等，但优秀职业球员以及教练人才流向中学校园篮球，存在学历、待遇、考评、编制等多重限制。要消除政策壁垒，实现人才与训练资源流动的畅通，可以通过教育部门购买服务，聘用体育系统大量优质的教练、裁判参与学校体育课教学和课外体育活动，提升学校体育师资水平，实现体育系统教练资源的合理流动与资源共享，在工资待遇、职称评定、继续教育等方面将其纳入教育系统进行统筹[161]。同时，教育部与中国篮协应强化篮球后备人才培养基地的激励机制，依据输送人才的贡献给予不同程度的奖励、经费支持或者资源置换。例如，中国篮协已经设立了苔花奖，奖励长期扎根基层、作出突出贡献的篮球教练。

在赛事融合上，要逐步对青少年篮球赛事进行融合，打造两个系统相融的品牌赛事。中国青少年阶段篮球赛事存在赛事过于分散，缺乏高水平的品牌赛事，不同体系球员的竞赛水平脱节等问题。不同培养模式的球队参与赛事的机会不均等，职业俱乐部梯队可参与的比赛相对较多，体教结合球队可参与的竞赛和场次较少；体育系统、教育系统在竞赛组织上自成体系，较少跨系统地组织同年龄段的比赛，影响了不同培养模式球队的交流和提高。打造"双轨并行"的青训体系，初中、高中、大学竞技篮球人才的纵向衔接、中国篮协和大体协比赛的横向交流非常重要。中国篮协与俱乐部应主动与教育部各级部门合作打造、推广与包装U系列高水平、具有广泛影响力的品牌赛事。2020年10月，在由清华大学附中发起的既有学校球队又有俱乐部梯队的"星火杯青少年篮球精英赛"中，清华大学附中男篮在U17组的比赛中战胜了广东宏远U17青年队和山东U17青年队，夺得了冠军，为赛事的融合提供了契机，为探索搭建高质量青少年赛事平台提供了参考和借鉴价值。U18国青集训队面向全国公开选拔，无论是职业俱乐部梯队球员还是校园篮球的学生球员都可以通过海选进入国字号集训队，同时中国篮协青少部也在面向全球公开招聘青训总监及顾问，表明了中国篮协统筹规划我国青少年篮协发展体系、重振青训的决心。

以科技助力竞技篮球后备人才的选材、训练与成长。选材方面，在遵循篮球运动发展规律与适龄青少年身心发展规律的基础上，借助先进的科技手段完善竞技篮球后备人才选材理念与方法。例如，运用数字信息化技术，通过大数据完善现有评价手段的不足，弥补个体素质与集体配合能力之间无法准确关联的缺陷[162]。针对中国篮球后备人才竞技能力上表现出来的弱点和缺点，改变"唯高是举"的选材观念，重视篮球运动员竞技能力的非平衡结构补偿效应，善于发现与篮球位置技术相符或者具有潜力的运动员，满足球队整体建设的需要。训练方面，中国篮协要组织编写适合青少年每一年龄阶段的训练大纲与指导用书，制定青少年篮球的中长期发展规划。校园篮球队伍与职业梯队同样需要加大硬件投入，以高科技手段提升训练水平与训练效果，如美国职业篮球联赛金州勇士队青少年训练营已建设shoot 360球馆，利用结合追踪技术的智能投篮训练系统、交互式视频界面的传球训练系统，提升青少年球员训练的效果与兴趣。此外，建立专业的球员信息和技术统计跟踪系统，全面掌握了解篮球后备人才的成长历程和动态。

9.3.2 体教融合构建职业篮球青训体系的成功案例

9.3.2.1 北京大学男篮案例

校园篮球体教融合的成功以北京大学为例，北京大学男篮4夺中国大学生篮球联赛（CUBA）全国总冠军，曾在2017—2019三年中，实现了三连冠的伟业。7名来自北京大学男篮的大学生队员通过中国男子篮球职业联赛选秀大会成为职业球员，其中郭凯、王少杰分别成了2016年和2017年的选秀状元，万圣伟、祝铭震等球员也逐渐在中国男子篮球职业赛场上站稳了脚跟。北京大学在竞技篮球后备人才培养与输送上走在全国高校的前列。在优秀球员的选材上，CUBA联赛主管单位中国大学生体育协会对参赛球员身份认定的改变以及中国男子篮球职业选秀制度的逐步完善，使北京大学等名牌大学容易选择优质球员。以往，一旦球员参加过全国青年篮球联赛，就无法在CUBA出场比赛。如今中国大学生体育协会将规则修改为仅不允许参加过全国U19、U21青年联赛的球员参加CUBA比赛，从而使更多适龄的优秀球员可以先就读名牌大学，再进一步争取通过选秀进入中国男子篮球职业联赛。北京大学在入学专业选择上的相对宽松也吸引了更多优秀高中生球员的加入，中国高中联赛的霸主球队清华大学附中男篮球员由以往普遍选择清华大学转而选择北京大学，因清华大学男篮高水平运动员选专业范围相对狭窄，球员基本集中在经管学院。而北京大学允许优秀球员自由选择专业，球员选择专业范围相对宽泛，可以选择自己喜欢的专业，如新闻与传播学院、法学院、社会学系、国际关系学院，等等。

在学训矛盾的处理上，尽管蔡元培校长早在一百年前就提出了"完全人格首在体育"的教育理念，但相比职业青年队较为封闭式的管理，北京大学男篮队员每天也只能训练两个小时，课业依然是每名队员必须首先完成的任务。教练只负责训练和比赛相关事务，无法为球员们在学业上提供任何帮助和便利，篮球高水平运动员并没有什么特权，要修满和普通学生一样的学分，没有减免与加分项，也没有单独的考卷。唯一的"优待"是，他们被允许用5年的时间完成本科阶段的学习，只需要正常缴纳4年的学费。在竞赛参与方面，北京大学男篮球员除了在CUBA赛场上锻炼之外，也作为CUBA前四强参加由中国篮

协主办的全国（U21）青年篮球锦标赛第二阶段比赛，即青年联赛前四名与CUBA四强的对抗赛，在与职业梯队的比赛与交流中得到充分的锻炼。

9.3.2.2 广东宏远俱乐部青训体系建设案例

职业俱乐部梯队中体教融合较为成功者以广东宏远俱乐部为例。经CBA公司统计，2018—2019赛季，广东宏远青训体系培养输送的各俱乐部主力及主力轮换球员人数列CBA各俱乐部第一位，广东宏远俱乐部青训体系在体教融合、教练团队配置、运动员选材、训练理念、竞赛参与等方面有许多地方值得借鉴与推广。在体教融合以及队员读书方面，广东宏远俱乐部深刻认识到青训不只篮球技战术训练，通过与省内外众多名校合作，球员依然享受到顶尖的教育资源。如青年队三队退役球员，可以输送到篮球重点高中，如东莞光明中学、广东实验中学、华南师范大学附属中学、深圳第二实验学校。大学层面，广东宏远俱乐部已与北京大学、汕头大学等高等院校达成输送协议，为青年队球员提供继续深造以及优先在CUBA征战的"内部通道"。在教练团队配置方面，广东宏远俱乐部青年队二、三队均配备完整的教练、后勤团队，包括主教练、助理教练、体能教练、队医、翻译等十余人，以及多名外籍教练在内的人员配置，在CBA各俱乐部青年队中首屈一指。作为青年队主教练的曲绍斌，退役后师从前中国男篮、立陶宛男篮主教练尤纳斯，多次前往美国、立陶宛等篮球强国进行研修。负责三队的立陶宛籍教练帕乌柳斯、泽尼维修斯，也均有执教立陶宛国字号青年队的履历，在青年选手培养方面极有心得。在运动员选材方面，广东宏远青训同诸多篮球水平较高的中学、专业训练营联系，较早地介入校园篮球领域，从入学开始就在全国范围内对优秀篮球人才的发掘和培养加大关注，打破传统体校选材掣肘，有效扩充后备人才库。在训练理念方面，欧洲篮球风格对梯队教练影响很大，广东宏远青训在统一思路、明确概念的前提下，以欧洲篮球为借鉴蓝本，队员从12岁进入三队起就进入"立陶宛"青训模式，经历4年时间进行基本功、基本意识的培养，进入二队之后逐步接触一队的战术体系。中外教练均着重打造球队团队体系，进而在攻防两端加以雕琢，有效互补，为尚处于"打基础"阶段的篮球新锐提供更好的成长平台。在竞赛参与方面，除了参加青年联赛外，基于与立陶宛篮球系统的积极合作，俱乐部青年队2018年、2019年连续前往欧洲集训，与篮球强国竞赛、交流与学习，队员提升显著。每年也会定期前往中国台湾交流，参加青年赛事。广东宏远结合球队、队员自身情况，并不设定强硬标准，注重队员现实收获与真正进步。

9.4 利益共生：构造联赛核心利益相关方互惠共生的生态关系

9.4.1 中国男子篮球职业联赛构造互惠共生生态关系的动因

生态系统理论把企业发展环境类比为人类的生存环境，企业与不同利益相关方均存在着生态关系。中国男子篮球职业联赛构造核心利益相关方之间互惠共生、品牌共振、资源共享的生态关系是联赛核心利益相关者凝聚的合力，是提升联赛治理效能的前提与基础，是中国男子篮球职业联赛真正实现商业与社会双赢的保障，是中国男子篮球职业联赛作为后发职业联赛实现"破局"发展的现实需求。社会交换理论的代表人物彼得·布劳（Peter Blau）强调，企业在交换活动中必须遵守基本的互惠公平规范，必须考虑到其他社会主体的利益与诉求[163]。面临中国男子篮球职业联赛治理问题的多重性与复杂性，中国男子篮球职业联赛治理共同体要聚焦全体核心利益相关方，整合各方能力与优势并提供全方位的服务，在与联赛利益相关方的共同成长中实现互惠共生的生态格局。中国男子篮球职业联赛应通过将联赛社会责任视野与要素嵌入于职业篮球的商业生态系统，在行动逻辑中将社会责任逻辑与市场逻辑真正融合，将职业体育生态系统中的资金、生产要素与消费关系转变为联赛治理主体对各生态成员需求的积极应答与满足，竭力将职业篮球商业生态系统转化为社会责任生态系统。

9.4.2　以需求逻辑构造中国男子篮球职业联赛互惠共生的生态关系

聚焦于利益共生，中国男子篮球职业联赛治理主体要遵从"识别需求—满足需求—创造需求"的需求逻辑，将利益相关方的关键期望逐步适应、嵌入，并转化为联赛未来的发展机遇。赞助商等核心商业利益相关方的需求是通过联赛平台扩大产品消费者群体，提升品牌声誉度和商业价值。然而，中国男子篮球职业联赛部分球员与CBA公司管理层因多次装备违规或显现竞品标识而时常损害赞助商的利益。在中国男子篮球职业联赛2012至2017的5个赛季中，中国男子篮球职业联赛与李宁公司确定了20亿服装赞助的官方战略合作伙伴关系。与美国职业篮球联赛仅将球衣权益出售的做法不同，中国男子篮球职业联赛将球鞋与球衣权益整体打包出售。此举也是中国男子篮球职业联赛在整体赞助金额有限时，减少俱乐部亏损、补贴青训以谋求未来的理性选择。然而，随着国字号球员在中国男子篮球职业联赛比赛中公然违规，"脱鞋与贴标签事件"频出，最终联盟"贴标特权"与"买脚补偿"的治理举措失灵，中国男子篮球职业联赛赞助商的品牌利益蒙受巨大损失。中国男子篮球职业联赛球员装备违规的行为屡禁不止，仅在2019—2020赛季就出现15起球员装备违反中国男子篮球职业联赛官方手册要求的事件，即在比赛、训练或者随俱乐部统一乘坐交通工具往返赛场中，未按规定穿着或使用联赛战略合作伙伴指定装备及配饰。

不仅是球员个人有装备违规的行为，而且CBA公司管理层也因为自身不够职业，公然违规犯错，严重损害了战略合作伙伴和赞助商的利益。2020年6月，中国男子篮球职业联赛复赛之际，中国男子篮球职业联赛官方在观众席上摆放了全球各大联赛的球衣，以示中国男子篮球职业联赛率先复赛并在全球范围内赢得了广泛支持。中国男子篮球职业联赛官方将此举作为复赛的一大亮点进行广泛传播，复赛首日比赛期间多次对准看台球衣席位给予特写。然而，各大联赛球衣上的运动品牌标识也被堂而皇之地暴露在中国男子篮球职业联赛赛场上。众所周知，中国男子篮球职业联赛战略合作伙伴是李宁公司，正常情况下中国男子篮球职业联赛赛场上不应该出现李宁的竞争品牌，直到李宁公司提出强烈抗议，CBA公司高管才意识到自身低级、不职业的严重错误。随后，李宁公司认为CBA公司复赛期的严重违规以及球员多次装备违规，暴露出中国男子篮球职业联赛长期漠视赞助商利益的重大漏洞，要求核减赞助经费5 600万元。

目前，中国男子篮球职业联赛版权收入不高，各俱乐部的比赛日收入基本可以忽略不计。在CBA联盟主要依靠多级赞助收入的情况下，中国男子篮球职业联赛要以竞技表演为营销工具，实现对赞助企业品牌的推介效益。要坚定履行赞助商责任，以互惠互利原则尊重赞助商的利益诉求，创设条件满足赞助商的需求，利用数字媒体、社交媒体与短视频平台增加赞助商品牌的可见性，实现品牌共鸣与协同发展。因继续深化改革，推陈出新，倡导以"专业、诚信、团队、共赢"的联盟价值观，依托联赛主业，多业并举，提高核心竞争力，构建合作共赢的机制和平台，通过赛事、商务、体验、品牌、制度升级，实现联赛价值和赞助商价值的不断提升。

欧美职业篮球自下而上发展，深嵌于学校体育、群众体育，形成了完善的后备人才培养体系，大大降低了职业联赛的"生产资料"成本。中国校园篮球的羸弱严重制约了竞技篮球后备人才的培养与选拔，发展校园篮球是需要不同政府部门与社会机构相互协同的治理事业。中国职业篮球青训体系高投入、低产出的窘境，使中国篮协和俱乐部必须主动与教育主管部门及学校合作，完善学校培养和俱乐部梯队"双轨并举"的竞技篮球后备人才培养模式，在拓展青训体系建设、赛事互助、教练员培训、球员教育等方面，建立共建共享、互补互赢的战略合作关系。与社区及球迷等核心利益相关方建立共生关系时，要做到资源共享，满足多维需求，将联赛和俱乐部的专业优势和核心能力转化为解决社会问题的关键资源，如做好城市社区青少年篮球运动的帮扶工作、群众体育的指导工作等。从马斯洛的需求理论上讲，中国男子篮球职业公司作为版权所有者，要满足球迷社交需求、尊重需求等高级需求，还创设产品需求。如"CBA 2.0时代"的开启，中国男子篮球职业公司不仅要依据球迷观赛习惯升级购票渠道、利用多种数字平台上进行互动、培育球迷归属感，还要转换营销思维、注重内容营销，基于数字渠道创设独特的赛事内容及其衍生品，创造线上完整数字价值链[129]。

9.5 文化为魂：发展根植于社会的职业篮球惠民文化

9.5.1 中国男子篮球职业联赛需要构筑文化之基

职业体育文化的核心由精神层面的职业体育观念、认知与意识等重要因素构成，以无所不在的影响力左右着职业体育的发展方向与发展路径。中国男子篮球职业联赛文化体系的构建与赛事文化的宣传，不仅可以规范职业篮球赛事中的种种不良现象，使联赛沿着良好的社会价值方向发展前行，而且可以扩大联赛本身的社会影响力，进而提升联赛的市场价值。中国男子篮球职业联赛的治理不仅是错综复杂的体制机制改革以及相关利益格局的调整，还应该深入观念和认知层。职业篮球赛事文化层构建与传播的滞后对职业篮球发展的制约是全局性和根本性的。中国男子篮球职业联赛若缺乏文化的底蕴，则其将难以真正融入社区、融入球迷、融入民众生活，难以实现产业链条的完整与整体规模的提升。中国男子篮球职业联赛的文化传播责任是联赛需要履行的紧迫性综合社会责任之一，也是联赛治理的重要方面。中国男子篮球职业联赛治理在人才培养与商业拓展之外，要构筑文化之基，要打造属于中国篮球的新文化烙印。

9.5.2 中国男子篮球职业联赛惠民文化建构逻辑

任海[164]在研判体育文化的状态时，认为体育文化涉及4个基本问题。(1) 以何种价值观念为引导？(2) 以何种知识体系为基石？(3) 以何种体制和机制为支撑？(4) 以何种形式将该价值观和知识物化为体育实践形态并实际操作？中国男子篮球职业联赛文化的发展需要遵循"价值引导—知识构建—机制保障—传播媒介"的建构逻辑。

对于中国男子篮球职业联赛文化传播以何种价值观念为引导的问题，联赛治理主体长期聚焦于竞技成绩、商业价值、控制权争夺的行动逻辑，已使联赛文化发展远离群众的生活。联赛文化亦不能以传播商业文化与价值为唯一，商业文化的趋利性使其无法全面承载职业篮球文化的价值，从而制约联赛的可持续性发展。中国男子篮球职业联赛文化传播的起点与归宿仍应是"以人民为中心"，在服务于人们生活的各种需要中体现自己的价值，实现其促进人的全面发展的终极目标。至于以何种知识体系为基石的问题，中国男子篮球职业联赛文化传播的知识体系应该是丰富多彩的，应主要包含体现社会主义核心价值观的中国篮球历史文化、篮球运动的价值与功效、中国男子篮球职业联赛发展与赛事记录、中国篮坛名人追思录、中国男子篮球职业联赛及俱乐部的象征符号文化、篮球与生活的关联与互动、健康向上的篮球人奋斗事迹等。但此类知识尚不成体系，素材需要进一步挖掘与梳理。中国篮协应会同CBA公司、各俱乐部及球迷团体，就职业联赛惠民文化传播的内容、形式、频次等进行有效的制度安排。职业篮球惠民文化的形式与载体是多样化的，例如：促进球星与普通民众的交流，举办多种篮球公益活动，让球星进入社区，增强球迷对本土球星文化的认知和情感，以人为本并立足人文关怀，构建球迷健康的价值观；在各职业篮球俱乐部建立集收藏展览、产业发展、研究培训于一体的篮球博物馆以及篮球主题公园，使之成为挖掘中国篮球历史、传承中国篮球文化、丰富市民精神文化生活、开展青少年爱国主义教育与篮球学术研究的新标地；创设具有民族性、地方特色以及能够代表球队的精神标识；拍摄极富文化内涵的联赛纪录片与广告宣传片；利用抖音、快手等短视频平台讲好体现社会主义核心价值观的篮球故事，实现破圈的价值传递。

总之，在全球职业体育飞速发展以及欧美竞技文化强势浸润的过程中，中国男子篮球职业联赛应形成富有鲜明中国特色的职业体育个性特征，让中国优秀传统文化与社会主义核心价值观相聚焦，将传统展示形式与现代传播媒介相结合，强化民众社会责任感，增强民族向心力与凝聚力，将中国男子篮球职业联赛打造成为惠民文化的创造者和传播者。

9.6 体验为真：重塑中国男子篮球职业联赛球迷优质观赛体验

中国男子篮球职业联赛应以感官体验、情感体验、交互体验、思维体验、功能体验五个因素为基础，坚持"以人为本"，重视联赛品牌价值塑造；追本溯源，提升联赛质量水平；创造性转化，实现球迷与联赛间的多元交互，重塑中国男子篮球职业联赛球迷的优质观赛体验。

9.6.1 坚持"以人为本"，重视联赛品牌价值塑造

人们对物质和精神的需要不断地交融，它已超出了物质与文化的隔离，已成为推动社会和谐、进步的一种重要途径。要持续加强球迷与联赛之间的情感需要，使中国男子篮球职业联赛不再是一个普通的篮球体育联赛，而是以联赛为平台，呈现和提供给广大球迷的一种富有内涵和精神愉悦的生活方式。球迷不仅会把注意力放在联赛的比赛上，还会把注意力集中在联赛的服务和品牌形象上。作为一种商业性体育赛事，联赛想要提升比赛质量、提升球迷体验，就必须注重品牌形象、挖掘品牌的内涵、满足球迷的情感需求、提升球迷的认同度，坚持"以人为本"的社会主义核心价值观，以球迷满意的联赛为出发点。观赛体验要从中国自身特色的文化出发，提升联赛文化内涵，注重球迷的情感需求，并通过品牌文化结合球迷的心理内在需求来促进球迷与联赛的情感培育，使得球迷更好地接受，进而产生对比赛的期盼，有利于为赛事的开展提供精神动力源。

9.6.2 追本溯源，切实提升联赛的质量水平

联赛的核心吸引力是比赛本身的质量。联赛应督促球员努力提升自我，向更好、更全面的自己前进，不断丰富自己的专业技能，为精彩比赛的呈现提供坚实的保障。为实现全面提升联赛质量，球员也需要在发展运动技能的同时兼顾向广大球迷体育精神的传播，树立正确的价值观，营造良好的体育氛围。推动互联网、大数据、人工智能与联赛深度融合，顺应时代发展趋势，同时广纳贤士，大力培育新型职业体育人才，实施新型职业体育人才培育工程，培养与造就一批爱篮球、懂技术、善经营的新型职业体育人才。要将思考视为常态，联赛自身也需勤于观摩国外优质联赛的运作模式，不能故步自封，要"取其精华，去其糟粕"，把精华运用于自身，实现跨界融合，同时深入挖掘中华优秀传统文化蕴含的思想，弘扬社会主义核心价值观，努力打造具有中国特色的世界高水平联赛。

9.6.3 创造性转化，满足球迷沉浸式观赛体验

联赛给球迷带来精彩比赛的首要呈现地点是比赛场馆。联赛在场馆中设计特色主题，球队利用这一情景来展示比赛的独特魅力，拉近球迷与比赛之间的距离，使他们沉浸在一种愉悦、欢乐又充满激情的赛事气氛中，从而激发球迷观看赛事的兴趣。球队利用能够触发球迷感官刺激的观赛布局来设置特别的仪式活动，以及通过多媒体的渲染，展现震撼的视听效果，让球迷更快、更投入地沉浸在比赛氛围。同时，在提高球迷的观赛体验过程中，要时刻以球迷为主，确立以球迷为主体的首要宗旨。在观赛体验评价中，决不能以联赛本身为独断，应使参与观赛本身的主体来进行共同评价，并给予即时反馈。联赛要主动增加与球迷朋友沟通的频率，实现"从低频到多次"，定期对联赛服务人员进行培训，不仅是专业素养上的培训，还应有与球迷沟通的培训，摒弃"球迷朋友不好沟通"的陈旧思

想，积极主动地与球迷进行沟通交流，并获得反馈。评价方式可采取多种形式，使球迷选择更多样化，使评价内容也更加全面化。联赛可定期举办"吐槽大会"，以球迷都喜闻乐见的形式，尽情抒发对联赛的不满，调动参与的积极性，丰富联赛质量评价体系的收集路径，实现创造性转化，从而提高球迷的观赛体验。

9.6.4 创新性发展，实现球迷与联赛多元交互

创新中国男子篮球职业联赛的球迷观赛体验，实现球迷与联赛间的多元交互，除了要提高比赛场馆的硬件设施之外，还要注重创新与球迷互动、丰富赛事周边以及搭建球迷与联赛之间的文化载体，体现联赛对球迷的人文关怀。在注重创新与球迷互动的过程中，避免思维方式简单和观念僵化教条，不仅要注重互动的多样性，还要注重联赛文化传递的体育道德与情感的培养，实现体育育人的价值，积极创造具有多元化、新颖性且愉悦身心的方式，增强球迷观赛体验，用新时代新思想来搭建联赛与球迷之间的互动桥梁，拉近球迷与联赛之间的距离，促进体育精神的传播。利用球迷观赛心理的特点，量体裁衣，拓宽体育育人的方式和方法，开展球迷喜闻乐见的互动形式。在丰富赛事周边产品的过程中，要坚持以球迷为主，弘扬体育精神，传播体育精神所附带的"真、善、美"价值观，坚持"以体育人、以体育德、以体育情"的思路，加强体育在日常生活中的教育作用，促进体育与教育协调发展的目的，贴近球迷生活。搭建球迷与联赛之间的文化载体，要充分贯彻落实习近平新时代中国特色社会主义思想及体育强国战略，实现创新体育消费，在社会主义核心价值和体教融合思想的指导下，实现以体育人，提高球迷的人文素养，实现全面育人的目标。

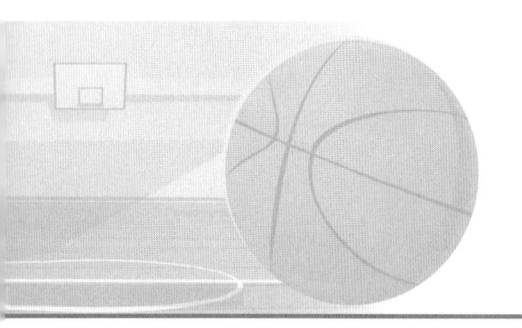

第十章 主要结论与展望

10.1 结论

10.1.1 中国男子篮球职业联赛作为"嫁接式"的职业体育赛事,发展阻滞重重

中国男子篮球职业联赛在20多年的发展历程中经历了职业化改革的探索阶段、深化改革阶段与CBA公司制阶段,在管理机制、竞赛制度、产业环境以及社会责任表现等诸多方面取得了良好的进展。前期成绩的获得是依靠职业体育发展外部政策的驱动与体育产业投资浪潮的助力,欧美职业体育治理的域外经验也有效缩短了中国男子篮球职业联赛改革的试错期限。但中国男子篮球职业联赛本质上是一种"嫁接式的职业体育赛事",中国男子篮球职业联赛在治理结构、竞赛制度、准入制度、选秀制度、商业运营乃至社会公益活动开展等多个方面均以最为成功的美国职业篮球联赛为模板,顶层制度设计与美国职业篮球联赛等职业体育联赛保持一致,但联赛底部样态与外在环境匹配度截然不同,联赛发展在行为表征上脱离学校体育、脱离社区、淡化忠实球迷群体的培育,社会嵌入性较低,与社会的基本关系呈现"脱嵌"状态,致使中国男子篮球职业联赛原发性发展动力不足。

中国男子篮球职业联赛制度引进与联赛外部社会文化环境和内部基础样态匹配度不高,联赛"生产资料"及消费者的培育脱离于整个社会关系及发展。虽然制度的移植能够促使中国男子篮球职业联赛短期内超前发展,但量变不足难以引起质变,也导致中国男子篮球职业联赛系统整体矛盾突出,形成长期影响联赛发展、制约联赛治理成效的诸多矛盾与问题。例如,产业市场拓展之需与社会嵌入性低的矛盾,社会价值彰显之需与社会责任缺失的矛盾,表演质量提升之需与竞技人才培养不力的矛盾,治理效能提升之需与治理主体行动逻辑差异的矛盾。"嫁接式"的中国男子篮球职业联赛未来发展阻滞重重。

10.1.2 中国男子篮球职业联赛治理目标应体现人民、社会和国家三个层面的价值诉求与承诺

中国男子篮球职业联赛治理目标具有先导性和决定性,即"为什么治"的价值设定深

刻制约着"谁来治""治什么"以及"如何治"三个关键性的理论与实践问题。中国男子篮球职业联赛商业赞助体量急剧提升情况是在国家体育产业政策助力下实现的。但中国男子篮球职业联赛治理目标不可能效仿美国职业篮球联赛"利润最大化"的治理目标，这是由中国男子篮球职业联赛准公共产品属性以及表演质量相对低水平供给所决定的。中国男子篮球职业联赛对于经济利益的追逐只能是过程而不是终极目标，且过多地、单向度地强调商业市场建设，反而欲速则不达，为联赛的健康可持续性发展带来风险。中国男子篮球职业联赛治理的目标逻辑应该是多维的而不是单一的，应体现出对人民、社会和国家三个层面的价值诉求与价值承诺。

首先，在满足人民的价值诉求与价值承诺方面，要将"以人民为中心"，实现人的全面发展作为中国男子篮球职业联赛治理的终极价值目标。"以人民为中心"，就是要以"球迷、社区居民、球员、赞助商"等利益相关者为中心。联赛治理主体在行动逻辑上要通过满足社区群众及球迷的文化生活需求来更好地服务球迷观赛需求，进而提升人民对美好生活的向往与幸福感。将中国男子篮球职业联赛打造成提升球员职业素养与价值、教化育人的综合平台，竭力经营职业篮球赛事健康向上的育人环境，实现"篮球让生活更美好"的愿景。其次，对应社会的价值诉求层面，中国男子篮球职业联赛应以实现商业价值与社会价值的双重聚合为联赛治理的目标，联赛的商业价值与社会价值是相互依存、相互促进的。双重聚合的达成要以提升中国男子篮球职业联赛社会嵌入性为驱动，以履行社会责任为突破，在与联赛利益相关者交往互动的过程中，以认知嵌入、文化嵌入和关系嵌入的方式进行价值传递，打造中国男子篮球职业联赛与周边生态环境的共生关系。最后，在对应国家层面的价值诉求与承诺中，中国男子篮球职业联赛治理目标应确立联赛在体育强国建设中居于核心竞争力地位。中国男子篮球职业联赛要在治理思维上以"国际模式"和"中国道路"的二元思维提升联赛国际影响力，要通过提升联赛治理现代化水平，扩大中国男子篮球职业联赛的亲和力、感召力及影响力，使中国男子篮球职业联赛能够成为达成体育强国建设多重战略任务的重要平台。

10.1.3 社会责任模式是中国男子篮球职业联赛治理模式选择的最优解

中国男子篮球职业联赛应采取何种治理模式才能实现高质量可持续性发展，一直是困扰职业体育理论研究的难题，因制度建设、底部样态、文化环境以及社会嵌入性的不同，中国男子篮球职业联赛不能完全仿效美国职业篮球联赛等职业联赛治理模式。在利润最大化的目标逻辑下，采用封闭式横向一体化的治理结构对中国男子篮球职业联赛进行治理。NBA联盟积极履行慈善活动也是提高联盟与俱乐部声誉，实现商业拓展目的乃至治理目标的重要手段。美国职业篮球联赛的社会责任逻辑虽然与市场逻辑相结合，但仍外生于联赛的治理体系。社会责任模式是中国男子篮球职业联赛治理模式选择难题的最优解。中国男子篮球职业联赛能够通过社会责任治理模式有效筑基，重点是筑球迷之基、筑社区之基、筑后备人才之基，筑文化之基，进一步夯实中国男子篮球职业联赛快速发展的基础，从而有效突破中国男子篮球职业联赛作为"嫁接式联赛"高质量发展的瓶颈。

在中国男子篮球职业联赛社会责任治理模式下，中国男子篮球职业联赛社会责任不再是作为外生变量处于与赶超式职业市场发展的利弊权衡中被动跟进的盲从状态，而是融于中国男子篮球职业联赛的竞技话语与市场话语。在社会责任模式治理下，中国男子篮球职业联赛治理视野不仅局限于联盟内部责、权、利的配置，还逐步向社会横向延展，会从更广阔的社会视角下考虑联赛治理主体在社会关系与社会结构中的责、权、利安排。在联赛治理行为中，应该更多地聚焦于社区责任、球迷责任、球员责任、赞助商责任的内涵以及与经济责任内容的联系与发展，以解决联赛社会责任的缺失与异化，并实现中国男子篮球职业联赛治理的内生有序机制与外生无序变量的良性耦合，营造有助于中国男子篮球职业联赛健康可持续发展的内外部环境。在制度规约方面，中国篮协应充分发挥社会责任履行制度供给者、监督者、评价者的多重角色，将CBA俱乐部社会责任治理与评价体系纳入核心关切部分，应将CBA俱乐部履行社会责任的要求及考核评分在赛季前的准入实施方案更加详尽地以单独部分列出。在交往实践方面，CBA公司与各俱乐部应分别联系赞助商、战略合作伙伴以及核心利益相关者开展持续时间长、覆盖面广、影响力较大的社会责任活动，彼此之间应保持行动逻辑的一致性。在中国男子篮球职业联赛社会责任治理模式下，中国男子篮球职业联赛社会责任将从零散的、与联赛治理孤立的状态逐步走向与市场逻辑相结合，最终实现中国男子篮球职业联赛社会责任的有效内化。

10.1.4 "治理共同体而非联盟"是中国男子篮球职业联赛治理由内卷走向进化的主体结构演变之需

中国男子篮球职业联赛治理主体结构历经了由篮管中心一元主导权力本位的塔式结构向中国篮协与俱乐部二元并立的链式结构的嬗变。在步入CBA公司制时代之后，CBA公司官方虽然以"CBA联盟"宣称，但这样以少数CBA俱乐部老总与中国篮协主要领导构成的联盟治理结构依然是单一的。这样的联盟为谁代言？CBA联盟既不应成为少数人谋利的工具，也非体现中国篮协与篮管中心行政意志的代言机构。联盟是欧美职业联赛的舶来品，作为中国男子篮球职业联赛治理主体，容易仿效欧美"股东利益至上"的行为逻辑，对于青训体系构建和联赛文化传播弃之不顾，在国家体育产业政策的刺激下，疏于"播种"而盲目"收割"，将使联赛发展存在风险。现阶段联盟的组成也必然存在治理主体结构狭窄而不利于解决联赛现存的难点，存在治理主体角色定位依然模糊而不利于提高联赛治理效能的问题，终将不利于联赛价值目标的实现。"治理共同体而非联盟"是中国男子篮球职业联赛治理由内卷走向进化的主体结构演变之需。

治理主体多元化是由中国男子篮球职业联赛治理问题的多重性与复杂性，以及单个治理主体资源禀赋的有限性所决定的，构筑CBA联盟"共建、共治、共享"的治理共同体是职业体育治理方式变迁的必然规律，是"后管办分离"时代提升中国男子篮球职业联赛治理效能，协调各治理主体的需要。中国男子篮球职业联赛应在中国篮协的监督之下，分别以CBA公司和俱乐部为中心吸纳品牌赞助商、球迷团体、球员工会、社区代表等核心利益相关者来构建中国男子篮球职业联赛治理共同体。多方治理主体不同层级的参与将使中国男子篮球职业联赛深嵌于不同的社会结构和社会关系之中，夯实了联赛发展根基。通过构建畅通的联赛利益表达机制以及利益协调机制，多个治理主体之间能够资源共享，充分发挥跨部门的协同作用，将各个主体的能力优势转化为治理效能，解决青训体系构建与球迷情感维系等难点与重点，实现中国男子篮球职业联赛由内卷化走向进化。中国男子篮球职业联赛治理共同体将社会责任这一极具道德意蕴的概念内化于具体的行动逻辑与制度设计，真正实现"人人享有"的中国男子篮球职业联赛的公益福利与文化惠泽，彰显中国男子篮球职业联赛的社会价值与生命力，促成联赛高质量发展。

10.1.5 以履行社会责任为主线，引导中国男子篮球职业联赛治理路径

中国男子篮球职业联赛治理与中国男子篮球职业联赛社会责任之间具有互动和共进的关系，中国男子篮球职业联赛社会责任现存的问题也是中国男子篮球职业联赛治理需要解决的主要问题，中国男子篮球职业联赛治理存在的多重矛盾与问题能够通过中国男子篮球职业联赛主体社会责任的内化而完成。因此，从中国男子篮球职业联赛治理与社会责任关系的视角来看，中国男子篮球职业联赛治理应探讨的是中国男子篮球职业联赛各治理主体如何建立富有效能的治理体系，从而使联赛社会责任得到有效的执行，以达到商业价值和社会价值双重聚合的价值目标。在内容层面，中国男子篮球职业联赛治理内容与中国男子篮球职业联赛社会责任内容理应是趋同的。本书根据社会责任的理论框架确定了中国男子篮球职业联赛治理蕴含紧迫性综合责任与核心利益相关者责任的八大治理主题，并依据科学性、针对性和可操控性原则，利用德尔菲法构建了涵盖50项具体治理内容的中国男子篮球职业联赛治理内容框架。

基于社会责任的中国男子篮球职业联赛治理路径要在联赛治理价值逻辑的引导下，以履行社会责任为主线，努力做到：权威主导——坚持中国篮协主导下的联赛治理共同体合作治理；责任内化——构建以社会责任为核心关切的治理行动与评价体系；难点先行——以体教融合重塑"双轨并行"的职业篮球青训体系；利益共生——构造联赛核心利益相关方互惠共生、品牌共振、资源共享的共生关系；文化为魂——发展根植于社会的职业篮球惠民文化。

10.2 展望

出于所学专业与兴趣使然，笔者关注与思考中国男子篮球职业联赛改革与发展问题已长达20多年时间，历经了中国男子篮球职业联赛在赛制、监督、运营等各项制度的变迁，也看到一些职业篮球俱乐部球市从竞技成绩突升期的一票难求跌落到无人问津。在国家体育产业发展政策的助推下，中国男子篮球职业联赛迎来了新的历史发展时期，"管办分离"的初步成功使CBA公司运营空间得到了释放，联赛版权价值与商业合同屡创新高，"CBA 2.0时代"的大幕徐徐拉开。然而，审视中国男子篮球职业联赛的治理历程，

"青训体系建设不力、竞赛质量不高、俱乐部忽视经营、观赛体验不佳、球迷基数不足"等内在彼此相关的顽疾犹存，整个中国男子篮球职业联赛产业链仍存在诸多薄弱环节，对标体育强国建设的战略目标与任务要求仍有较大差距。

基于社会责任的中国男子篮球职业联赛治理研究是对中国男子篮球职业联赛治理逻辑的反思与治理模式的思考，是对治理理念与思路的探求。笔者认为中国男子篮球职业联赛需要以一种社会责任模式的治理方式才能夯实根基，实现后发先至。中国男子篮球职业联赛治理必须重塑社会嵌入，在主体共同的硬核建构与利益共生的生态思维之下，通过社会责任内化来破局，走商业与社会并举之路，才是中国男子篮球职业联赛实现可持续性战略发展的"善治"之举。然而，鉴于职业体育组织社会责任内涵的复杂性与动态性，本书在中国男子篮球职业联赛治理内容体系的构建上或多或少有一定局限性，后续研究将探究适应中国男子篮球职业联赛和俱乐部不同发展阶段的社会责任内容体系，力争拉近社会责任理论与社会责任实践之间的距离。构建中国男子篮球职业联赛社会责任评价体系，引导职业篮球俱乐部履行社会责任，为新赛季CBA俱乐部的准入制度提供参考资料。深入探究中国男子篮球职业联赛治理共同体多元主体利益协调机制，避免多元主体治理利益博弈导致联赛治理失衡的问题。探索职业篮球俱乐部社会责任履行与球迷转化之间的关系，以探寻促进俱乐部球迷转化、扩大中国男子篮球职业联赛球迷基数的路径。

附录 A

基于社会责任的中国男子篮球职业联赛治理研究访谈提纲

第一部分：中国男子篮球职业联赛治理现状及主要问题

访谈对象：中国篮协官员、CBA 公司及职业篮球俱乐部管理人员

1. 制约中国男子篮球职业联赛发展的主要问题有哪些？
2. 现在中国篮协参与中国男子篮球职业联赛治理的相关事务吗？
3. 中国男子篮球职业联赛如何进一步提升商业价值？
4. 中国男子篮球职业俱乐部的营收构成及盈亏情况如何？
5. 中国男子篮球职业俱乐部应开发的商务权益有哪些？
6. 您如何看待中国男子篮球职业联赛球员工资帽制度？
7. 中国男子篮球职业联赛以及俱乐部应如何避免损害赞助商的利益？
8. 您所在俱乐部的青训体系的建设情况如何？主要采取什么模式？
9. CUBA 选秀球员的技能水平与成长潜力能满足俱乐部的现实需求吗？
10. 如何减少球场内外的越轨与失范问题？
11. 您认为制约俱乐部发展的主要因素有哪些？
12. 贵俱乐部有固定的球迷团体吗？稳定的球迷人数有多少？

第二部分：中国男子篮球职业联赛的治理目标、价值、主体等基本理论问题

访谈对象：体育治理相关理论研究专家、中国篮协官员

1. 中国男子篮球职业联赛应确立什么样的治理目标？
2. 中国男子篮球职业联赛治理遵循什么样的价值逻辑？
3. 中国男子篮球职业联赛以及俱乐部应体现出什么样的社会价值？
4. 中国篮协在中国男子篮球职业联赛治理中应承担什么样的角色与地位？
5. 职业篮球俱乐部在中国男子篮球职业联赛治理中应承担什么样的角色与地位？
6. 中国男子篮球职业联赛治理应由谁来主导？
7. 中国男子篮球职业联赛利益相关者有哪些？
8. 哪些中国男子篮球职业联赛利益相关者能归结到核心利益相关者范畴？

9. 中国男子篮球职业球员成立球员工会参与中国男子篮球职业联赛治理的可行性有多大？

10. 球迷团体参与中国男子篮球职业联赛治理的可行性？

11. 构建中国男子篮球职业联赛治理共同体的可行性？

第三部分：中国男子篮球职业联赛社会责任履行现状与问题

访谈对象： 国家体育总局政策法规司官员、职业体育组织社会责任相关理论研究专家、职业俱乐部管理人员

1. 中国男子篮球职业联赛以及俱乐部是否应该承担社会责任？
2. 中国男子篮球职业联赛社会责任的具体内容应该涵盖哪些？
3. 中国男子篮球职业联赛以及俱乐部具体应该承担什么样的社会责任？
4. 经济责任应纳入中国男子篮球职业联赛社会责任内容体系吗？
5. 贵俱乐部每年履行社会责任的次数？具体是哪些活动？
6. 中国男子篮球职业联赛以及俱乐部社会责任发展中存在的问题有哪些？
7. 中国男子篮球职业联赛以及俱乐部是否对明星球员参与社会责任活动作出具体要求？
8. 社会责任问题是中国男子篮球职业联赛治理现存的主要问题吗？
9. 中国男子篮球职业联赛治理内容能够与社会责任内容趋同吗？

第四部分：中国男子篮球职业联赛治理具体路径与策略问题

访谈对象： 中国篮协官员、CBA公司及职业篮球俱乐部管理人员

1. 中国男子篮球职业联赛能按照"社会责任模式"进行治理吗？
2. 如何推进中国男子篮球职业联赛社会责任的发展？
3. 应将CBA俱乐部履行社会责任详细的制度性要求纳入《准入方案》吗？
4. 中国篮协在中国男子篮球职业联赛治理中的具体作用体现在什么地方？
5. 如何促进CBA俱乐部青训体系建设？
6. 如何做好中国男子篮球职业联赛文化传播？
7. 中国男子篮球职业联赛应如何提高球迷观赛体验？

附录 B

基于社会责任的中国男子篮球职业联赛治理内容框架专家调查表（第一轮）

尊敬的专家：

您好！本书采用德尔菲法开展调查，鉴于您在专业领域内丰富的知识与经验，特请您抽出宝贵的时间对中国男子篮球职业联赛治理各项内容的重要性给予判断和评价，完成问卷调查的填写。对您给予的宝贵意见和辛勤的付出致以最诚挚的谢意。

您的基本信息

姓名：

职务职称：

所在单位：

问卷说明

1. 治理内容选择说明

本书在探析中国男子篮球职业联赛治理起点逻辑和价值逻辑的基础上，基于社会责任理论框架确立中国男子篮球职业联赛治理内容体系。鉴于诸学者对社会责任内容界定及细分指标过于复杂，本书在初步选择中国男子篮球职业联赛治理内容时，结合联赛现存问题以及对标体育强国建设对职业体育发展的战略目标与要求，力求治理内容的时代性、针对性与实效性。

2. 填写说明

在本问卷中，"5"表示非常重要，"4"表示重要，"3"表示一般，"2"表示不重要，"1"表示非常不重要。请您用"√"选择或用红色字体标出，并非常感谢您提出补充或删改意见。

责任主题	治理具体内容	重要性程度 重要 ←→ 不重要
经济责任	a1 提升联赛品牌价值	5 4 3 2 1
	a2 扩大联赛粉丝基数	5 4 3 2 1
	a3 提高比赛日收入	5 4 3 2 1
	a4 增加俱乐部商务开发权益	5 4 3 2 1

续表

责任主题	治理具体内容	重要性程度 重要 ←→ 不重要
经济责任	a5 推动俱乐部IP及衍生品开发	5 4 3 2 1
	a6 限制俱乐部不计成本投入	5 4 3 2 1
	a7 改造升级场馆以提升赛事体验	5 4 3 2 1
	a8 推进俱乐部财务透明化	5 4 3 2 1
	补充或删改意见：	
文化传播	b1 拍摄极富文化内涵的联赛纪录片与广告宣传片	5 4 3 2 1
	b2 讲好体现社会主义核心价值观的篮球故事	5 4 3 2 1
	b3 发掘素材并拉近职业篮球与生活的距离	5 4 3 2 1
	b4 推广职业篮球的惠民文化	5 4 3 2 1
	b5 吸收欧美职业篮球文化精髓	5 4 3 2 1
	补充或删改意见：	
后备人才	c1 建立多元培养模式的协作与沟通机制	5 4 3 2 1
	c2 职教融合，实现资源互输	5 4 3 2 1
	c3 完善中国男子篮球职业联赛选秀制度	5 4 3 2 1
	c4 与教育部协作打造中学生比赛品牌赛事	5 4 3 2 1
	c5 提高选材及训练科学性	5 4 3 2 1
	c6 加大俱乐部梯队人才培养投入	5 4 3 2 1
	补充或删改意见：	
球员	d1 树立球员良好的社会形象	5 4 3 2 1
	d2 为球员提供科学的职业规划	5 4 3 2 1
	d3 建立良好的球员激励机制	5 4 3 2 1
	d4 为球员提供人文关怀	5 4 3 2 1
	d5 建立严格的球员训练管理制度	5 4 3 2 1
	d6 成立球员工会，确保球员应有权利与承担义务	5 4 3 2 1
	补充或删改意见：	
球迷	e1 提升球迷观赛体验	5 4 3 2 1
	e2 以观赛为契机满足球迷社交需求	5 4 3 2 1
	e3 增进球迷与球星交流以提升球迷幸福感	5 4 3 2 1
	e4 引导球迷参与篮球等全民健身活动	5 4 3 2 1
	e5 增强球迷对城市归属感	5 4 3 2 1
	e6 利用公众号对球迷进行科普教育	5 4 3 2 1
	e7 为球迷参与治理提供平台	5 4 3 2 1
	e8 遏制球迷越轨行为	5 4 3 2 1
	补充或删改意见：	

续表

责任主题	治理具体内容	重要性程度 重要 ←→ 不重要
社区	f1 引领与指导社区全民健身活动	5 4 3 2 1
	f2 帮助开展社区青少年教育活动	5 4 3 2 1
	f3 关爱社区弱势群体	5 4 3 2 1
	f4 支持并融入社区校园篮球活动	5 4 3 2 1
	f5 定期开放场馆并共享体育设施	5 4 3 2 1
	f6 与社区居民良好互动并融入社区生活	5 4 3 2 1
	补充或删改意见：	
赞助商	g1 与赞助商互惠共生以实现品牌共振	5 4 3 2 1
	g2 利用赛场及数字媒体以增加赞助商品牌的可见性	5 4 3 2 1
	g3 与赞助商协作，开展影响力较大的慈善活动	5 4 3 2 1
	g4 严禁损害赞助商利益的行为	5 4 3 2 1
	g5 与赞助商建立风险应对和利益协调机制	5 4 3 2 1
	补充或删改意见：	
裁判员	h1 建立科学的中国男子篮球职业裁判遴选机制	5 4 3 2 1
	h2 营造良好的制裁环境	5 4 3 2 1
	h3 维护裁判员的赛场权威	5 4 3 2 1
	h4 建立裁判员绩效考评体系	5 4 3 2 1
	h5 树立裁判员积极正面的社会形象	5 4 3 2 1
	h6 建立裁判员动态薪酬福利制度	5 4 3 2 1
	h7 建立裁判员针对性的培训学习制度	5 4 3 2 1
	补充或删改意见：	

附录C

基于社会责任的中国男子篮球职业联赛治理内容框架专家调查表（第二轮）

尊敬的专家：

首先，非常感谢您在第一轮专家咨询中对中国男子篮球职业联赛治理内容的指标体系提出的宝贵意见。第二轮调查问卷是通过对上一轮专家咨询结果进行数理统计分析，综合分析并采纳专家的意见，对中国男子篮球职业联赛治理的具体内容进行了调整和增添。本轮专家咨询的目的是请各位专家在第一轮指标修改反馈意见的基础上，再次对评价指标进行选择和判断，对您的辛勤付出致以最诚挚的谢意。

您的基本信息
姓名：
职务职称：
所在单位：

填写说明：

1. 本问卷将第一轮专家对各内容指标判断的数值列在了表格的中间部分，供您在填写问卷时参考。此轮调查仍请您对各指标的重要程度作出判断。

2. 在本问卷中，"5"表示非常重要，"4"表示重要，"3"表示一般，"2"表示不重要，"1"表示非常不重要。请您用"√"选择或用红色字体标出，并非常感谢您提出补充或删改意见。

主题	治理内容	第一轮结果			重要性程度
		均值	标准差	变异系数	重要 ←→ 不重要
经济	a1 提升联赛品牌价值	4.73	0.65	0.14	5 4 3 2 1
	a2 扩大联赛粉丝基数	4.73	0.47	0.10	5 4 3 2 1
	a3 提高比赛日收入	3.64	0.03	0.17	5 4 3 2 1
	a4 增加俱乐部商务开发权益	4.64	0.50	0.11	5 4 3 2 1
	a5 推进俱乐部IP及衍生品开发	4.36	0.67	0.15	5 4 3 2 1
	a6 完善俱乐部薪酬体系（调整）	3.36	1.03	0.31	5 4 3 2 1
	a7 改造升级主场球馆	4.18	0.75	0.18	5 4 3 2 1
	a8 推进俱乐部财务透明化	3.82	0.87	0.23	5 4 3 2 1
	补充或删改意见：				

续表

主题	治理内容	第一轮结果			重要性程度 重要 ←→ 不重要
		均值	标准差	变异系数	
文化传播	b1 创设极富文化内涵的联赛纪录片与宣传片	4.64	0.50	0.11	5 4 3 2 1
	b2 讲好体现社会主义核心价值观的篮球故事	4.55	0.69	0.15	5 4 3 2 1
	b3 发掘素材拉近职业篮球与生活的距离	3.73	0.79	0.21	5 4 3 2 1
	b4 推广职业篮球的惠民文化	4.09	0.83	0.21	5 4 3 2 1
	b5 吸收欧美职业篮球文化精髓	3.36	0.72	0.21	5 4 3 2 1
	补充或删改意见:				
后备人才	c1 建立多元培养模式的协作与沟通机制	4.64	0.67	0.14	5 4 3 2 1
	c2 "职教融合"实现资源互输	4.64	0.50	0.11	5 4 3 2 1
	c3 完善CBA联赛选秀制度	4.73	0.65	0.14	5 4 3 2 1
	c4 与教育部协作共筑青训体系(调整)	3.91	0.94	0.24	5 4 3 2 1
	c5 提高选材及训练科学性	4.82	0.60	0.12	5 4 3 2 1
	c6 加大俱乐部梯队人才培养投入	4.55	0.82	0.18	5 4 3 2 1
	补充或删改意见:				
球员	d1 树立球员良好的社会形象	4.82	0.40	0.08	5 4 3 2 1
	d2 为球员提供科学的职业规划	4.55	0.69	0.15	5 4 3 2 1
	d3 建立良好的球员奖惩制度	4.64	0.67	0.14	5 4 3 2 1
	d4 为球员提供人文关怀	4.45	0.69	0.16	5 4 3 2 1
	d5 建立严格的球员训练管理制度	4.55	0.82	0.18	5 4 3 2 1
	d6 成立球员工会确保球员应有权利与承担义务	4.73	0.47	0.10	5 4 3 2 1
	补充或删改意见:				
球迷	e1 提升球迷观赛体验	4.55	0.82	0.18	5 4 3 2 1
	e2 以观赛为契机满足球迷社交需求	4.00	0.77	0.19	5 4 3 2 1
	e3 增进球迷与球星交流以提升球迷幸福感	4.36	0.81	0.19	5 4 3 2 1
	e4 引导球迷参与篮球等全民健身活动	4.00	0.77	0.19	5 4 3 2 1
	e5 增强球迷对俱乐部归属感	4.27	0.79	0.19	5 4 3 2 1
	e6 利用短视频平台进行科普教育(调整)	3.27	1.01	0.31	5 4 3 2 1
	e7 为球迷参与治理提供平台	3.64	0.67	0.18	5 4 3 2 1
	e8 德法并重遏制球迷越轨行为(调整)	4.36	1.03	0.24	5 4 3 2 1
	补充或删改意见:				

续表

主题	治理内容	第一轮结果			重要性程度
		均值	标准差	变异系数	重要 ←→ 不重要
社区	f1 引领与指导社区全民健身活动	3.82	0.68	0.17	5 4 3 2 1
	f2 帮助开展社区青少年教育活动	4.23	0.79	0.18	5 4 3 2 1
	f3 关爱社区弱势群体	4.00	0.89	0.22	5 4 3 2 1
	f4 组织球星进入社区从事公益活动（新增）	4.36	1.03	0.24	5 4 3 2 1
	f5 与社区居民良好互动融入社区生活	4.91	1.04	0.21	5 4 3 2 1
	补充或删改意见：				
赞助商	g1 与赞助商互惠共生实现品牌共振	4.64	0.50	0.11	5 4 3 2 1
	g2 利用赛场及数字媒体增加赞助商品牌可见性	4.45	0.69	0.16	5 4 3 2 1
	g3 与赞助商协作开展影响力较大的慈善活动	4.27	0.79	0.19	5 4 3 2 1
	g4 严禁损害赞助商利益的行为	4.73	0.47	0.10	5 4 3 2 1
	g5 与赞助商建立风险应对利益协调机制	4.45	0.52	0.12	5 4 3 2 1
	补充或删改意见：				
裁判员	h1 建立科学的CBA裁判遴选机制	4.91	0.30	0.06	5 4 3 2 1
	h2 营造良好的制裁环境	4.91	0.30	0.06	5 4 3 2 1
	h3 维护裁判员的赛场权威	4.82	0.40	0.08	5 4 3 2 1
	h4 建立裁判员绩效考评与动态薪酬制度	4.64	0.50	0.11	5 4 3 2 1
	h5 树立裁判员积极正面的社会形象	4.55	0.52	0.11	5 4 3 2 1
	h6 建立因判罚引起重大舆论事件的应对机制（新增）	4.45	0.82	0.18	5 4 3 2 1
	h7 建立裁判员针对性的培训学习制度	4.00	0.77	0.19	5 4 3 2 1
	补充或删改意见：				

附录D

中国男子篮球职业联赛球迷观赛体验影响因素模型构建半结构式专家访谈提纲

尊敬的专家：

您好！首先感谢您在百忙之中抽出时间接受我的访谈。我正在开展对中国男子篮球职业联赛球迷观赛体验影响因素的研究。为了更加科学合理且全面地寻找与提炼出中国男子篮球职业联赛球迷观赛体验的影响因素，特向您请教有关中国男子篮球职业联赛球迷观赛体验影响因素的相关问题，希望能得到您的权威指导意见与热心帮助。此项调查会严格为您保密，非常感谢您的帮助！

1. 根据对资料的收集与整理，本书初步认为中国男子篮球职业联赛球迷观赛体验影响因素应该包括五个方面，分别为感官体验、情感体验、交互体验、思维体验、功能体验。您认为设立这五个方面是否科学合理？或提供一些修改意见？

2. 您认为感官体验方面应该具体包括哪些内容？

3. 您认为情感体验方面应该具体包括哪些内容？

4. 您认为交互体验方面应该具体包括哪些内容？

5. 您认为思维体验方面应该具体包括哪些内容？

6. 您认为功能体验方面应该具体包括哪些内容？

7. 请阐述您认为中国男子篮球职业联赛球迷观赛体验影响因素应该具体包括哪些内容？

附录E

中国男子篮球职业联赛球迷观赛体验影响因素专家问卷调查
（第一轮）

尊敬的专家：

您好！首先感谢您对本书研究工作的大力支持。感谢您在百忙之中填写本次专家问卷调查，为此对您表达最真挚的感谢！

我正在进行中国男子篮球职业联赛球迷观赛体验影响因素模型构建方面的研究，为了优化指标，现就相关影响因素的维度构成与影响因素确定征求您的宝贵意见和建议。在"同意"与"不同意"的方框处画"√"，如若有删除、增加或修改意见和建议，可在"删除、增加、修改意见"处填写。调查结果仅用于统计研究，再次对您的帮助表示诚挚的谢意！

一级指标	同意	不同意	具体影响因素	同意	不同意
B1 感官体验			C1 比赛激烈程度		
			C2 场馆主题鲜明且富有文化内涵		
			C3 别出心裁的热身活动		
			C4 独具匠心的入场仪式		
			C5 赛场的视听效果		
			C6 球员或球队的赛场表现		
			C7 浓厚的比赛氛围		
			C8 合理的观赛布局		
删除、增加、修改意见：					
B2 情感体验			C9 比赛的感染力		
			C10 对比赛的期盼		
			C11 赛场主播的氛围烘托		
			C12 留下一段难忘的回忆		
			C13 宣泄情感		
			C14 球星号召力		
			C15 地方归属感		
			C16 满足球迷的个性化需求		
删除、增加、修改意见：					

续表

一级指标	同意	不同意	具体影响因素	同意	不同意
B3 交互体验			C17 丰富且新颖的趣味性互动		
			C18 赛事周边产品丰富		
			C19 社交软件		
			C20 球迷活动可参与度高		
			C21 整洁舒适的观赛环境		
			C22 醒目的指示标语		
			C23 赛事能满足用户的偏好		
			C24 重要时刻的回放		
			C25 赛场统计的呈现		
			C26 球迷对赛场意见和投诉即时反馈		

删除、增加、修改意见：

一级指标	同意	不同意	具体影响因素	同意	不同意
B4 思维体验			C27 比赛结果的不确定性		
			C28 回忆比赛的精彩瞬间		
			C29 对比赛的评价		
			C30 对赛场细节的敏锐捕捉		
			C31 寻求破解局势困境的求知欲望		
			C32 对赛场某一时刻产生联想		
			C33 自发对球队或球员进行深入了解		

删除、增加、修改意见：

一级指标	同意	不同意	具体影响因素	同意	不同意
B5 功能体验			C34 增加对篮球运动的认知度		
			C35 增加对篮球技能的参与度		
			C36 学习先进的篮球技战术		
			C37 增加与人交流的话题		
			C38 符合自身个性与身份的认同		
			C39 获取社交关注		
			C40 得到尊重		

感谢您提供的宝贵意见！

附录 F

中国男子篮球职业联赛球迷观赛体验影响因素专家问卷调查（第二轮）

尊敬的专家：

您好！

首先，感谢您对本书研究工作的大力支持。感谢您在百忙之中填写本次专家问卷调查，为此对您表达最真挚的感谢！

我正在进行中国男子篮球职业联赛球迷观赛体验影响因素模型构建方面的研究，为了优化指标，现就相关影响因素的维度构成与影响因素确定征求您的宝贵意见和建议。在"同意"与"不同意"的方框处画"√"，若有删除、增加或修改意见，建议可在"删除、增加、修改意见"处填写。调查结果仅用于统计研究，再次对您的帮助表示诚挚的谢意！

一级指标	同意	不同意	具体影响因素	同意	不同意
B1 感官体验			C1 比赛激烈程度		
			C2 场馆主题鲜明且富有文化内涵		
			C3 别出心裁的热身活动		
			C4 独具匠心的入场仪式		
			C5 赛场的视听效果		
			C6 球员或球队的赛场表现		
			C7 浓厚的比赛氛围		
			C8 合理的观赛布局		
删除、增加、修改意见：					
B2 情感体验			C9 比赛的感染力		
			C10 对比赛的期盼		
			C11 赛场主播的氛围烘托		
			C12 留下一段难忘的回忆		
			C13 宣泄情感		
			C14 球星号召力		
			C15 球队归属感		
			C16 满足球迷的个性化需求		
删除、增加、修改意见：					

续表

一级指标	同意	不同意	具体影响因素	同意	不同意
B3交互体验			C17 丰富且新颖的趣味性互动		
			C18 赛事周边产品丰富		
			C19 社交媒介		
			C20 球迷活动可参与度高		
			C21 整洁舒适的观赛环境		
			C22 醒目的指示标语		
			C23 赛事能满足用户的偏好		
			C24 重要时刻的回放		
			C25 赛场统计的呈现		
			C26 球迷对赛场意见和投诉即时反馈		

删除、增加、修改意见：

一级指标	同意	不同意	具体影响因素	同意	不同意
B4思维体验			C27 比赛结果的不确定性		
			C28 回忆比赛的精彩瞬间		
			C29 对比赛的评价		
			C30 对赛场细节的敏锐捕捉		
			C31 寻求破解局势困境的求知欲望		
			C32 对赛场某一时刻产生联想灵感		
			C33 自发对球队或球员进行深入了解		

删除、增加、修改意见：

一级指标	同意	不同意	具体影响因素	同意	不同意
B5功能体验			C34 增加对篮球运动的认知度		
			C35 增加对篮球技能的参与度		
			C36 学习先进的篮球技战术		
			C37 增加与人交流的话题		
			C38 符合自身个性与身份的认同		
			C39 获取社交关注		
			C40 得到尊重		

感谢您提供的宝贵意见！

附录 G

中国男子篮球职业联赛球迷观赛体验影响因素专家问卷调查
（第三轮）

尊敬的专家：

您好！

首先感谢您对本书研究工作的大力支持。感谢您在百忙之中填写本次专家问卷调查，为此对您表达最真挚的感谢！

我正在进行中国男子篮球职业联赛球迷观赛体验影响因素模型构建方面的研究，为了优化指标，现就相关影响因素的维度构成与影响因素，确定征求您的宝贵意见和建议。在"同意"与"不同意"的方框处画"√"，若有删除、增加或修改意见，建议可在"删除、增加、修改意见"处填写。调查结果仅用于统计研究，再次对您的帮助表示诚挚的谢意！

一级指标	同意	不同意	具体影响因素	同意	不同意
B1 感官体验			C1 比赛激烈程度		
			C2 场馆主题鲜明且富有文化内涵		
			C3 别出心裁的热身活动		
			C4 独具匠心的入场仪式		
			C5 赛场的视听效果		
			C6 球员或球队的赛场表现		
			C7 浓厚的比赛氛围		
			C8 合理的观赛布局		

删除、增加、修改意见：

一级指标	同意	不同意	具体影响因素	同意	不同意
B2 情感体验			C9 比赛的感染力		
			C10 对比赛的期盼		
			C11 赛场主播的氛围烘托		
			C12 留下一段难忘的回忆		
			C13 宣泄情感		
			C14 球星号召力		
			C15 球队归属感		
			C16 满足球迷的个性化需求		

删除、增加、修改意见：

续表

一级指标	同意	不同意	具体影响因素	同意	不同意
B3 交互体验			C17 丰富且新颖的趣味性互动		
			C18 赛事周边产品丰富		
			C19 社交媒介		
			C20 球迷活动可参与度高		
			C21 整洁舒适的观赛环境		
			C22 醒目的指示标语		
			C23 赛事能满足用户的偏好		
			C24 重要时刻的多角度及时高清回放		
			C25 赛场技术数据统计的全面呈现		
			C26 球迷对赛场意见和投诉即时反馈		

删除、增加、修改意见：

一级指标	同意	不同意	具体影响因素	同意	不同意
B4 思维体验			C27 比赛结果的不确定性		
			C28 回忆比赛的精彩瞬间		
			C29 对比赛的评价		
			C30 对赛场细节的敏锐捕捉		
			C31 寻求破解局势困境的求知欲望		
			C32 对赛场某一时刻产生联想灵感		
			C33 自发对球队或球员进行深入了解		

删除、增加、修改意见：

一级指标	同意	不同意	具体影响因素	同意	不同意
B5 功能体验			C34 增加对篮球运动的认知度		
			C35 增加对篮球技能的参与度		
			C36 学习先进的篮球技战术		
			C37 增加与人交流的话题		
			C38 符合自身个性与身份的认同		
			C39 获取社交关注		
			C40 得到尊重		

感谢您提供的宝贵意见！

附录 H

中国男子篮球职业联赛球迷观赛体验影响因素预试问卷调查量表

亲爱的中国男子篮球职业联赛球迷朋友：

您好！我正在进行一项关于中国男子篮球职业联赛球迷观赛体验影响因素的调查研究。请您依次帮我完成下面的题目，谢谢您的帮助！

下面每一项题目右侧，有五个选项，分别为1、2、3、4、5，选项符合程度由1—5逐步提高，数值越大表示越符合。请根据你的实际符合情况在相应的选项后打"√"，每道题目仅勾选一个选项，填写后请仔细检查，不要遗漏，谢谢您的积极配合！

题号	题目内容	不符合 ←——→ 符合				
一、感官体验						
Q1	一场扣人心弦的比赛能给我带来良好的感官体验	□1	□2	□3	□4	□5
Q2	场馆鲜明的主题让我感到舒适和愉悦	□1	□2	□3	□4	□5
Q3	特别的热身活动能让我有良好的感官体验	□1	□2	□3	□4	□5
Q4	特别的入场仪式能让我大饱眼福	□1	□2	□3	□4	□5
Q5	我觉得中国男子篮球职业联赛的声光音效可以增加我的感官享受	□1	□2	□3	□4	□5
Q6	球员优质的赛场表现能带给我很好的感官体验	□1	□2	□3	□4	□5
Q7	球队优质的赛场表现能带给我很好的感官体验	□1	□2	□3	□4	□5
Q8	浓厚的比赛氛围能增加我的感官体验	□1	□2	□3	□4	□5
Q9	合理的观赛布局能增加我的感官体验	□1	□2	□3	□4	□5
二、情感体验						
Q10	体育比赛独有的感染力会带给我特殊的情感体验	□1	□2	□3	□4	□5
Q11	赛前对比赛的期盼会让我观赛时有特殊的情感体验	□1	□2	□3	□4	□5
Q12	赛场主播的氛围烘托会让我观赛时有特殊的情感体验	□1	□2	□3	□4	□5
Q13	一场值得回忆的精彩比赛能带给球迷更好的观赛体验	□1	□2	□3	□4	□5
Q14	观看比赛能够达到我宣泄情感的需求	□1	□2	□3	□4	□5
Q15	我觉得观赏中国男子篮球职业联赛可以让我与支持的球员更接近	□1	□2	□3	□4	□5
Q16	我觉得观赏中国男子篮球职业联赛可以让我与支持的球队更接近	□1	□2	□3	□4	□5

续表

题号	题目内容	不符合 ←——→ 符合				
Q17	满足球迷的不同需求能够带来更好的观赛体验	□1	□2	□3	□4	□5
三、互动体验						
Q18	多样且创新的趣味性互动能给球迷带来更好的观赛体验	□1	□2	□3	□4	□5
Q19	丰富的赛事周边产品能使比赛更贴近我的生活	□1	□2	□3	□4	□5
Q20	社交媒介的强大黏合功能拉近球迷与联赛之间的距离	□1	□2	□3	□4	□5
Q21	设置科学合理的球迷活动参与门槛会提高我的观赛体验	□1	□2	□3	□4	□5
Q22	观赛环境能够达到舒适整洁会提高我的观赛体验	□1	□2	□3	□4	□5
Q23	赛事安排能够满足我观赛时的特殊需求,从而提高观赛体验	□1	□2	□3	□4	□5
Q24	能否及时清晰回放会影响我的观赛体验	□1	□2	□3	□4	□5
Q25	技术统计的全面呈现能带给我更好的观赛体验	□1	□2	□3	□4	□5
Q26	及时处理我的意见和反馈能够带给我更好的观赛体验	□1	□2	□3	□4	□5
四、思维体验						
Q27	比赛的悬念能够带给我更好的观赛体验	□1	□2	□3	□4	□5
Q28	比赛能否给我留下深刻的回忆,会影响我的观赛体验	□1	□2	□3	□4	□5
Q29	观看比赛后是否会对比赛进行评价,会影响我的观赛体验	□1	□2	□3	□4	□5
Q30	观看比赛可以锻炼我的感知力和观察力	□1	□2	□3	□4	□5
Q31	观看比赛可以激起我的求知欲和好奇心	□1	□2	□3	□4	□5
Q32	观看比赛可以启发我的灵感,提高创造力	□1	□2	□3	□4	□5
Q33	观看比赛会使我对球员或球队进行深入了解	□1	□2	□3	□4	□5
五、功能体验						
Q34	我觉得观看中国男子篮球职业联赛会让我更加了解篮球规则	□1	□2	□3	□4	□5
Q35	我觉得观看中国男子篮球职业联赛会让我产生从事运动的动机	□1	□2	□3	□4	□5
Q36	观看中国男子篮球职业联赛会让我想要更进一步学习篮球技巧	□1	□2	□3	□4	□5
Q37	观看中国男子篮球职业联赛可以提供与人交往的话题和机会	□1	□2	□3	□4	□5
Q38	我觉得观看中国男子篮球职业联赛可以让我找到群体的归属感	□1	□2	□3	□4	□5
Q39	观看中国男子篮球职业联赛可以使我获得更多的社交关注	□1	□2	□3	□4	□5

感谢您提供的宝贵意见!

附录 I

中国男子篮球职业联赛球迷观赛体验影响因素正式问卷调查量表

亲爱的中国男子篮球职业联赛球迷朋友：

您好！我正在进行一项关于中国男子篮球职业联赛球迷观赛体验影响因素的调查研究。请您依次帮我完成下面的题目，谢谢您的帮助！下面每一项题目右侧，有五个选项，分别为1、2、3、4、5，选项符合程度由1—5逐步提高，数值越大表示越符合。请根据您的实际符合情况在相应的选项后打"√"，每道题目仅勾选一个选项，填写后请仔细检查，不要遗漏，谢谢您的积极配合！

题号	题目内容	不符合 ←				→ 符合
一、感官体验						
Q1	一场扣人心弦的比赛能给我带来良好的感官体验	□1	□2	□3	□4	□5
Q2	场馆鲜明的主题让我感到舒适和愉悦	□1	□2	□3	□4	□5
Q3	特别的热身活动能让我有良好的感官体验	□1	□2	□3	□4	□5
Q4	特别的入场仪式能让我大饱眼福	□1	□2	□3	□4	□5
Q5	我觉得中国男子篮球职业的声光音效可以增加我的感官享受	□1	□2	□3	□4	□5
Q6	球员优质的赛场表现能带给我很好的感官体验	□1	□2	□3	□4	□5
Q7	球队优质的赛场表现能带给我很好的感官体验	□1	□2	□3	□4	□5
Q8	浓厚的比赛氛围能增加我的感官体验	□1	□2	□3	□4	□5
Q9	合理的观赛布局能增加我的感官体验	□1	□2	□3	□4	□5
二、情感体验						
Q10	体育比赛独有的感染力会带给我特殊的情感体验	□1	□2	□3	□4	□5
Q11	赛前对比赛的期盼会让我观赛时有特殊的情感体验	□1	□2	□3	□4	□5
Q12	赛场主播的氛围烘托会让我观赛时有特殊的情感体验	□1	□2	□3	□4	□5
Q13	一场值得回忆的精彩比赛能带给球迷更好的观赛体验	□1	□2	□3	□4	□5
Q14	观看比赛能够达到我宣泄情感的需求	□1	□2	□3	□4	□5
Q15	我觉得观看中国男子篮球职业联赛可以让我与支持的球员更接近	□1	□2	□3	□4	□5
Q16	我觉得观看中国男子篮球职业联赛可以让我与支持的球队更接近	□1	□2	□3	□4	□5

续表

题号	题目内容	不符合 ←——→ 符合				
Q17	满足球迷的不同需求能够带来更好的观赛体验	□1	□2	□3	□4	□5
三、互动体验						
Q18	多样且创新的趣味性互动能给球迷带来更好的观赛体验	□1	□2	□3	□4	□5
Q19	丰富的赛事周边产品能使比赛更贴近我的生活	□1	□2	□3	□4	□5
Q20	社交媒介的强大黏合功能拉近球迷与联赛之间的距离	□1	□2	□3	□4	□5
Q21	设置科学合理的球迷活动参与门槛会提高我的观赛体验	□1	□2	□3	□4	□5
Q22	观赛环境能够达到舒适整洁会提高我的观赛体验	□1	□2	□3	□4	□5
Q23	赛事安排能够满足我观赛时的特殊需求,从而提高观赛体验	□1	□2	□3	□4	□5
Q24	能否及时清晰回放会影响我的观赛体验	□1	□2	□3	□4	□5
Q25	技术统计的全面呈现能带给我更好的观赛体验	□1	□2	□3	□4	□5
Q26	及时处理我的意见和反馈能够带给我更好的观赛体验	□1	□2	□3	□4	□5
四、思维体验						
Q27	比赛的悬念能够带给我更好的观赛体验	□1	□2	□3	□4	□5
Q28	比赛能否给我留下深刻的回忆,会影响我的观赛体验	□1	□2	□3	□4	□5
Q29	观看比赛后是否会对比赛进行评价,会影响我的观赛体验	□1	□2	□3	□4	□5
Q30	观看比赛可以锻炼我的感知力和观察力	□1	□2	□3	□4	□5
Q31	观看比赛可以激起我的求知欲和好奇心	□1	□2	□3	□4	□5
Q32	观看比赛可以启发我的灵感,提高创造力	□1	□2	□3	□4	□5
Q33	观看比赛会使我对球员或球队进行深入了解	□1	□2	□3	□4	□5
五、功能体验						
Q34	我觉得观看中国男子篮球职业联赛会让我更加了解篮球规则	□1	□2	□3	□4	□5
Q35	我觉得观看中国男子篮球职业联赛后会让我产生从事运动的动机	□1	□2	□3	□4	□5
Q36	观看中国男子篮球职业联赛会让我想要更进一步学习篮球技巧	□1	□2	□3	□4	□5
Q37	观看中国男子篮球职业联赛可以提供与人交往的话题和机会	□1	□2	□3	□4	□5
Q38	我觉得观看中国男子篮球职业联赛可以让我找到群体的归属感	□1	□2	□3	□4	□5
Q39	观看中国男子篮球职业联赛可以使我获得更多的社交关注	□1	□2	□3	□4	□5

感谢您提供的宝贵意见!

参 考 文 献

[1] 国务院办公厅.国务院办公厅印发《体育强国建设纲要》的通知[EB/OL].(2019-09-02)[2024-06-17].http://www.gov.cn//zhengce/content/2019-09/02/content_5426485.htm.

[2] 秦麟征.预测科学——未来研究学[M].北京：方志出版社，2007.

[3] 曾照云，程安广.德尔菲法在应用过程中的严谨性评估——基于信息管理视角[J].情报理论与实践，2016，39（2）：64-68.

[4] 袁志彬，任中保.德尔菲法在技术预见中的应用与思考[J].科技管理研究，2006（10）：217-219.

[5] 徐蔼婷.德尔菲法的应用及其难点[J].中国统计，2006（9）：57-59.

[6] BHIMANI A, SOONAWALLA K. From conformance to performance: the corporate responsibilities continuum[J]. Journal of Accounting and Public Policy, 2005, 24(3): 165-174.

[7] JAMALI D, SAFIEDDINE A M, RABBATH M. Corporate governance and corporate social responsibility synergies and interrelationships[J]. Corporate Governance, 2008, 16(5): 443-459.

[8] RAHIM M M, ALAM S. Convergence of corporate social responsibility and corporate governance in weak economies: The case of Bangladesh[J]. Journal of Business Ethics, 2014(121): 607-620.

[9] SARIM M, SHAMSHAD M, AKHTER J. The interrelationship between corporate governance and corporate social responsibility in Indian companies[J]. IUP Journal of Corporate Governance, 2017, 16(4): 31-45.

[10] FATHIMA S. Corporate social responsibility and governance[J]. Clear International Journal of Research in Commerce&Management, 2016, 7(8): 14.

[11] ALUCHNA M, ROSZOWSKA-MENKES M. Integrating corporate social responsibility and corporate governance at the company level: Towards a conceptual model[J]. Engineering Economics, 2019, 30(3): 349-361.

[12] DEAKIN S, HUGHS A. Comparative corporate governance: An interdisciplinary agenda[J]. Journal of Law and Society, 1997(24): 1.

[13] JONES P, COMFORT D, HILLIER D. Corporate social responsibility and the UK's top ten retailers[J]. International Journal of Retail and Distribution Management, 2005, 33(12): 882-892.

[14] JO H, HARJOTO M A. Corporate governance and firm value: The impact of corporate social responsibility[J]. Journal of Business Ethics, 2011(103): 351-383.

[15] JOUINI F, AJINA A, DERBALI A. Corporate governance and corporate social responsibility[J]. International Journal of Management and Enterprise Development, 2018, 17(2): 155-167.

[16] FERNÁNDEZ-KRANZ D, SANTALÓ J. When necessity becomes a virtue: The effect of product market competition on corporate social responsibility[J]. Journal of Economics & Management Strategy, 2010, 19(2): 453-487.

[17] LIN K J, TAN J, ZHAO L, et al. In the name of charity: Political connections and strategic corporate social responsibility in a transition economy[J]. Journal of Corporate Finance, 2015(32): 327-346.

[18] ADNAN S M, HAY D, VAN STADEN C J. The influence of culture and corporate governance on corporate social responsibility disclosure: A cross-country analysis[J]. Journal of Cleaner Production, 2018(198): 820-832.

[19] JO H, HARJOTO M A. The causal effect of corporate governance on corporate social responsibility[J]. Journal of Business Ethics, 2012(106): 53-72.

[20] RODRIGUEZ-FERNANDEZ M. Social responsibility and financial performance: The role of good corporate governance[J]. Business Research Quarterly, 2016, 19(2): 137-151.

[21] STUEBS M, SUN L. Corporate governance and social responsibility[J]. International Journal of Law and Management, 2015, 57(1): 38-52.

[22] RUANGVISET J, JIRAPORN P, KIM J C. How does corporate governance influence corporate social responsibility?[J]. Procedia-Social and Behavioral Sciences, 2014(143): 1055-1057.

[23] WOROKINASIH S, ZAINI M L Z B M. The mediating role of corporate social responsibility(CSR) disclosure on good corporate governance(GCG) and firm value: A technical note[J]. Australasian Accounting Business and Finance Journal, 2020, 14(1): 88-96.

[24] ABDELFATTAH T, ABOUD A. Tax avoidance, corporate governance, and corporate social responsibility: The case of the Egyptian capital market[J]. Journal of International Accounting Auditing and Taxation, 2020(38): 1003-1004.

[25] 王长义. 公司治理与企业社会责任：基于历史视角的研究[J]. 现代管理科学. 2007(11): 75-76.

[26] 高汉祥, 郑济孝. 公司治理与企业社会责任：同源、分流与融合[J]. 会计研究, 2010(6): 32-36.

[27] 张芈卡, 于玲. 社会责任与我国公司治理变革[J]. 学术交流, 2011(11): 93-96.

[28] 高汉祥. 融合企业社会责任的公司治理研究——基于价值创造视角的分析[D]. 南京：南京大学, 2012.

[29] 李曼妮. 企业社会责任观与公司治理的关系及融合方式研究[J]. 商业会计，2013（23）：101-102.

[30] 章竟. 企业社会责任视角下的公司治理完善研究[D]. 福州：福建师范大学，2013.

[31] 李伟. 公司治理和商业道德视角下企业社会责任[J]. 财政监督，2011（20）：12-13.

[32] 高汉祥. 公司治理与社会责任：被动回应还是主动嵌入[J]. 会计研究，2012（4）：58-64，95.

[33] 郑晓青. 价值创造导向下的公司治理与社会责任[J]. 会计之友，2013（4）：56-57.

[34] 邓学衷，刘超洁. 社会责任嵌入公司治理的模式及财务价值分析[J]. 会计之友，2014（27）：31-34.

[35] 郭秀英. 论公司治理与企业社会责任的关系[J]. 现代商贸工业，2014，26（13）：18-19.

[36] 买生，杨英英，李俊亭. 公司社会责任治理：多理论融合的理论模型[J]. 管理评论，2015，27（6）：100-110.

[37] 买生，单胜男，杨英英. 融入企业社会责任的公司治理要素研究[J]. 商业经济研究，2016（1）：94-96.

[38] 卢文超. 中西方企业社会责任跨文化比较研究[J]. 河南社会科学，2017，25（11）：82-87.

[39] 吴磊. 公司治理与社会责任对企业成长的影响——以中国制造业A股上市公司为例[J]. 中南财经政法大学学报，2015（2）：143-149.

[40] 孙艳梅，陶利斌. 股权结构、公司治理与企业社会责任行为[J]. 浙江学刊，2019（1）：111-123.

[41] 王雪梅，卜华. 公司治理与企业社会责任关系研究[J]. 会计之友，2012（14）：83-86.

[42] 肖海林，薛琼. 公司治理、企业社会责任和企业绩效[J]. 财经问题研究，2014（12）：91-98.

[43] 许英杰、石颖、阳镇. 治理机制对企业社会责任能力成熟度影响的实证研究[J]. 经济体制改革，2018（4）：124-131.

[44] 肖海林，薛琼. 公司治理、企业社会责任和企业绩效[J]. 财经问题研究，2014（12）：91-98.

[45] 王能. 公司治理、企业社会责任履行与公司绩效——基于中国上市公司的理论与实证研究[D]. 石河子：石河子大学，2017.

[46] 王化中，李超. 社会责任、公司治理与财务绩效关系研究——基于食品上市公司面板数据的实证分析[J]. 价格理论与实践，2019（12）：145-148.

[47] 孙敏，张彦. 公司治理、企业社会责任与企业价值[J]. 会计之友，2012（10）：100-103.

[48] 张彦明. 基于公司治理、社会责任的油气企业价值研究[D]. 大庆：东北石油大学，2018.

[49] 周爱光，闫成栋. 职业体育俱乐部社会责任的特征与内容[J]. 北京体育大学学报，2012，35（10）：6-9.

[50] 赵燕，黄海峰. 试论我国职业体育赛事社会责任[J]. 广州体育学院报，2015，35（2）：4-6.

[51] 韩炜，荣思军. 职业体育组织社会责任：概念、特点与承载内容[J]. 山东体育学院学报，2018，34（4）：12-17.

[52] BABIAK K, WOLFE R. Determinants of corporate social responsibility professional sport：internal and external factors[J]. Journal of Sport Management，2009，23（6）：717-742.

[53] SMITH A C T, WESTERBEEK H M. Sport as a vehicle for deploying corporate social responsibility[J]. Journal of Corporate Citizenship，2007(25)：43-54.

[54] O'SHEA M, ALONSO A D. "Panthers on the prowl" community development foundation：the case of a professional sports organization's hands on involvement with community centered initiatives[J]. International Journal of Social Entrepreneurship and Innovation，2013，2(2)：130-146.

[55] BLUMRODT J, DESBORDES M, BODIN D. Professional football clubs and corporate social responsibility[J]. Sport, Business and Management：an International Journal，2013，3（3）：205-225.

[56] ZHU Z, SURUJLAL J. Willingness of sport fans to participate in socially responsible community program of professional sport organization[J]. South African Journal for Research in Sport Physical Educational and Recreation，2015，37(3)：185-197.

[57] INOUE Y, Funk D C, MCDONALD H. Predicting behavioral loyalty through corporate social responsibility：the mediating role of involvement and commitment[J]. Journal of Business Resarch，2017(75)：46-56.

[58] 张森. 我国职业体育俱乐部社会责任理论与实践研究[J]. 体育科学，2013，33（8）：14-20.

[59] 梁斌. 企业社会责任理论下的职业足球俱乐部社会公共服务研究[J]. 体育科学，2013，33（6）：52-56，63.

[60] 张程锋. 职业足球俱乐部社会责任价值创造研究——基于中超球迷消费响应视角[D]. 上海：上海体育学院，2018.

[61] 庞徐薇，陈锡尧. 我国职业体育社会责任评价指标体系的构建[J]. 上海体育学院学报，2012，36（5）：51-54.

[62] 刘光同，宋冰. 我国职业体育俱乐部企业社会责任评价基础研究[J]. 西安体育学院学报，2019，36（5）：570-573.

[63] BREITBARTH T, HOVEMANN G, WALZEL S. Scoring strategy goals：Measuring corporate social responsibility in professional European football[J]. International Business Re-

view, 2011, 53(6): 721-737.

[64] 이준원. 국내프로스포츠팀의사회적책임활동척도개발[J]. 한국체육과학회지, 2015, 24(3): 859-870.

[65] 张淼, 王家宏. 职业体育俱乐部的企业社会责任对消费者的长期影响[J]. 北京体育大学学报, 2018, 41(10): 19-24, 31.

[66] HEINZE K L, SODERSTROM S, ZDROIK J. Toward strategic and authentic corpor-ate social responsibility in professional sport: A case study of the Detroit Lions[J]. Journal of Sport Management, 2014, 28(6): 627-686.

[67] JOO S Y, LARKIN B, WALKER N. Institutional isomorphism and social responsibility in professional sports[J]. Sport, Business and Management: An International Journal, 2017, 7(1): 38-57.

[68] ROWE K, KARG A, SHERRY E. Community-oriented practice: Examining corporate social responsibility and development activities in professional sport[J]. Sport Management Review, 2019, 22(3): 363-378.

[69] 宋冰, 耿瑞楠, 张廷安, 等. 欧足联与英超联盟社会责任治理的比较及对我国的启示[J]. 天津体育学院学报, 2017, 32(4): 298-307.

[70] 宋冰. 中超联赛主体的社会责任研究[D]. 北京: 北京体育大学, 2017.

[71] 南音. 国家政策与社团实践——合作博弈视角下中国篮协改革发展问题研究[J]. 成都体育学院学报, 2017, 43(4): 34-38.

[72] 刘转青, 练碧贞. CBA联赛场域中国篮协的行政逻辑及其影响[J]. 沈阳体育学院学报, 2018, 37(5): 99-104.

[73] 郑娟, 郑志强. 体育协同治理的演化博弈分析——以CBA联赛为例[J]. 北京体育大学学报, 2018, 41(9): 30-35.

[74] 胡佳澍, 郑芳. 制度选择视角下CBA联赛权力结构的演进[J]. 沈阳体育学院学报, 2018, 37(4): 45-49.

[75] 黄少好. 产权结构视角下CBA联赛治理结构的研究[D]. 北京: 北京体育大学, 2017.

[76] 王茜, 王家宏. CBA产权主体之间的利益博弈、困境及平衡策略分析[J]. 体育科研, 2018, 39(3): 40-50.

[77] 张兵. 跳出西方经济学的束缚: 关于我国职业体育产权问题的经济社会学分析[J]. 体育科学, 2015, 35(5): 3-9.

[78] 朱雷亚, 王恒同. 政府主导下的CBA职业联赛监管运行模式存在的问题及对策研究[J]. 沈阳体育学院学报, 2015, 34(6): 114-118.

[79] 石继章, 邵凯. 冲突理论视角下中国职业篮球供给侧结构性改革——以2015—2016赛季CBA总决赛为例[J]. 沈阳体育学院学报, 2016, 35(6): 86-91, 98.

[80] 邱红武. CBA球场暴力的驱动因素及其引导措施[J]. 体育科学研究, 2017, 21(6): 48-53.

[81] 肖留根.中国男子篮球职业联赛失范现象与治理路径[J].南京体育学院学报（社会科学版），2016，30（5）：111-115.

[82] 孙晓宁.CBA职业联赛改革面临的矛盾和问题及对策研究[J].广州体育学院学报，2020，40（6）：36-39.

[83] 何强.中国篮球职业化改革中的属地经营问题研究[J].天津体育学院学报，2018，33（4）：286-292.

[84] 宋昱，郭政.从NBA的联赛文化谈CBA的版权开发与文化建设[J].南京体育学院学报，2020，19（3）：21-30.

[85] 赵轶龙，郑和明.促进消费视角下我国职业体育联赛改革与发展的策略研究——以中超联赛与CBA为例[J].中国体育科技，2019，55（11）：52-61.

[86] 张铭鑫，练碧贞，刘永峰，等.中国男子职业篮球联赛赛制流变与竞争平衡性研究[J].中国体育科技，2016，52（2）：122-128.

[87] 刘排."中国篮球协会实体化"背景下CBA联赛制度的改革路径[J].沈阳体育学院学报，2018，37（2）：89-95.

[88] 姚健.CBA联赛改革的中国特色锻造及优化方略[J].武汉体育学院学报，2020，54（2）：73-79.

[89] 崔鲁祥.中国职业体育利益相关者分析及协同治理——职业篮球、足球实证[D].北京：北京体育大学，2012.

[90] 欧阳井凤，邢金明，张廷晓.CBA联赛利益相关者间的失衡治理研究[J].河北体育学院学报，2015，29（4）：37-40.

[91] 董红刚.职业体育联赛治理模式：域外经验和中国思路[J].上海体育学院学报，2015，39（6）：1-5，10.

[92] 沙临博，余莉萍，高国贤.文化生产视域下2016NBL总决赛消极比赛事件的理论反思——兼论职业篮球联赛治理的现实困境[J].沈阳体育学院学报，2017，36（2）：46-51.

[93] 张琴，易剑东.体育治理结构的域外经验与中国镜鉴[J].体育学刊，2017，24（5）：41-47.

[94] 熊光清.治理理论在中国的发展与创新[J].江苏行政学院学报，2018（3）：90-96.

[95] 罗西瑙.没有政府的治理[M].张胜军，刘小林，译.南昌：江西人民出版社，2001.

[96] 田凯，黄金.国外治理理论研究：进程与争鸣[J].政治学研究，2015（6）：47-58.

[97] LOBEL O. Setting the agenda for new governance research[J]. Minnesota Law Review., 2004(89):498.

[98] 曾凡军，王宝成.西方政府治理图式差异较析[J].湖北社会科学，2010（10）：48-51.

[99] 斯托克，华夏风.作为理论的治理：五个论点[J].国际社会科学杂志（中文版），1999（1）：19-30.

[100] JORDAN C. The conundrum of corporate governance[J]. Brooklyn Journal of International Law,2004（30）：983.

[101] 王刚，宋锴业.治理理论的本质及其实现逻辑[J].求实，2017（3）：50-65.

[102] 杨志军.内涵挖掘与外延拓展：多中心协同治理模式研究[J].甘肃行政学院学报，2012（4）：16-24，127.

[103] 郭道久.协作治理是适合中国现实需求的治理模式[J].政治学研究，2016（1）：61-70，126-127.

[104] HAJER M. Policy without polity? Policy analysis and the institution void[J]. Policy Sciences, 2003, 36(2)：175-195.

[105] BÖRZEL T A. Networks：reified metaphor or governance panacea?[J]. Public Administration, 2011, 89(1)：49-63.

[106] 申建林，姚晓强.对治理理论的三种误读[J].湖北社会科学，2015（2）：37-42.

[107] 申建林，徐芳.治理理论在中国的变异与回归[J].学术界，2016（1）：125-132，324-325.

[108] 彭喜阳.企业社会责任基本理论问题探析——基于嵌入性视角的研究[J].湖南社会科学，2012（6）：126-128.

[109] 肖红军，阳镇.中国企业社会责任40年：历史演进、逻辑演化与未来展望[J].经济学家，2018（11）：22-31.

[110] 蒋伏心，李家俊.企业的利益相关者理论综述与启示[J].经济学态，2004（12）：65-68.

[111] CLARKSON M A. A stakeholder framework for analyzing and evaluating corporate social performance[J]. Academy of Management Review, 1995, 20（1）：92-117.

[112] 贾生华，陈宏辉.利益相关者的界定方法述评[J].外国经济与管理，2002（5）：13-18.

[113] 郝云宏，钱晨.企业利益相关者的利益协调模式：综述与研究[J].经济学动态，2008（9）：81-84.

[114] 张兆国，梁志钢，尹开国.利益相关者视角下企业社会责任问题研究[J].中国软科学，2012（2）：139-146.

[115] 周进萍.利益相关者理论视域下"共建共治共享"的实践路径[J].领导科学，2018（8）：4-7.

[116] GRANOVETTER M, SWEDBERG R. The sociology of economic life[M]. New York：Routledge, 1992.

[117] 黄中伟，王宇露.关于经济行为的社会嵌入理论研究述评[J].外国经济与管理.2007（12）：1-8.

[118] BOWEN H R. Social responsibilities of the businessman[M]. Iowa：University of Iowa Press, 1953.

[119] 卢代富. 国外企业社会责任界说述评[J]. 现代法学, 2001 (3): 137-144.

[120] 徐嘉里. 我国企业社会责任法治化进程中的主体问题研究[D]. 成都: 四川省社会科学院2010.

[121] 庞徐薇, 陈锡尧. 我国职业体育社会责任的主客体及其责任内容[J]. 体育科研, 2012, 33 (4): 40-43.

[122] 李焰铷. 中国男子职业篮球俱乐部经营模式的研究[D]. 北京: 北京体育大学, 2013.

[123] 王新雷. 中国男子篮球职业联赛运行机制复杂性研究[D]. 北京: 北京体育大学, 2016.

[124] 董红刚, 易剑东. 体育治理主体: 域外经验与中国镜鉴[J]. 上海体育学院学报, 2016, 40 (4): 1-8.

[125] 郑芳, 杜林颖. 欧美职业体育联盟治理模式的比较研究[J]. 体育科学, 2009, 29 (9): 36-41.

[126] 刘朋飞. 中国男子篮球职业联赛（CBA）开展公益活动的研究[D]. 上海: 上海体育大学, 2013.

[127] 国务院办公厅. 国务院办公厅关于加快发展体育竞赛表演产业的指导意见[EB/OL]. (2018-12-21) [2022-05-21].https://www.gov.cn/zhengce/zhengceku/2018/12/21/content_5350734.htm.

[128] 廖亮, 陈昊. 马克·格兰诺维特对新经济社会学的贡献——潜在诺贝尔经济学奖得主学术贡献评介[J]. 经济学动态, 2011 (9): 99-103.

[129] 张宁. 我国职业篮球治理逻辑框架——基于社会责任与治理融合的视角[J]. 体育学刊, 2020, 27 (6): 57-62.

[130] 张兵, 仇军. 经济社会学视域下中国职业体育市场生成逻辑及发展策略选择[J]. 体育科学, 2017, 37 (7): 10-16.

[131] 苏大军. 追寻"企业"社会责任的脚步——从现代企业的建立看企业存在的社会价值[J]. 中外企业文化, 2020 (8): 12-16.

[132] 樊红岩, 顾春雨. CBA竞赛处罚分析及竞赛环境净化策略[J] 沈阳体育学院学报, 2019, 38 (2): 109-115.

[133] 孙彩虹. 观众破坏CBA赛场秩序行为规制研究——以NBA为借鉴[J] 成都体育学院学报, 2017, 43 (4): 23-27.

[134] 徐伟康, 田思源. 我国职业体育"限薪令"的法律困境及优化路径[J]. 体育学研究, 2020, 34 (1): 69-76, 86.

[135] WATJATRAKUL B. Intention to use a free voluntary service: the effects of social influence, knowledge and perceptions[J]. Journal of Systems Information Technology, 2013, 15 (2): 202-220.

[136] 赵晶. 中国男子职业篮球联赛外籍运动员参赛绩效研究[J]. 中国体育科技, 2014, 50 (5): 44-48.

[137] 张宁. 我国竞技篮球后备人才培养模式衔接的症结分析与重构思考[J]. 成都体育学院学报，2013，39（6）：76-80.

[138] 刘庆广，徐扬，诸文兵."新时期"CUBA 与 CBA 联赛竞技篮球人才衔接与培育研究[J]. 沈阳体育学院学报，2020，39（2）：108-115.

[139] 钟秉枢. 职业体育——理论与实证[M]. 北京：北京体育大学出版社，2006.

[140] 奥尔森. 集体行动的逻辑[M]. 陈郁，郭宇峰，李崇新，译. 上海：格致出版社，2011.

[141] 中国体育报. 不忘初心，发展以人民为中心的体育[EB/OL].（2020-07-09）[2024-06-20]. https：//www.sport.gov.cn/n20001280/n20745751/n20767239/c21469300/content.html.

[142] 波兰尼. 巨变：当代政治与经济的起源[M]. 黄树民，译. 北京：社会科学文献出版社，2013.

[143] 杨桦. 论体育治理体系的价值目标[J]. 北京体育大学学报，2016，39（1）：1-6.

[144] 鲍明晓. 职业体育是体育强国的核心竞争力[J]. 南京体育学院学报（社会科学版），2011，25（5）：4-6.

[145] 阳镇，许英杰. 企业社会责任治理：成因、模式与机制[J]. 南大商学评论，2017，14（4）：145-174.

[146] 邓汉慧，赵曼. 企业核心利益相关者共同治理：公司治理新思维[J]. 湖北社会科学，2008（7）：75-78，81.

[147] 张森，王家宏. 职业体育俱乐部的企业社会责任对消费者信任的影响研究[J]. 北京体育大学学报，2015，38（11）：16-22.

[148] 杜丛新，谭江波. 职业体育组织社会责任理论体系研究[J]. 首都体育学院学报，2013，25（2）：117-120.

[149]《技术预测与国家关键技术选择》研究组. 从预见到选择——技术预测的理论与实践[M]. 北京：北京出版社，2001.

[150] 李菊梅. 社会组织参与艾滋病防治基金项目工作绩效指标研究[D]. 北京：中国疾病预防控制中心，2017.

[151] 中共中央办公厅，国务院办公厅. 中共中央办公厅、国务院办公厅印发《行业协会商会与行政机关脱钩总体方案》[EB/OL].（2015-07-08）[2022-06-20]. https：//www.gov.cn/zhengce/202203/content_3635184.htm.

[152] 中国新闻网. 中国篮协：成立中职联篮球公司是俱乐部个人行为[EB/OL].（2016-01-19）[2022-06-20]. https：//www.chinanews.com.cn/ty/2016/01-19/7723545.shtml.

[153] 张兵. 新时代体育强国建设进程中职业体育高质量发展路向[J]. 体育科学，2020，40（1）：16-25.

[154] 新华社. 中国共产党第十九届中央委员会第四次全体会议公报[EB/OL].（2015-10-31）[2022-06-20]. http：//www.gov.cn/xinwen/2019-10/31/content_5447245.htm.

[155] 公维友，刘云. 当代中国政府主导下的社会治理共同体建构理路探析[J]. 山东大学学报（哲学社会科学版），2014（3）：52-59.

[156] 黄建洪，高云天. 构筑"中国之治"的社会之基：新时代社会治理共同体建设[J]. 新疆师范大学学报（哲学社会科学版），2020，41（3）：7-17.

[157] 李卫军，张玉良. 论价值认同的现实构建[J]. 青海社会科学，2016（4）：71-77.

[158] 姜晓萍，阿海曲洛. 社会治理体系的要素构成与治理效能转化[J]. 理论探讨，2020（3）：142-148.

[159] 高宣扬. 布迪厄的社会理论[M]. 上海：同济大学出版社，2004.

[160] 国家体育总局. 体育总局 教育部关于深化体教融合 促进青少年健康发展意见的通知[EB/OL].（2020-09-21）[2022-06-20].http://www.sport.gov.cn/n20001280/n20067626/n20067732/c20198638/content.html.

[161] 王登峰. 新时代体教融合的目标与学校体育的改革方向[J]. 上海体育学院学报，2020，44（10）：1-4，12.

[162] 李海涛. 我国竞技篮球后备人才培养现状与发展路径[J]. 体育文化导刊，2020（5）：61-66.

[163] 徐耀强. 企业社会责任管理的多维度观察（下）[J]. 当代电力文化，2019（11）：58-59.

[164] 任海. 聚焦生活，重塑体育文化[J]. 体育科学，2019，39（4）：3-11.